Abhandlungen

des

kriminalistischen Instituts

an der Universität Berlin.

Herausgegeben von

Dr. Franz v. Liszt und **Dr. Ernst Delaquis,**
Professoren der Rechte in Berlin.

Dritte Folge. Erster Band.

Berlin 1914.
J. Guttentag, Verlagsbuchhandlung,
G. m. b. H.

Vorwort der Herausgeber.

Die Umwandlung des bisherigen Kriminalistischen Seminars in ein staatliches Kriminalistisches Institut hat den äußeren Anlaß dazu gegeben, die „Abhandlungen“ in dritter Folge nicht nur mit verändertem Titel, sondern auch mit erweitertem Inhalt erscheinen zu lassen. Sie sollen künftig auch den ehemaligen Mitgliedern des Seminars, auch soweit sie heute bereits in Amt und Würden sind, Raum für wissenschaftliche Arbeiten bieten, die wegen ihres Umfanges für Zeitschriften nicht geeignet sind. Wir glauben damit einem Bedürfnisse entgegenzukommen, das im Zusammenhange mit der bevorstehenden Reform der deutschen Strafgesetzgebung sich immer fühlbarer geltend macht. Zu unserer Freude sind wir in der Lage, schon in diesem Bande Abhandlungen von Professor Exner in Czernowitz und Privatdozent Dr. Tesar in Prag bringen zu können. An alle früheren Mitglieder und Freunde des Seminars aber richten wir die Bitte, das neugestaltete Unternehmen zu unterstützen. Wir werden ihren Wünschen bezüglich der Veröffentlichung zu entsprechen nach Möglichkeit uns bemühen.

Professor Delaquis, der seit mehreren Semestern gemeinsam mit dem bisherigen Herausgeber der Abhandlungen die Übungen des Seminars geleitet hat, ist als Mitherausgeber der dritten Folge beigetreten. Anfragen bitten wir, an einen der beiden Herausgeber zu richten.

Berlin, im März 1914.

Dr. F. v. Liszt. **Dr. E. Delaquis.**

Abhandlungen des kriminalistischen Instituts
an der Universität Berlin.
Herausgegeben von
Dr. Franz von Liszt und Dr. Ernst Delaquis,
Professoren der Rechte in Berlin.
Dritte Folge. Erster Band. 1. Heft.

Die
Theorie der Sicherungsmittel.

Von

Dr. Franz Exner,
a. o. Professor der Rechte in Czernowitz.

Berlin 1914.
J. Guttentag, Verlagsbuchhandlung,
G. m. b. H.

Vorwort.

In Deutschland, Österreich und in der Schweiz, in Skandinavien wie auf dem Balkan ist die Strafrechtsreform im Gange. Die Bedürfnisse dieser Länder sind sicherlich ganz verschieden; dennoch zeigen ihre gesetzgeberischen Arbeiten in grundsätzlicher Hinsicht auffallende Ähnlichkeit. Sie alle — soviel steht jetzt schon fest — errichten ein Gebäude, das auf zwei Pfeilern ruht: auf einem System von Strafmitteln und einem System von Sicherungsmitteln. Die Stellung unserer Zeit in der Geschichte der Kriminalpolitik ist durch diese ihr eigentümliche Lösung gekennzeichnet.

Dem künftigen Dogmatiker erwächst daraus eine neue Aufgabe. Er wird der Theorie der Strafe eine Theorie der Sicherung an die Seite stellen müssen; sein „Allgemeiner Teil" wird neben strafrechtlichen Grundsätzen, auch die Lehre von dem Wesen und den Voraussetzungen der Sicherungsmittel, die Lehre von Bemessung, Vollzug und Aufhebung dieser Maßregeln zu enthalten haben.

Hierfür soll die gegenwärtige Untersuchung eine Vorarbeit sein. Wenn auch gemäß dem Stande unserer Gesetzgebung und der Natur des Gegenstandes kriminalpolitisch aufgebaut, erstrebt sie doch in erster Linie nicht praktische, sondern theoretische Ziele. Sie entspringt dem Bedürfnis nach Zusammenfassung all des bunten Materiales, das wir — seit dem Erscheinen des ersten schweizerischen Entwurfes — als sichernde Maßnahmen zu bezeichnen pflegen. Es soll auf die großen der Reform zugrunde liegenden Gedanken zurückgegangen und der Versuch unternommen werden, das für alle Sicherungsmittel Gültige, ihnen allen Gemeinsame abzuleiten und an der Hand unserer Gesetzentwürfe zu einem einheitlichen System zu verbinden.

Czernowitz, im Jänner 1914.

F. Exner.

Inhaltsverzeichnis.

Abkürzungen.

DVE. = Vorentwurf zu einem deutschen Strafgesetzbuch. 1909.

ÖE. = Österreichischer Strafgesetzentwurf, Regierungsvorlage 1912 (Nr. 90 der Beilagen zu den stenogr. Prot. des Herrenhauses, XXI. Session 1912).

Erläut. Bem. = Erläuternde Bemerkungen zu diesem Entwurf.

ÖStpE. = Österreichischer Entwurf eines Gesetzes, womit die Strafprozeßordnung abgeändert wird, samt Beilage, 1912 (Nr. 93 der oben zit. Beilagen).

ÖEinfgE. = Österreichischer Entwurf eines Gesetzes zur Einführung des Strafgesetzbuches 1912 (Nr. 95 der oben zit. Beilagen).

SchwE. = Vorentwurf zu einem schweizerischen Strafgesetzbuch, April 1908.

GE. = Gegenentwurf zum Vorentwurf eines deutschen Strafgesetzbuchs. Aufgestellt von Kahl, v. Lilienthal, v. Liszt und Goldschmidt. Berlin 1911.

Die Beschlüsse der deutschen Strafrechtskommission sind zitiert nach Ebermayer, Der Entwurf eines deutschen Strafgesetzbuches. Berlin 1914.

Grundlegung.

Nicht nur, wer die Welt aus den Angeln heben will, sondern jeder, der in das Seiende Wandel, in das Ruhende Bewegung zu tragen sucht, bedarf eines festen Punktes, in dem er seine Hebel ansetzt.

So auch der Rechtspolitiker. Sein Streben ist es, bessernd und vorwärtsdrängend in die Rechtsentwicklung eines Gemeinwesens einzugreifen. Er findet den festen Punkt, der dieses Streben stützt, in dem Worte Rudolf v. Iherings: Alles Recht zielt auf Sicherung der Lebensbedingungen der Gesellschaft.

In Beziehung auf diese Grundanschauung ist ein fruchtbarer Streit kaum möglich; denn hier ist das Ja oder Nein nicht mehr von wissenschaftlichen, jedenfalls nicht von rechtswissenschaftlichen Vorfragen abhängig.

Was Bedingung des Lebens ist, was ein Lebensbedürfnis des Menschen zu befriedigen sich eignet, das nennen wir ein Gut. Der Begriff des Gutes ist darum der Anfangspunkt der Rechtsbetrachtung. Dieser Begriff bezeichnet gleichzeitig die Stelle, in der sich die Rechtslehre mit der Volkswirtschaftslehre berührt, von der aus diese beiden sozialwissenschaftlichen Disziplinen gemeinsam ihren Ausgang nehmen. Daraus erhellt bereits, daß er kein rechtlicher, sondern nur ein vorrechtlicher Begriff sein kann. Nicht die Gesetze bestimmen, was ein Gut ist, sondern die ethischen, ästhetischen oder sozialen Werturteile der Menschen. Der Gesetzgeber findet diese Werturteile vor und hat sie als Tatsachen hinzunehmen. Er knüpft an diese Werturteile an, indem er bestimmte Güter zu Rechtsgütern erhebt.

Das Gut wird zum Rechtsgut durch die rechtliche Norm. Darum sind Gut und Norm bzw. Rechtsgut und Rechtsnorm die beiden fundamentalen Begriffe der Rechtswissenschaft.

Die Normen regeln die Güterverteilung, indem sie die Machtsphären der Individuen untereinander und die Machtsphären der Individuen gegenüber der Gesamtheit bestimmen und sie dort begrenzen, wo sie etwa aneinanderstoßen sollten: Das Recht ordnet den Güterbestand. Die Normen erhalten diese Güterverteilung, indem sie die den Individuen zugesprochenen Rechtssphären vor Eingriffen fremder Mächte bewahren: Das Recht schützt den Güterbestand. Die Symbole dieser doppelten Funktion des Rechtes sind Wage und Schwert in der Hand der Justitia: Mit der Wage wägt sie den einzelnen die Güter zu, mit dem Schwert behauptet sie diese Verteilung. Nähme man der Justitia die Wage, so bliebe nur rohe Gewalt — es wäre die Auflösung des Rechts in Macht. Nähme man ihr das Schwert, so würde die Wage in ihrer Hand zum wertlosen Spielzeug — es wäre die Verdammung des Rechts zur Ohnmacht.

Güterordnung und Güterschutz sind die beiden großen Kategorien, in welche, wie mir scheint, der gesamte Rechtsbestand eines Gemeinwesens eingegliedert werden kann.

Der Güterschutz, von dem allein hier zu sprechen ist, kann wiederum in zweifacher Gestalt auftreten. Immer strebt er danach, das soziale Interesse zu wahren, die den Individuen zugeteilten Güter zu erhalten. Das muß zunächst dadurch geschehen, daß diese Güter vor Schaden möglichst behütet und Angriffe auf ihren Bestand möglichst verhindert werden, sei es nun, daß der Angriff seitens eines Rechtsgenossen oder seitens einer anderen Macht drohen sollte. Hier gilt es also, rechtsgutverletzenden und rechtsgutgefährdenden Eingriffen vorzubeugen. Doch dies gelingt erfahrungsgemäß nicht immer. Der hohe Schutzwall des Rechtes wird gesprengt, der Rechtsbruch wird zur Tatsache. Und soll nun dieser Tatsache gegenüber das Interesse des einzelnen gewahrt werden, so kann dies nur dadurch geschehen, daß man die schädlichen Wirkungen des Eingriffs nach Möglichkeit wieder gutzumachen und so den ursprünglichen Güterbestand wieder herzustellen trachtet.

So zerfällt das System des Güterschutzes in zwei selbständige, gleichberechtigte Teile, die je nach dem unmittelbaren Zweck, auf den die schützenden Normen abzielen, mit zwei Schlagworten bezeichnet werden können: Schadensverhütung und Schadensvergütung.

Damit ist der Punkt erreicht, in welchem das Kriminalrecht dem übrigen Rechtssystem einzufügen ist. Es gehört nicht zu dem güterordnenden Normenbestand, sondern ist diesem gegenüber sekundärer Natur, wie allgemein anerkannt. Es zielt auf Erhaltung der Güterordnung, auf Güterschutz. Zweifelhaft kann nur sein, ob es den vergütenden oder verhütenden Normen, dem Gebiete der Reparation oder dem der Prävention zuzuteilen ist. Die alten Heilungs- und Ersatztheorien, etwa die Welckers, folgten der ersten Auffassung. Nachklänge derselben werden auch heute noch gehört. Sie müssen folgerichtig zu einer Verwischung des fundamentalen Unterschiedes zwischen Strafe und Schadenersatz führen. Allein die herrschende Meinung — und dies gilt, wie noch zu zeigen sein wird, auch von dem Großteil der modernen Vergeltungstheorien — gehört der zweiten Auffassung an: Das Kriminalrecht ist innerhalb des Schutzrechtes dem Bereich der Prävention zuzurechnen. Es hätte sein unerreichbares Ideal erreicht, wenn keine crimina begangen würden; dann wäre der Verhütungszweck erfüllt, von Vergütung könnte nicht die Rede sein.

Mit Absicht wurde hier von „Kriminalrecht" und nicht von „Strafrecht" gesprochen. Das Wort „Strafrecht" enthält ebenso wie die ältere Bezeichnung „peinliches Recht" bereits eine Aussage über die zur Anwendung gebrachten Maßregeln und nimmt so die Antwort auf die erst zu stellende Frage teilweise vorweg. Sprechen wir dagegen von Kriminalrecht oder — wenn man das fremde Wort durch ein undeutsches ersetzen will — von „Verbrechenbekämpfungsrecht", so ist damit noch nicht die Art der anzuwendenden Schutzmittel, sondern nur die Art der abzuwehrenden Angriffe begrifflich zum Ausdruck gebracht. Das Kriminalrecht ist ein Ausschnitt aus dem großen Gebiete der

1*

vorbeugenden Schutztätigkeit des Staates, und der Begriff bezeichnet jene Gruppe von Angriffen und Schäden, denen vorgebeugt werden soll: Es sind die kriminellen.

Die Aufgabe der Kriminalpolitik als der „kriminalgesetzgebenden Staatsweisheit" (F e u e r b a c h) ist danach eine doppelte. Sie hat zunächst festzustellen, welche Interessenverletzungen, welche „antisozialen Handlungen" als kriminell zu behandeln sind. Sie hat ferner die Mittel zu finden, durch die der Staat zum Schutze seiner Interessen jenen Handlungen entgegenarbeiten kann. Die Lösung dieses zweiten Problems, mit dem wir es hier allein zu tun haben, setzt freilich voraus, daß die erste Frage in ihren allgemeinen Umrissen bereits beantwortet ist. Erst wenn der Kriminalpolitiker sich klar geworden ist, über den Kreis der Handlungen, deren Bekämpfung ihm obliegt, erst wenn er sich ein obgleich nur vages Bild von den Tatbeständen vorgezeichnet hat, deren Verwirklichung zum Schutze der sozialen Güter verhütet werden soll, kann er die Hebel einsetzen und nach geeigneten Gegenmitteln suchen. — Geeignet ist, was dem Zweck entspricht. Das Ziel bestimmt den Weg. Die Mittel sind aus dem Zwecke abzuleiten.

Die Kriminalpolitik hat also, das steht außer Zweifel, anzuknüpfen an die Idee der Verbrechensprävention. Allein falsch wäre es, wie das vielfach geschieht, die Verbrechensvorbeuge als das höchste Ziel der Kriminalpolitik zu betrachten, um dann rücksichtslos die Folgerungen abzuleiten, die diesem Leitsatz entspringen. Falsch wäre dies, weil die Verbrechensvorbeuge ihrerseits im Dienste eines höheren Zweckes, der Sicherung der sozialen Lebensinteressen steht, die Verhütung von Verbrechen aber weit entfernt davon ist, das einzige Lebensinteresse der Gesellschaft zu sein. Wäre sie es, dann spräche nichts dagegen, Delikte wie Mundraub, Falschmeldung oder Laterneneinschlagen mit schwersten Zuchthausstrafen zu belegen, oder etwa einen unverbesserlichen „Schnellfahrer" lebenslänglich zu verwahren; denn es ist gewiß, daß derartige Maßregeln sehr starke präventive Wirkung hätten und ganz wesentlich zur Verminderung dieser Delikte beitrügen. Daß wir einen derartigen Gedanken ohne Überlegung als absurd ablehnen, erweist jedenfalls das Negativum, daß die Verbrechensverhütung nicht das letzte Ziel aller Kriminalpolitik sein kann. Verbrechensvorbeuge ist nicht ein Zweck, der jedes Mittel heiligt.

Es gilt, den universellen Gedanken des Güterschutzes im Auge zu behalten. Es muß von hier aus auf die anzuwendenden Mittel gesehen und untersucht werden, ob auch sie dem Prinzipe des Güterschutzes entsprechen, dem die Präventionsidee selbst wieder untergeordnet ist. — Die Maßregeln der Kriminalpolitik bestehen ausnahmslos in einer Einschränkung der Machtsphäre des Individuums und müssen daher, sollen sie wirksam sein, notwendig eine Schädigung für den einzelnen Betroffenen und damit eine Schädigung für die Gesamtheit enthalten. Die Kriminalstatistik enthüllt dies in drastischer Weise: In Deutschland werden jährlich um 100 000 Jahre an Freiheitsstrafen verhängt! und die Altersstatistik lehrt, daß es die „besten", sozial-wertvollsten Jahre sind, deren Ertrag auf diese Weise der Volkswirtschaft verkümmert wird. Die Maßregeln der Kriminalpolitik zerstören Güter, indem sie Güter schützen. Und wenn nun der Wert des Schutzes nicht der Größe der Zerstörung entspricht, so haben sie einen negativen Wert produziert und die Gesamtheit geschädigt, der sie nützen sollten. So wäre es denn auch gewiß nicht Sicherung, sondern Gefährdung der sozialen Interessen, wenn man jene geringfügigen Delikte durch schwere Eingriffe in die individuelle Freiheit bekämpfen wollte.

Hat also der Gesetzgeber wirklich den Güterschutz zum Ziel seines Strebens gemacht, so darf er dieses Ziel auch bei der Wahl seiner Mittel nicht aus dem Auge verlieren. Er muß die Summe der Übel, die er dem einzelnen Verbrecher und damit auch der Gesellschaft zufügt, abwägen und vergleichen mit der Summe der Übel, die er den präsumtiven Verletzten und zugleich auch wieder der Gesellschaft erspart. Wie dies geschieht, kann hier nicht erörtert, nur der Grundsatz mußte aufgestellt werden: Die zum Zwecke der Prävention gebrachten Opfer müssen im Verhältnis zum Erfolge stehen, und es muß darüber hinaus stets getrachtet werden, mit den geringsten Güterverletzungen den weitesten Güterschutz zu erzielen. Dieser Grundsatz, der füglich das kriminal-politische Prinzip genannt werden kann, ist dem Geiste nach völlig analog dem ökonomischen, wirtschaftspolitischen Prinzip: Der Wert der aufgewandten Kosten muß geringer sein als der Wert des erzeugten Produktes, und das Ziel der Wirtschaft ist: „Produktion mit den geringsten Kosten zum Zwecke des größten Ertrages." — Diese Parallelität, auf den ersten Blick auffallend, wird bei näherem Zusehen selbstverständlich, denn es ist klar, daß die Prinzipien des Güterschutzes und die der Gütererzeugung Sprossen desselben Stammes sind.

Es handelt sich hier freilich nur um ein formales Prinzip, aus dem materielle gesetzgeberische Forderungen nicht abgeleitet werden können. Die Frage z. B., ob es richtig ist, einen Mann, der eines Diebstahls überwiesen ist, und der künftig immer wieder derlei Verbrechen von sich erwarten läßt, auf viele Jahre einzusperren, ist auf Grund dieses Prinzips nicht zu entscheiden. Sowohl die Internierung als auch die Nichtinternierung ist mit dem Verlust gesellschaftlicher Werte verbunden, deren Größe nicht vom Gesetzgeber, sondern von der Allgemeinheit abhängt. Das Werturteil des Volkes bestimmt, wie hoch die Güter einzuschätzen sind, bestimmt also das Gewicht der beiden Wagschalen, bestimmt das Ergebnis der Wägung. Dieses Ergebnis ist darum dem Wandel der Zeiten und Anschauungen unterworfen: Der einen Generation mag die Gefahr für die Gesellschaft, der anderen die Vergewaltigung des Individuums als das schwerere Übel erscheinen. Der Kriminalpolitiker kann nichts anderes tun, als beobachten und dann jenem Prinzipe gemäß seine Gegenmaßregeln treffen.

Es ist nun wohl auch klar, wie es mit dem fast zum Axiom gewordenen Satze zu halten ist, nur die notwendige Strafe sei berechtigt. Soll dies bedeuten „notwendig zur Staatserhaltung", so ist damit zuwenig gefordert; nur eine verschwindende Anzahl aller Strafdrohungen ist für den Staat wirklich conditio sine qua non. Soll das aber etwa heißen „notwendig zur Verbrechenverhütung", so ist damit zuviel gefordert; mit dieser Begründung ließen sich die empörendsten Strafdrohungen gegenüber den unbedeutendsten Delikten rechtfertigen. Es handelt sich eben nicht um Verhütung, sondern um relative Minderung der Verbrechensfälle; und relativ, das bedeutet: im Verhältnis zu den angewandten Mitteln stehend. Jener Satz bedeutet also lediglich, daß nicht schwere Strafen angewendet werden dürfen, wenn der gleiche Erfolg auch durch zartere Mittel erreichbar ist. Das ist freilich eine Selbstverständlichkeit. Nicht der Gesichtspunkt der Notwendigkeit, sondern nur der der Verhältnismäßigkeit kann dem Strafrecht wahrhaft fruchtbar gemacht werden.

Doch schon höre ich die Anklage: „Utilitarier!".

Allein wer in der Grundanschauung mit uns einig ist, darf sich durch dieses Wort nicht abschrecken lassen. Es gilt anzuerkennen, daß in dem Streben nach dem höchsten Ziele, das wir oben als den festen Punkt unserer ganzen Untersuchung bezeichnet haben, Grundsätze, die diesem Ziele fern liegen, eine führende Rolle nicht spielen dürfen. Insbesondere kann ein „höheres" Gerechtigkeits- oder Gleichheitsprinzip, soweit es nicht schon in den obigen Erwägungen mitumfaßt ist, sich also dem Gedanken des Güterschutzes unterordnet, keine Geltung beanspruchen. Wenn der Zweck der Schöpfer des Rechtes ist, so kann unmöglich die Gestaltung der Rechtsinstitutionen durch Grundsätze bedingt und begrenzt werden, die jenem Zwecke fremd sind. Für uns folgt dies aus dem angenommenen Endziel und dem logischen Axiom: Der Zweck bestimmt die Mittel. Wer es nicht anerkennt, wer insbesondere bei der Wahl und Bemessung seiner kriminalpolitischen Mittel anderen Prinzipien Gehör schenkt, die höher stehen sollen als die Sicherung der Lebensbedingungen der Gesamtheit, der tut dies wohl aus instinktmäßiger Abneigung gegen alle Gedankengänge, die man als „Utilitarismus" (selten ohne das Beiwörtchen „flach") zu bezeichnen und damit abzutun pflegt. Freilich gegen Abneigungen läßt sich nicht argumentieren, doch man hüte sich vor einem Mißverständnis. Wenn wir von Güterschutz und Interessenabwägung sprechen, so haben wir damit noch nicht gesagt, welche Werte es sind, die wir als Güter bezeichnen. Wer gewohnt ist, beim Worte Lebensbedingungen nur an Lebensmittel und Lebenserhaltung zu denken, dem ist allerdings nicht zu helfen. Derjenige aber, dem auch Vervollkommnung und Veredelung des Lebens eine Lebensbedingung ist, der als Güter die höchsten Werte der Ethik und Kultur mitumfaßt, dem kann jenes heute so beliebte Schimpfwort nur als Ehrentitel erscheinen.

Unsere Strafgesetzentwürfe unterscheiden zwei große Gruppen von güterschützenden Maßregeln: die Strafmittel und die Sicherungsmittel. Die vorliegende Arbeit hat es in erster Linie mit den Sicherungsmitteln zu tun. Doch eine Isolierung dieses Gegenstandes, eine Loslösung der Sicherungstheorie von der Straftheorie ist unmöglich. Die Strafe ist gegenüber der sichernden Maßnahme das historische und logische Prius. Das historische: Weil es lange Strafen gab, ehe Sicherungsmittel angewandt wurden, mögen diese auch immerhin älter sein, als man anzunehmen geneigt ist. Das logische Prius: Weil die Aufnahme der Sicherungsmittel in unsere Entwürfe der Überzeugung entspringt, daß ein Strafensystem allein den Aufgaben der Kriminalpolitik nicht genügt, daß es der Ergänzung bedarf durch ein Sicherungssystem. Man vermag daher erst dann zu einem Verständnis des Sicherungsmittels durchzudringen, wenn man sich klar geworden ist, über die Wirkungen, welche die Strafe hat, und die Erfolge, welche man von ihrer weiteren Ausgestaltung zu erwarten berechtigt ist.

Erster Teil:

Die Strafe.

1. Die Schutzfunktion der Strafe.

Es ist wohl eine der interessantesten Erscheinungen in der Geschichte der menschlichen Gedanken, daß die Menschen, soweit wir zurücksehen können, stets gewisse Handlungen als Verbrechen straften und daß sie gleichzeitig, soweit wir zurücksehen können, darüber stritten, weshalb sie es tun. Daß die Strafe notwendig ist, war kaum je, wie sie zu begründen, stets im Zweifel.

Das Kriminalrecht ist ein Stück der staatlichen Schutzordnung. Die kriminalrechtlichen Zwangsmittel können nur durch ihre güterschützenden Wirkungen praktisch notwendig, nur durch ihre güterschützenden Wirkungen theoretisch begründet werden. Die Strafe ist das kriminalrechtliche Zwangsmittel katexochen. Welche Wirkungen sind es, die sie notwendig machen?

Von zweierlei Seiten kann diese Frage erwogen und beantwortet werden: vom Standpunkt des Richters, der die Strafe verhängt, und vom Standpunkt des Gesetzgebers, der das Strafgesetz erläßt.

Der Gesetzgeber bedarf einer Straftheorie; sie ist ihm Wegweiser beim Aufbau seines Werkes. Er sieht die Interessen der Gesellschaft und der einzelnen vor sich, sieht gewisse typische, immer wiederkehrende Verletzungen dieser Interessen und erwägt nun, ob die Strafe eine geeignete Waffe zu ihrer Abwehr ist. Doch auch der Richter muß kriminalpolitisch denken, auch er bedarf einer Straftheorie, um innerhalb der gesetzlichen Grenzen die richtige Strafe zu finden und um unter Umständen — so wenigstens nach künftigem Recht — zu entscheiden, ob überhaupt der Ausspruch einer Strafe nötig ist. Er muß dabei selbstverständlich die vom Gesetze angenommene Straftheorie zu der seinigen machen. Dennoch aber ist die Betrachtungsweise hier eine gänzlich andere. Der Richter steht einer bestimmten Einzelerscheinung gegenüber, er sieht einen bestimmten Täter und eine bestimmte Tat vor sich und hat nun die diesem Spezialfall angemessene Behandlung zu ermitteln.

Wenn wir nun der künftigen Strafrechtsreform vorarbeitend Zweck und Wirkungen der Strafe untersuchen, so stehen wir auf dem Standpunkt des Gesetzgebers. So selbstverständlich dies scheinen mag, so ist es doch nicht umsonst, es ausdrücklich zu betonen; denn es pflegt, sehe ich recht, gerade von den gangbarsten Straftheorien verkannt zu werden. Wer, wie dies meist geschieht, das Problem formuliert: Warum und wozu wird der Verbrecher bestraft? hat bereits gleichsam die Rolle des kriminalpolitisch denkenden Richters angenommen, der eine einzelne Tat, einen einzelnen Täter zu beurteilen und eine einzelne Strafe zu verhängen hat. Er wird darum geneigt sein — je nachdem, ob ihm die Tat oder der Täter im Vordergrund steht —, etwa folgendermaßen zu antworten:

Wir verhängen die Strafe, weil das Gerechtigkeitsprinzip die Bestrafung der Tat fordert (heute z. B. Rohland) — weil das Vergeltungsbedürfnis des Volkes die Ahndung verlangt (Birkmeyer, Nagler u. a.) — weil die Autorität des Rechtes gegenüber der Tat bewährt werden muß (Binding, Beling u. a.) — weil die Wirkungen der Tat ausgeglichen werden müssen (Merkel, Liepmann u. a.) — —. Oder (bei Betonung des Täters): Wir verhängen die Strafe, weil der Täter von künftigen Verbrechen abgeschreckt (Grolman) — weil der Täter gebessert bzw. unschädlich gemacht werden muß (v. Liszt) usw.

Alle diese Lösungsversuche sind von vornherein mindestens suspekt, weil sie durchwegs Antworten auf eine unrichtig gestellte Frage sind. Der Gesetzgeber hat es ja zunächst gar nicht mit Verbrechern und Verbrechen zu tun, er ist doch erst im Begriffe, die Verbrechenstatbestände zu bilden, bestimmte schädliche Handlungsweisen zu Delikten zu stempeln. Wollen wir aber den Zwecken des Gesetzgebers nachgehen, so haben wir nach den Motiven seiner Handlungen und Willensäußerungen zu forschen. Also nicht nach den Zwecken der Strafverhängung und des Strafvollzugs — denn der Gesetzgeber richtet nicht und henkt nicht —, sondern in erster Linie nach den Zwecken der gesetzlichen Verbote und gesetzlichen Strafsanktionen [1]). Hier lautet die präjudizielle Frage nicht: Warum wird der Totschläger, der Wucherer, der Terminhändler bestraft? sondern: Warum werden vorsätzliche Tötungen, warum gewisse Formen wirtschaftlicher Ausbeutung bei Strafe verboten? oder allgemein: Warum werden im Gesetze Strafsanktionen aufgestellt und ihr Vollzug angeordnet?

Wer das Problem so stellt, der wird — wie der Kundige sofort einsieht — auf Feuerbachsche Gedankengänge geführt.

Der Staat übt seine Schutztätigkeit aus, indem er vor allem gewisse gesellschaftswidrige Handlungen verbietet und für den Fall der Nichtachtung des Verbotes eine Strafe androht, und indem er ferner im Falle der Nichtachtung dieser Drohung den Rechtsbrecher schuldig spricht und die Strafe an ihm vollzieht. Wenn nun die Rechtfertigung der Strafe in ihren Wirkungen liegt, so gilt es zunächst, diese vierfache Wirkungsweise der staatlichen Straftätigkeit zu untersuchen.

I. Indem der Staat gewisse Handlungen, welche die Interessen der Allgemeinheit gefährden, unter Strafe stellt, verbietet er sie und mißbilligt ihre Begehung. In der Androhung der poena liegt die Verpönung dieser Handlungsweisen, und zwar eine Verpönung in nachdrücklichster Form. Wie ein Siegel das flüssige Wachs [2]), so formt und festigt dieses staatliche Verbot alle jene religiösen, moralischen und gesellschaftlichen Normen, die an sich schon der verbrecherischen Neigung entgegenwirken, und beeinflußt so die ganze Sinnes- und Denkungsweise der Menschen in der Richtung eines gesetzmäßigen Lebenswandels. — Diese sozialpädagogische Bedeutung kommt der staatlichen Norm zu, ganz

[1]) Vgl. Hold v. Ferneck, Die Rechtswidrigkeit (1903) I, 165.
[2]) Stephen, History II, 81.

unabhängig von der jeweils angedrohten Verbrechensfolge [1]). „Man tut so etwas nicht"; dieser Grundsatz gilt den meisten Menschen schlechtweg von jeder gesetzwidrigen Handlung; „man" bricht die eingegangenen Verträge selbst dann nicht, wenn auch kriminelle Strafen nicht auf dem Spiele stehen. Durch die staatliche Norm werden eben an sich schon, wie Lammasch [2]) gezeigt hat, für eine Anzahl von Menschen gewisse Handlungen von vornherein aus der Zahl jener ausgeschieden, welche für ihre Überlegung als Mittel der Bedürfnisbefriedigung überhaupt in Betracht kommen.

II. Freilich — daran ist nicht zu zweifeln — einer großen Gruppe von Menschen gegenüber wird die Norm ohne Strafdrohung nichts mehr als eine Glocke ohne Klöppel sein. Und die offizielle Mißbilligung hätte wohl auch nie jene eben geschilderte heilsame Wirkung auf die Menschen erlangt, wenn nicht der Staat, von dem sie ausgeht, gewillt und imstande wäre, mit den Mitteln seiner Macht ihr Autorität zu verleihen. Es gehört eben ein starker Sinn für soziale Zusammengehörigkeit, ich möchte sagen politische Bildung beim einzelnen dazu, um dort, wo das allgemeine Interesse dem individuellen widerstreitet, dieses hintanzusetzen. Denn der Mensch ist Egoist, mag er auch einen kleineren oder größeren Kreis von Mitmenschen unter diesem Ego zusammenfassen, und wird immer bestrebt oder wenigstens versucht sein, dem eigenen Interesse auch auf Kosten des allgemeinen Geltung zu verschaffen.

Wie kann nun aber die Gesellschaft bestehen bei diesem Egoismus, der für sie nichts und alles für sich selber will? Die Antwort hat Ihering [3]) gegeben: Die Gesellschaft interessiere den Menschen bei ihren Zwecken, dann ist sie seiner Mitwirkung sicher. Wo also das Verbot an sich nicht fruchtet, das fremde

---

[1]) Vgl. Thon, Rechtsnorm und subjektives Recht (Weimar 1878), S. 6: „Die Geringachtung der nackten Norm beruht indessen auf einer Unterschätzung der idealen Macht, die der Wille der Gemeinschaft auf jeden in ihr Lebenden ausübt. Knüpft sich auch die Rechtsfolge an die Übertretung der Norm, schon die Tatsache ihres Bestehens ist oftmals praktisch unschätzbar."

[2]) Lammasch, Z. 9, 425 f.

[3]) Ihering, Zweck im Recht (3. Aufl.) I, 33 u. ff.

Interesse keinen Eindruck ausübt, da muß „der Hebel des eigenen Interesses“ in Bewegung gesetzt werden. Dieses Interesse meidet die Unlust und drängt zur Lust; reguliert also der Staat die Handlungsfolgen in einer seinen Zwecken entsprechenden Weise, verbindet er sozialnützliche Handlungen mit Lustempfindungen, sozialschädliche mit Unlustempfindungen für den Täter, so kann der Staat den Entschluß des Individuums in die richtigen Bahnen leiten. Die Strafe ist begriffsmäßig ein Übel, sie ist daher geeignet, eine derartige Funktion zu übernehmen. Indem der Staat gewisse Handlungen mit Strafe bedroht, gibt er dem einzelnen Grund, sie zu meiden. Die Gefährdung des Lebens, der Freiheit, der Ehre, des Vermögens des anderen bedeutet nun, durch die zu erwartende Strafe, eine Gefährdung seines eigenen Lebens, seiner eigenen Freiheit, seiner eigenen Ehre, seines eigenen Vermögens. So wird das Interesse der Allgemeinheit zum Interesse des einzelnen gemacht. Auf diese Koinzidenz der Interessen stützt sich der Wert der Straffolgen. Man pflegt zu sagen: Der Staat bekämpfe durch die Strafe die egoistischen Motive. Das Gegenteil ist wahr: Der Egoismus des einzelnen soll nicht unterdrückt, sondern dem Wohle der Allgemeinheit dienstbar gemacht werden. Denn auch fürderhin wird das Individuum seinen eigenen Zwecken folgen und das Für und Wider einer Handlung nach seinem Interesse abwägen, allein das Ergebnis wird ein anderes sein, wenn der Staat die Strafe in die eine Wagschale geworfen hat. — Genauer besehen ist die präventive Wirkung, die die Strafdrohung darnach ausübt, von doppelter Art:

Zunächst ist es jene handgreiflich-brutale Wirkung, die in einer unmittelbaren Einflußnahme auf den Willensentschluß des „Verbrechenslustigen“ besteht. Durch den Vorhalt der Straffolge wird die geplante Tat zu einer ihm persönlich gefährlichen Handlung. Und je härter die Strafe, je wahrscheinlicher ihr Eintritt, desto größer die Gefahr und desto stärker ihre motivierende Kraft. Es ist dies jene abschreckende Funktion der Strafdrohung, die Feuerbach zur einzigen Aufgabe der Strafdrohung, ja der Strafe schlechtweg machen wollte, und in dieser Einseitigkeit liegt der Fehler der psychologischen Zwangstheorie.

Während nämlich diese Seite der Strafdrohung nur im Augenblick des Überlegens Bedeutung erlangt, hat ihre andere Seite eine viel tiefere, weitere Schichten ergreifende, eine viel feinere Funktion, eine Wirksamkeit, die von der Rücksicht auf ein bestimmtes Individuum und dessen Pläne unabhängig, sich auf die breite Allgemeinheit und deren Wollen und Handeln erstreckt. Durch die Strafsanktion wird das Individuum, wie eben gezeigt, an der Erhaltung der geschützten Güter interessiert; dieser Einfluß der staatlichen Strafbestimmungen nun ist ein dauernder. Er reicht für den einzelnen — in seinen letzten und feinsten Ausläufern durch die Erziehung vermittelt — in die Jugendjahre zurück und währt in immer erneuter Kraft sein ganzes Leben fort. Und wenn er die gewünschte Wirkung hat, so wird die Verknüpfung der beiden Interessensphären, die Überzeugung von ihrer Koinzidenz zu einem dauernden Zustande, der auch losgelöst von der einzelnen Drohung weiter bestehen bleibt. Für den, der geneigt wäre, seine Sonderinteressen rücksichtslos durchzusetzen, bedeutet diese Verknüpfung eine wahre Umwertung der Werte, eine Änderung seines ganzen Motivationslebens. Und dies ist die Wirkung der staatlichen Strafdrohung: sie erzeugt Achtung vor den fremden Interessen, Verachtung vor ihrem Verletzer; so stützt und lenkt sie das soziale Bewußtsein, und diese Wirkung ist, wie nicht genug betont werden kann, ganz unabhängig von dem augenblicklichen Wollen und den verbrecherischen Plänen des einzelnen, denn wo sich die Strafdrohung in ihrer ganzen Kraft Geltung zu verschaffen vermochte, da immunisiert sie gegen kriminelle Antriebe, da kommt es gar nicht zu verbrecherischen Plänen, die nicht wachsen können auf dem Boden einer sozial erzogenen Gesinnung.

Freilich weder diese mittelbar bestimmende noch jene unmittelbar abschreckende Wirkung ist, wie die Erfahrung lehrt, stets von Erfolg gekrönt; Verbrechen werden begangen trotz Verbot und Drohung. Die Strafe übt eben nicht, wie Feuerbach meinte, einen psychologischen Zwang aus, sondern ist nur ein Bestimmungsversuch, ein Versuch, der oft genug mißglückt. Aus diesem unbestreitbaren Sachverhalt haben die Gegner der Abschreckungstheorie reichlich Kapital geschlagen. Seit Feuerbach werden sie nicht müde, zu behaupten, jedes Verbrechen beweise die Wirkungslosigkeit der Strafdrohung und damit die Unrichtigkeit dieser Lehre. Neuerdings hat sich Liepmann mit großer Energie der hier vertretenen Auffassung entgegengestellt, und er wagt die Behauptung: „Die Meinung von der abschreckenden Funktion der Strafdrohung ist ein laienhafter Irrtum, der durch die Kenntnis der wirklichen psychologischen Vorgänge aufgedeckt wird“ [1]). Liepmann hat diesen Beweis angetreten, um dadurch das Hauptargument für die Todesstrafe zu entkräften, allein man kann wohl behaupten, wenn ihm der Nachweis gelungen wäre, so hätte er damit nicht nur der Todesstrafe, sondern aller Strafjustiz im herkömmlichen Sinn das Todesurteil gesprochen und eine Revolution in der Strafrechtswissenschaft hervorgerufen, die ihresgleichen noch nicht gehabt hätte. Doch das ist ihm freilich nicht gelungen.

Liepmann sagt, die Abschreckungstheorie beruhe auf zwei Voraussetzungen: „einmal, daß bei dem Mörder während der Entschlußfassung oder zum mindesten vor Beginn der Ausführung die Vorstellung von der drohenden Todesstrafe über die Schwelle des Bewußtseins tritt, zweitens, daß sie ihn stärker gefühlswertig beeinflußt als die zur Tat treibenden Vorstellungen und Gefühle“. Und Liepmann meint, es sei erst zu untersuchen, „ob diese Voraussetzungen, wenn auch nur regelmäßig, bei der Begehung von Verbrechen zutreffen“ [2]). Schon diese Fragestellung ist verfehlt, obzwar für nahezu alle Gegner der Abschreckungstheorie charakteristisch. Daß „bei Begehung von Verbrechen“ eine Abschreckung nicht stattfand, daß dem „Mörder während der Entschlußfassung“ die Strafdrohung nicht bewußt oder nicht genügend gefühlsbetont war, ist klar, lächerlich klar, denn sonst wäre ja der Überlegende nicht zum „Mörder“ geworden. Man darf eben nicht am Täter und Verbrecher argumentieren [3]), wie es die Gegner so gerne tun; Objekt der psychologischen Untersuchung ist nicht der Mörder, vielmehr der Mordlustige, der die Tat erst überlegt, ja richtiger nicht nur dieser, sondern jeder Staatsbürger,

[1]) Liepmann, Gutachten zum 31. D. J.-T. II, 603.

[2]) a. a. O. 593.

[3]) Höpfner Z. 34, S. 173.

denn für jedermann gibt es die Gelegenheit und Möglichkeit, Verbrechen zu begehen, und es fragt sich ganz allgemein, ob die Strafdrohungen des Gesetzes auf die Entschließungen der Menschen von Einfluß sind oder nicht. — So hat denn auch Liepmann weiterhin das Problem aufgefaßt. Er untersucht zunächst die Entstehungsgeschichte der menschlichen Handlung und gelangt zu dem gewiß richtigen Ergebnis, daß eine Handlung nur erfolgt, „wenn das erwartete Lustgefühl dem Handelnden größer scheint als das erwartete Unlustgefühl". Will man also die Lust zum Verbrechen durch die Unlust der Strafe bekämpfen, so muß diese, meint er, dem Handelnden als unausbleibliche Folge seines Tuns zum Bewußtsein gekommen sein. Die Strafdrohung kann nun aber niemals garantieren, daß sie wirklich an dem Täter vollzogen würde, noch weniger, daß die Unausbleiblichkeit der Strafe dem Täter vor der Tat gegenwärtig werde. Ihre abschreckende Kraft ist also „schlechthin als problematisch" anzusehen [1]).

Die Grundlage dieser Argumentation ist richtig. Die Strafdrohung hat, wie oben gezeigt, zunächst die Funktion, dem Überlegenden das Verbrechen als ein für ihn gefährliches Unternehmen erscheinen zu lassen. Die Gefahr, die der Täter läuft, setzt sich aus zwei Faktoren zusammen, aus der Größe des Strafübels und aus der Wahrscheinlichkeit der Überführung. Sinkt einer dieser Faktoren in den Augen des Subjektes auf Null herab, so ist auch das Produkt gleich Null. Das heißt: Empfindet er die Strafe nicht als Übel, so entfällt die Abschreckung, mag die Verurteilung auch noch so gewiß sein; oder weiß er nicht, daß die Strafe ihn treffen könne, so entfällt die Abschreckung ebenfalls, mag das angedrohte Übel auch noch so hart sein. Die erste Eventualität trifft in jenen oft zitierten Ausnahmsfällen zu, des Bettlers, der ein Winterquartier im Gefängnis sucht, des politischen oder religiösen Fanatikers, der sich nach dem Martyrium sehnt usw., sicherlich Fälle, die als strafgerichtliche Raritäten hier weiter keine Berücksichtigung fordern; ihre zweckentsprechende Behandlung gehört in ein anderes Kapitel. Viel

---

[1]) Liepmann a. a. O. 596.

ernster zu nehmen ist die zweite Eventualität. Die Strafdrohung verliert ihre unmittelbare Wirkung auf den einzelnen, wenn er während der Überlegung an die Strafe überhaupt nicht denkt oder ihr nach der Tat entrinnen zu können überzeugt ist; in beiden Fällen vermag die Strafdrohung seinen Entschluß nicht zu berühren, er fürchtet die Strafe nicht, sie droht ihm ja in seinen Augen gar nicht. Darauf richten sich denn auch die beiden Haupteinwände, die gegen die Generalpräventionstheorie gemacht zu werden pflegen.

a) Es ist gewiß: Kein Staat kann trotz der besten Prozeßvorschriften und besten Polizei die Bestrafung aller Verbrecher gewährleisten. Darum ist die abschreckende Kraft der göttlichen Strafen für den, der an sie glaubt, viel stärker als die aller Strafgesetzbücher, denn (abgesehen von ihrer Härte) werden sie von einem allwissenden Richter verhängt, dem niemand entrinnt. Im weltlichen Staate dagegen muß die Hoffnung auf Straflosigkeit stets der gefährlichste Feind der Rechtssicherheit bleiben. Allein überschätzen wir ihn nicht. In den modernen Kulturstaaten wird wohl die Mehrzahl der Verbrechen tatsächlich bestraft. Wenn also wirklich „fast alle Verbrechen in der Hoffnung ihrer Verheimlichung begangen werden“ [1]), so liegt doch schon im Worte Hoffnung, daß von Sicherheit keine Rede sein kann, daß eine Gefahr auch in den Augen des Verbrechers immer bestehen bleibt. Welcher Bösgesinnte fürchtet nicht die Entdeckung seiner Pläne und Taten? Und diese Furcht ist doch nichts als ein Kind der Strafdrohung. Denn daran ist festzuhalten, nicht nur die „unabwendbare Strafe“, sondern schon die Möglichkeit der Betretung bedeutet für den Täter eine Gefahr und somit einen Abhaltungsgrund [2]). Und diese Gefahr bewegt den Unbescholtenen

---

1) So Binding, Grundriß, 7. Aufl. 221 gegen Feuerbach.

2) Thyrén, Prinzipien einer Strafgesetzreform I, 111, meint, gerade der gewohnheitsmäßige Verbrecher rechne mit dieser Gefahr wie mit einer Berufsgefahr, „die ihn wenig mehr kümmert, als sich etwa der abgehärtete Seemann darum kümmert, ob die innerhalb seines Berufs auf dem Meere Umkommenden 30 oder 50% ausmachen“. Allein dieser Vergleich hinkt mehr als zulässig, denn der Grad der Gefahr, auf den es eben vor allem ankommt, ist hier und dort wesentlich verschieden: ein Mensch, der ebenso viele Verbrechen unternimmt wie der „abgehärtete Seemann“ Meeresfahrten, kann mit 100% Wahrscheinlichkeit rechnen,

nicht weniger als den Vorbestraften und den abgefeimten Apachen, der für diesen Fall bereits das Giftfläschchen bei sich trägt. Doch Liepmann geht so weit, zu behaupten, bei keinem mit Überlegung handelnden Verbrecher sei das Erwartungsgefühl der Strafe „von irgendwie erheblicher Stärke“ [1]); weil er eben mit Vorbedacht jenen Weg wählt, der am sichersten geeignet ist, die Gefahr einer Bestrafung zu überwinden. Das ist ein Trugschluß: Der Mann sucht sorgfältig nach einem sicheren Wege, das heißt doch nichts anderes als: Er steht unter dem Eindruck der Strafdrohung, sein ganzes Trachten und Handeln ist gelenkt und begleitet von der Angst vor einer künftigen Strafe; Hunderte von Gelegenheiten ließ er ungenützt vorübergehen aus Furcht, betreten zu werden. In all diesen Fällen unterblieb das Verbrechen, kann man sagen: Die Strafdrohung war wirkungslos? [2]).

„Worauf beruht denn die relative Sicherheit, mit der wir auf einsamer Landstraße gehen, ohne einen Raubanfall, befürchten zu müssen? Ist es nicht deswegen, weil das raublustige Gesindel sich sagt, so leicht ist es doch nicht, unentdeckt und unbestraft ein schweres Verbrechen auszuführen?“ So fragt Höpfner [3]) mit Recht, und ich möchte hinzufügen: Worauf beruht demgegenüber die relative Unsicherheit einer derartigen Fußtour etwa in Albanien? Gerade der Vergleich zweier Länder mit gut- und schlechtgeregelter Strafjustiz zeigt deutlich, wie tiefgehend die Wirkungen der Strafdrohungen sind, wofern hinter ihnen ein Staat steht mit der Macht und dem Willen, sie ernstlich zu verwirk-

nicht nur überhaupt, sondern in allerkürzester Zeit ins Zuchthaus zu wandern; und wenn andererseits eine Seereise ebenso lebensgefährlich wäre wie das Morden in einem Kulturstaat, dann gäbe es schwerlich viele abgehärtete Seefahrer!

[1]) a. a. O. 597.

[2]) Völlig unverständlich ist die Bemerkung Liepmanns, die Strafdrohung spiele im Leben des Unbescholtenen „überhaupt keine Rolle“ (a. a. O. 599). Fürchtet man nur das, was man bereits am eigenen Leibe erlitten, etwa die Cholera nur dann, wenn man sie schon einmal durchgemacht hat? Für die Strafe ist jedenfalls das Gegenteil wahr. Gerade der Unbescholtene empfindet das innerste Grauen vor dem unheimlichen Unbekannten, das Strafgericht und Zuchthaus für ihn haben, die aufrichtigste Scheu vor der ersten Strafe, die ihm seinen fleckenlosen Ruf raubt. Es wäre traurig um die Rechtssicherheit bestellt, wenn die Strafdrohungen des Gesetzes nur dem Vorbestraften imponierten.

[3]) Z. 34, S. 137.

lichen. Man sollte wahrhaftig denken, daß in unserer vielumstrittenen Wissenschaft dies wenigstens außer Streit stünde; in der Tat dürfte es schwerlich einen Laien geben, der daran zweifelte.

b) Die geschilderte unmittelbare Einwirkung der Strafvorstellung auf den Willensentschluß kann aber naturgemäß nur dann stattfinden, wenn der Handelnde sich bewußt ist, was ihm als Folge seiner Tat bevorsteht. Darum wurde stets gegen die Generalpräventionstheorie eingewendet, von einer Abschreckung könne keine Rede sein, wenn dem Täter die Vorstellung der Strafbarkeit fehle. Das ist für die Theorie Feuerbachs gewiß richtig, und zwar sind da vor allem zwei Gruppen von Verbrechen, die zu denken geben: die im Affekt begangenen und die kulposen Delikte. Die letzteren haben schon Feuerbach Schwierigkeiten gemacht. Er hatte genau erkannt, daß eine unbewußte Schuld mit seiner Straftheorie nicht in Einklang zu bringen ist. Doch hat ihn diese Einsicht statt zu einer richtigen Umgestaltung seiner Straftheorie zu einer falschen Auffassung der Kulpa geführt [1]). Eine abschreckende Wirkung der Strafdrohung im Sinne Feuerbachs ist hier freilich ausgeschlossen, der Täter weiß ja im Moment der Handlung gar nicht, daß er etwas Unrechtes und Strafbares tut. Allein auch der unbewußt Fahrlässige steht nicht außerhalb der Machtsphäre der Strafdrohung. Ihr Einfluß spielt sich — wie eine psychologische Analyse zeigt, hier aber nur angedeutet werden kann — nicht über, sondern unter der Schwelle des Bewußtseins ab. Jenes Interesse an der Erhaltung der Rechtsgüter nämlich, das uns durch die Strafdrohung aufoktroyiert wird, übt nicht nur auf unsere Willensschlüsse, sondern auch auf unseren ganzen Vorstellungsablauf einen motivierenden Druck aus und erzwingt sich unsere Aufmerksamkeit, wenn wir im Begriff sind, diese Rechtsgüter zu verletzen: Wer Gefahr läuft, durch sein Tun sich schwere Strafen zuzuziehen, ist vorsichtiger als der, für den nichts auf dem Spiele steht.

Wie gegenüber der Kulpa, versagt die Feuerbachsche Abschreckungstheorie auch überall dort, wo ein starker Affekt

---

[1]) Vgl. meine Schrift über das Wesen der Fahrlässigkeit (Wien 1910) S. 15.

oder eine äußere Ursache die Vorstellung der Strafbarkeit nicht aufkommen läßt. Feuerbach hat eben die alleinige Wirkung der Strafdrohung darin erblickt, daß sie sich im Augenblick der Überlegung unmittelbar als Gegenmotiv geltend macht. Und dadurch ist die falsche Auffassung in der Strafrechtswissenschaft durchgedrungen, daß eine generalpräventive Wirkung der Strafdrohung nur durch die Vorstellung der Straffolge vermittelt werden kann, daß also die Strafdrohung dort präventiv wertlos sein muß, wo die Strafbarkeit der Handlung nicht zum vollen Bewußtsein des Subjektes gelangt. Allein die letzte und feinste Funktion der Normen und Strafsanktionen besteht, wie gezeigt, darin, die Denk- und Handlungsmaximen der Menschen zu beeinflussen, eine Wirkung, die dann im Wollen des einzelnen zur Geltung kommt, ganz unabhängig von aktuellen Strafvorstellungen. Wenn also Liepmann insbesondere für die Affektdelikte den anerzogenen, sittlichen oder konventionellen Grundsätzen [1]) weit mehr hemmende Kraft beimißt als der Strafdrohung, so ist er allerdings im Recht, doch ist ihm entgegenzuhalten, daß jene traditionellen Grundsätze sich nicht zum geringsten Teil gerade unter dem konstant wirkenden Einfluß der staatlichen Strafnormen gebildet und geformt haben. Ihnen also Bedeutung zuzuschreiben, ihren Ursachen dagegen nicht, das geht nicht an.

Somit ist daran festzuhalten: Die Strafdrohung ist ein in aller Regel taugliches Mittel der Verbrechensverhütung. In aller Regel — das genügt, denn Gesetze, die in der Regel wirken, sind wirksame Gesetze.

III. Die bisher dargestellte Funktion der Strafrechtspflege, die Wirkung der Norm und der Strafdrohung, ist ganz unabhängig davon, ob ein Delikt tatsächlich begangen wird oder nicht. Erst mit der Übertretung der Norm tritt eine bestimmte Tat und ein bestimmter Täter in den Gesichtskreis der Strafrechtspflege: Der Rechtsbrecher wird schuldig gesprochen und die erkannte Strafe an ihm vollzogen. Auch diese beiden Funktionsweisen der staatlichen Straftätigkeit wirken präventiv.

---

[1]) Liepmann a. a. O. 599.

Der Schuldspruch zunächst läßt sich hierin der Norm vergleichen. Das Verbot enthält eine Mißbilligung der Tat, und diese wird im Schuldspruch wiederholt. Die abstrakte Mißbilligung dort erscheint jedoch hier in konkreter Gestalt. Nicht ein vom Gesetz definierter Handlungstypus, sondern ein tatsächlicher äußerer Vorgang, nicht ein abstrakter „Wer", sondern ein Mensch von Fleisch und Blut wird verurteilt. Vermöge dieser Konkretisierung ist die generalprävenierende Kraft des Schuldspruchs eine viel sinnfälligere, denn man kann sich keine eindringlichere Mißbilligung von Täter und Tat denken, als die im Namen des Staatsoberhauptes ausgesprochene Verurteilung. In dem „Schuldig" liegt allen ersichtlich die Warnung: „so dürft ihr nicht handeln!" [1]). Und diese Warnung wird in die Öffentlichkeit getragen, die charakteristischerweise gerade bei der Urteilsverkündung nicht fehlen darf. Und wie im Gesetz an die Formulierung der mißbilligten Handlung die dieser Handlung entsprechende Strafe anknüpft, so folgt hier auf die Konstatierung der Tat die ihr entsprechende Ahndung. Der unerbittliche Zusammenhang von Verbrechen und Strafe wird offenbar, die schändlichen Folgen des schändlichen Verhaltens [2]) an einem Beispiel allen zur Darnachachtung gezeigt, und dies wirkt stärker als selbst der Strafvollzug, dessen Leiden sich hinter den Türen des Zuchthauses abspielt, von dem nur die Nächststehenden Kunde erhalten.

IV. Und nun der Strafvollzug. Erst hier befinden wir uns in der eigentlichen Domäne der herrschenden Straftheorien. Denn sowohl die Vergeltungslehre als ihre extreme Gegnerin, die Lehre von der Spezialprävention, sehen allein auf den Strafvollzug. Jene, weil sie in ihm die Zufügung des gerechten und verdienten Übels erblickt, diese dagegen, weil sie in ihm das Mittel zur Besse-

[1]) Die generalpräventive Bedeutung des Schuldspruchs bleibt meist unbeachtet (vgl. jedoch Merkel, Lehrbuch 180); allein wenn „das Absehen von Strafe" einmal eingeführt ist, und es vorkommen wird, daß der Schuldspruch ohne Begleitung eines Strafausspruchs auftritt, wird man seine selbständige Bedeutung nicht mehr verkennen können.

[2]) Vgl. Stephen, History II, 81: „The infliction of punishment by law gives definite expression and a solemn ratification and justification to the hatred wich is excited by the commission of the offence."

rung und Unschädlichmachung des Verbrechers gefunden zu haben glaubt. Beide also haben zu ihrem Gegenstande die Frage nach Zweck und Grund der Strafverhängung und Strafvollstreckung, sie sind streng genommen nur Strafvollzugstheorien. Beide haben denn auch das wahre Verhältnis zwischen Strafandrohung und Strafvollzug verkannt: Die Androhung ist ihnen nichts weiter als die vorherige Bekanntmachung des Gesetzes, ohne welche der Vollzug als ungerecht empfunden würde: Die Androhung ist logische Konsequenz des Vollzuges. Im Gegensatz dazu hat Feuerbach nur der Androhung selbständigen Wert angemessen. Der Vollzug der Strafe ist ihm nichts weiter als deren Ausführung: Die Vollstreckung ist logische Konsequenz der Androhung. Allein es ist verfehlt, Drohung und Vollzug in dieser Weise auseinanderzureißen [1]). Wer mit Strafen droht, droht mit deren Vollzuge. Wer nicht vollzieht, droht nicht wirklich, denn seine Drohung ist weder ernst gemeint noch ernst zu nehmen. Wer darum auf die psychologischen Wirkung der Strafdrohung den Ton legt, meint damit keineswegs, daß der Vollzug nichts, die Drohung alles bedeute. Der Vollzug ist das wahrhaft Drohende. Wenn also immer wieder — zuletzt von Beling [2]) — gegen Feuerbach geltend gemacht wird, man könne den Vollzug nicht durch die Zweckmäßigkeit der Androhung rechtfertigen, so verfängt dies nicht. Sowohl Drohung als auch Vollzug haben lediglich abgeleiteten Wert, sie empfangen beide ihre Rechtfertigung in völlig gleicher Weise von der Norm, die sie sanktionieren, und diese wiederum — ebenfalls kein Eigenwert — leitet ihren Wert ab von dem gesellschaftlichen Interesse, dem sie zu dienen berufen ist. Der Wert dieses Interesses rechtfertigt die ganze Strafinstitution [3]), rechtfertigt Strafandrohung und Vollzug.

Doch abgesehen von alledem, kommt dem Strafvollzug auch

---

[1]) Vgl Hold v. Ferneck, Rechtswidrigkeit I, 167 ff.

[2]) Beling, Die Vergeltungsidee und ihre Bedeutung für das Strafrecht (1908) S. 82.

[3]) In dem Worte „Strafinstitution" faßt O. Kraus alle staatlichen Einrichtungen zusammen, die darauf abzielen, die regelmäßige Bestrafung der Verbrechen zu gewährleisten. Durch dieses Wort ist also gut zum Ausdruck

selbständige prävenierende Bedeutung zu, die unabhängig davon ist, ob er vorher angedroht wurde oder nicht. Und zwar erstreckt sich diese Wirkung auf die Allgemeinheit und auf den Täter selbst, sie ist gleichzeitig general- und spezialpräventiv. Über ihr Wesen herrscht Klarheit. Ist doch die generalpräventive Wirkung des Strafvollzugs jener Punkt, auf den die Strafrechtspflege der ganzen neueren Zeit mit ihren furchtbaren Strafmitteln bis zur Wende des 18. Jahrhunderts abgestellt war; und ist doch weiter die spezialprävenierende Wirkung des Strafvollzuges jener Punkt, dem jetzt — hundert Jahre später — die soziologische Schule das Hauptaugenmerk zuwenden will. Über diese letztere Funktion der Strafe wird noch später zu sprechen sein. Sie variiert [1]) je nach der Persönlichkeit des Verbrechers, bald strebt sie lediglich nach Abschreckung, bald nach dauernder Besserung, bald nach dauernder Unschädlichmachung des Individuums. Dies alles sind Ziele, die mit der Strafe erreicht werden können und womöglich auch erreicht werden sollen. Sie alle sind Strafzwecke allein — das muß schon hier betont werden — sie können nur soweit verfolgt werden, als die Wirkung auf die Allgemeinheit es gestattet, sie sind Nebenzwecke, die nur im Rahmen des Hauptzweckes zu berücksichtigen sind.

So ist also die Generalprävention das die ganze Strafinstitution beherrschende Prinzip. Denn in all den besprochenen Funktionsformen der staatlichen Straftätigkeit handelt es sich doch schließlich um ein Ziel: Abhaltung der Allgemeinheit vom Verbrechen; und dieses Ziel wird auf verschiedenen Wegen, aber immer durch dasselbe Mittel, erstrebt: durch die Strafe, die bald als angedrohtes, bald als verhängtes, bald als tatsächlich zugefügtes Übel die staatliche Aufgabe des Güterschutzes zu erfüllen berufen ist.

Es muß sehr bedauert werden, daß in der Literatur des Strafrechts die Bedeutung der Generalprävention noch immer nicht richtig eingeschätzt wird.

Feuerbach war es, der diese Lehre wissenschaftlich be-

---

gebracht, daß Strafdrohung und Vollzug etwas Untrennbares sind. Kraus, Das Recht zu strafen (1911) 63.

[1]) Vgl. Lammasch, Z. 9, 429.

gründete. Aber die Einseitigkeit, mit der er nur einen bestimmten Zweig der Generalprävention betonte, dazu das Fiasko, welches sein Strafgesetzbuch wohl infolge dieser Einseitigkeit in der Praxis erlebt hat, verschleierte die Wahrheit des Grundgedankens. Vielleicht wäre sie dennoch zutage getreten, aber alsbald ergoß sich jene große hegelianische Welle über Philosophie und Jurisprudenz mit den traurigen Wirkungen, an denen die Strafrechtswissenschaft bis in die letzten Jahrzehnte krankte. Neuerdings freilich mehren sich die Anzeichen, daß die Feuerbachschen Gedanken zu größeren Erfolgen berufen sind. Man wird sich allmählich über die Absurdität klar, die entsteht, wenn man die Wirkung der Strafe auf die Allgemeinheit wegdenkt und sich eine Verbrechensfolge vorstellt, die wirklich nichts anderes täte, als geschehenes Übel vergelten, gegenwärtige Verbrecher bessern und unschädlich machen. Die vergeltungsbedürftigen Taten und die besserungsbedürftigen Täter würden ins ungeahnte zunehmen, wenn nicht die Tatsache, daß gestraft wird, diese Entwicklung hemmte. Freilich die Statistik kann man hier nicht zum Zeugen anführen, weder gegen noch für diese Behauptung, denn es gibt keine Statistik ungeschehener Verbrechen. Bedenkt man aber, wie vielen und mannigfachen Versuchungen jedermann jederzeit ausgesetzt ist, und wie trotzdem kaum 1 % der Menschen jährlich mit dem Strafgesetz in Konflikt kommt, so kann man sich vielleicht einen Begriff von der Bedeutung der Generalprävention machen.

So läßt sich auch ermessen, wie es in Wahrheit mit der vielberufenen „Nutzlosigkeit unseres heutigen Strafsystems“ bestellt ist. Denkt man an den Nutzen der Spezialprävention, dann ist freilich das Ergebnis traurig. Allein daraus, daß die Strafen auf den Verbrecher „nicht bessernd und nicht abschreckend“ wirken, kann keineswegs mit v. Liszt geschlossen werden: „Sie wirken überhaupt nicht präventiv, d. h. vom Verbrechen abhaltend“ [1]). Denn man übersieht dabei gerade die wichtigste Wirkung, die ganz unabhängig ist von dem Einfluß auf den Verbrecher. Angenommen also, jene hätten recht —

[1]) v. Liszt, Aufsätze II, 241.

und ich glaube, sie entfernen sich nicht allzu sehr von der Wahrheit —, welche sagen, die Strafe steigere die Wahrscheinlichkeit künftiger Verbrechen bei dem Bestraften, sie wirke „geradezu als eine Verstärkung der Antriebe zum Verbrechen“ [1]), — könnte darum auf die Strafe verzichtet werden? Der Spezialpräventionist muß freilich sagen: Die Strafe tut hier gerade das Gegenteil von dem, was sie soll; sie kann nicht nur, sie muß abgeschafft werden, bis nicht ein rationellerer Vollzug ermöglicht worden ist. Daß keiner von ihnen, wenigstens keiner von den Einsichtigen, diese selbstverständliche Konsequenz gezogen hat, zeigt doch, daß sie die Wahrheit unbestimmt fühlen: Jenem Passivum der Strafrechtspflege steht ein offenbares Aktivum gegenüber, von einem „Bankerott“ der Strafe kann keine Rede sein.

Und noch mehr. Wenn es selbst gelänge, jene utopische Maßregel zu finden, die jeden Verbrecher zu bessern vermöchte, so würde diese Maßregel die Strafe dennoch nicht ersetzen können. Die Generalprävention bliebe daneben immer noch eine Staatsnotwendigkeit. Denn daran ist festzuhalten: Die Verhütung des Erstlingsverbrechens wird immer wichtiger sein als die Verhütung des Rückfalls. Auf Erden ist mehr Freude über die neunundneunzig, die infolge der Strafdrohung nicht zu Verbrechern werden, als über den einen, der durch ein Sicherungsmittel gebessert worden ist.

2. Schutzfunktion und Vergeltungsfunktion.

Indessen darf die Kleinheit der Anhängerschaft nicht wundernehmen bei einer Lehre, die soviel mißverstanden wird wie die Generalpräventionstheorie. Wird sie doch häufig mit ihren Gegnerinnen verwechselt oder sogar identifiziert, und zwar — merkwürdig genug! — mit ihren Gegnerinnen zur Rechten wie zur Linken.

Einerseits erklären bekanntlich R. Schmidt, v. Liszt u. a., der Schulenstreit drehe sich heute nicht mehr um den Gegensatz von absoluter und relativer Strafbegründung, sondern spiele sich innerhalb des Gebietes der Präventionslehre ab; die heutige

[1]) v. Liszt a. a. O.

Vergeltungslehre sei nichts anderes als die Theorie der Generalprävention.

Anderseits pflegen die Klassiker in ihrer Kritik der modernen Richtung die Generalprävention vielfach mit der Spezialprävention gleichzusetzen. Sie haben dem Relativismus im Strafrecht, dem Präventionsgedanken den Krieg erklärt, doch sie führen ihn vorzüglich mit Argumenten, die nur gegen die Spezialprävention stichhalten. Die Birkmeyer-Naglerschen „Kritischen Beiträge" zeigen dies fast in jedem Hefte: sie wollen den Präventionsgedanken ad absurdum führen, indem sie die Konsequenzen der Spezialprävention ziehen und meinen, die Präventionstheorie widerlegt zu haben, während sie sich nur gegen eine einzelne Form dieser Theorie richten, der anderen kaum gedenken [1]).

Über das Wesen der Spezialprävention wird später zu reden sein, hier sei nur der Versuch gemacht, das Verhältnis der modernen Vergeltungslehre zur Generalprävention in klareres Licht zu

[1]) Als Beispiel diene zunächst die immer wiederkehrende Behauptung, die Theorie des präventiven Strafrechts führe mit Notwendigkeit zur symptomatischen Verbrechensauffassung, führe zur Pönalisierung der Vorbereitungshandlungen, zur Strafe vor der Tat und ohne die Tat usw. All dies kann für ein System der Generalprävention keine Geltung beanspruchen, wie wohl nicht bewiesen werden muß. Vgl. Birkmeyer, Studien über den Hauptgrundsatz usw. passim; Beling, Vergeltungsidee S. 98, 106 u. a.; Overbeck, Erscheinungsformen des Verbrechens, S. 3, 60; Allfeld, Der Einfluß der Gesinnung auf die Strafe, S. 94; Rohland, Soziologische Strafrechtslehre, 35. — Auffallend ist dies insbesondere bei Beling, der selbst der Generalpräventionstheorie nahesteht. Er zeichnet (a. a. O. 92 ff.) eine „Skizze des Präventionsrechts", die ausschließlich an den Gedanken der Spezialprävention orientiert ist. Der „grundlegende Rechtssatz" des Präventionsrechts lautet nämlich nach Beling: „Gegen solche Personen, von denen ein Angriff auf ein rechtlich geschütztes Interesse droht, ist durch die und die Staatsbehörde mit solchen Maßregeln vorzugehen, die physisch und psychisch geeignet sind, den Angriff zu verhüten" (S. 93). Die Generalprävention fehlt also in diesem Präventionsrecht. Bezeichnend ist auch, daß nach Beling „bei der vorbeugenden Tätigkeit ..... prinzipiell ein Auskommen mit Maßregeln ohne Übelscharakter angestrebt" werden muß (105). Maßregeln also, die geeignet wären, generalpräventiv zu wirken, werden ausdrücklich ausgeschlossen. — Nagler, Verbrechensprophylaxe und Strafrecht (1911), berücksichtigt unter dem Schlagwort Verbrechensprophylaxe ebenalls fast ausschließlich die Methode der Spezialprävention. Bezeichnend

stellen. — Einer Verwechslung dieser beiden Theorien wird nun freilich dadurch Vorschub geleistet, daß die Vertreter des Vergeltungsgedankens diesen meist mit der Schutz- und Präventionsidee verquicken, und daß ihr Grundbegriff einer Mehrzahl von Auslegungen fähig ist, die es den verschiedensten Theorien und Ideen ermöglicht, sich unter der einen Fahne des Vergeltungsgedankens zu scharen. So kommt es, daß einzelne Klassiker den modernen Reformgedanken näher stehen als etwa der Lehre Birkmeyers, mit dem sie zu einer „Schule" verbunden sind.

Der Begriff der Vergeltung wird verschieden bestimmt. Einigkeit herrscht jedenfalls über den einen Punkt: Vergeltung ist ihrem Wesen nach eine Gegenwirkung auf ein Verhalten, die dessen Charakter entspricht — Malum propter malum, bonum propter bonum. So definiert Frank[1]), und ganz entsprechend in genauerer Ausführung Merkel: „Der Begriff der Vergeltung umfaßt alle Gegenwirkungen gegen die Urheber von Unlust oder Lust, welche einen der Beschaffenheit der ersten Einwirkung entsprechenden, also im einen Falle feindlichen (lustmindernden), im andern freundlichen Charakter haben" [2]). Erschöpft sich der Begriff in diesem Tatbestande, so ist selbstverständlich jede Strafe Vergeltung, denn die Strafe ist begriffsmäßig Übel für Übel. Mit dem Satze „Strafe ist Vergeltung" ist darnach keine neue Erkenntnis gewonnen. Dieses Urteil ist ein analytisches, das Wort Vergeltungsstrafe ein Pleonasmus. Wenn wir dem gegenüber die Frage stellen, warum bestraft der Staat Verbrechen, so kann die Antwort nicht lauten: Um zu vergelten. Es wäre ein idem per idem.

Allein die meisten Vergeltungstheoretiker fassen den Begriff in engerem Sinne. Sie betrachten die Vergeltung als ein Äquivalent, als etwas der Tat qualitativ und quantitativ Gleichwertiges. Vergeltung bedeutet, wie meist gesagt wird,

---

ist der Satz: „Prophylaktisch läßt sich einmal nur gegen den Gemeingefährlichen einschreiten" (137 f.), oder: „Kennt man nur die Sicherungsprämisse, so muß unausweichlich die Strafe als absichtliche Leidzufügung preisgegeben werden" (140).

[1]) Frank, Vergeltungsstrafe und Schutzstrafe (1908) S. 6.

[2]) Merkel, Gesammelte Abhandlungen II, 691, dazu Kohlrausch, Über deskriptive und normative Elemente im Vergeltungsbegriff (1904) 8 ff.

ein Ausgleich für Verdienst oder Schuld, und daraus ergibt sich sodann die Forderung nach einem bestimmten Maße der Reaktion. Nicht jede Strafe, sondern nur eine bestimmt geartete Strafe gilt als Vergeltung im wahren Sinne, als gerechte Vergeltung. Wenn wir nun auch hier fragen, warum der Staat Verbrechen bestrafe, so hat es jetzt wohl einen Sinn, zu antworten: um die Schuld des Verbrechers auszugleichen, um Vergeltung zu üben. Freilich schließt sich daran sofort die weitere Frage: Warum vergilt der Staat Verbrechen?

Mit dieser Frage, mit der Frage nach dem Zweck der Vergeltung ist meines Erachtens der Punkt erreicht, auf den alles ankommt. Indem wir die Frage stellen, entfernen wir uns noch nicht von dem Boden der Vergeltungstheorie, denn die Verhängung der vergeltenden Strafe ist bewußte und gewollte staatliche Tätigkeit, sie muß einen Zweck haben, wie jede menschliche Willenshandlung. In diesem Sinne ist jede Strafe „Zweckstrafe". Das wird von allen anerkannt.

Die alten absoluten Straftheorien haben jenes Warum? und Wozu? durch den Hinweis auf höhere Forderungen der Ethik, Logik oder Ästhetik beantwortet. Für unsere modernen Vergeltungslehren jedoch ist charakteristisch, daß sie, wie oben gesagt, ausnahmslos Anschluß an staatliche Nützlichkeitszwecke suchen und in irgendwelcher Form die Vergeltung mit den Zwecken des Güterschutzes und der Prävention verknüpfen. Sie haben einen utilitaristischen Einschlag. Und so verschieden die Auffassungen im einzelnen sind, sie zeichnen sich dadurch aus, daß sie eine Mehrheit von Zwecken anerkennen, sie wollen mit der Strafe nicht nur Verbrechen vergelten, sondern — daneben oder dadurch — auch Verbrechen verhindern.

Es ist nun für die Beurteilung dieser Theorien von ausschlaggebender Bedeutung, zu wissen, in welchem logischen Verhältnis jene Zwecke zueinander stehen. A priori sind hierfür nur drei Möglichkeiten denkbar:

1. die Koordination der beiden Zwecke,
2. die Subordination des Schutzzweckes gegenüber der Vergeltung,
3. die Subordination der Vergeltung gegenüber dem Schutzzweck.

So ergeben sich drei Gruppen von Theorien, die nach Grundgedanken und Anlage zu verschiedenen Ergebnissen gelangen müssen. Es empfiehlt sich, bei der nun folgenden kritischen Übersicht diese drei Gruppen zu trennen:

1. Das Verhältnis der Koordination von Vergeltung und Schutzzweck. Die Wahl des Zweckes bestimmt die Wahl des Mittels: Die als Mittel gewählte Maßregel muß sich nach Art und Maß dem vorgestellten Zwecke anpassen. Ein Mittel kann wohl auch zwei Zwecken dienen, doch kann es ihnen nur dann gleichmäßig dienen, wenn es kongruente Zwecke sind, d. h. Gleiches zu ihrer Erreichung erfordern. Wenn aber die planmäßige Verfolgung des einen zu Maßregeln führt, die dem andern nicht entsprechen, so bleibt nichts übrig, als daß man, vom ursprünglichen Plane abgehend, den einen Zweck dem andern überordnet, ihn bevorzugt und ihm folgt, wenn auch unter Berücksichtigung des andern.

Diesen Sachverhalt übersehen alle jene, welche den Streit der Strafrechtstheorien dadurch schlichten wollen, daß sie sämtliche wünschenswerten Wirkungen der Strafe in eine Linie stellen und gleichmäßig als Strafziel betrachten.

Der typische Vertreter dieser „mittleren Richtung" — wenn man das Streben nach allen Richtungen so nennen darf — ist bekanntlich v. Hippel. Er geht vom Strafbegriff aus und erforscht zunächst, „welche günstigen Wirkungen die Strafe erfahrungsgemäß erzeugt. Alle diese Wirkungen zusammen ergeben dann den Zweck der Strafe"[1]), und das Ergebnis ist: die Vergeltung bleibt ein hochwichtiger, nie zu vernachlässigender Strafzweck, aber nur „einer neben andern Zwecken", als da sind Spezialprävention und Generalprävention[2]). Diese Auffassung scheitert daran, daß die einzelnen Tendenzen kollidieren. Ein Jugendlicher begeht ein Verbrechen; der eine Gesichtspunkt

[1]) v. Hippel, Strafrechtsreform und Strafzwecke (1907) 8; Z. 30, 878. — Nebenbei bemerkt, gäbe es demnach überhaupt keine Reform, denn wenn wir nur das anstreben, was wir ohnedies mit der Strafe erfahrungsgemäß bereits erreichen, müssen wir es beim Status quo belassen.

[2]) Z. 30, 876.

fordert „Absehen von Strafe", der andere etwa einen leichten Denkzettel, der dritte empfindliche Ahndung. Was tun? Vor lauter Prinzipien kein Prinzip! Auch v. Hippel sieht diese Schwierigkeit und meint, der gute Gesetzgeber sei eben der, welcher „dem in concreto wichtigsten Zwecke den Vorrang einzuräumen versteht" [1]). Welcher aber ist dies? Das ist ja eben der springende Punkt. Daß man nämlich mit der Vergeltungsstrafe auch prävenieren soll, wenn es geht, und mit der Besserungsstrafe dem Verletzten auch Genugtuung gewähren soll, wenn es geht, das wird von keiner Seite bestritten. Das Problem besteht nur darin, welches Ziel im Konfliktsfalle zu bevorzugen sei [2]). v. Hippel will in weiterem Verlaufe die Rücksicht auf die Gesamtheit entscheiden lassen [3]). Damit ist der ursprüngliche Standpunkt der Koordination aufgegeben. Doch das ist hier nebensächlich, uns interessiert nur, daß eine derartige zusammengesetzte Theorie eine Lösung nicht geben kann [4]).

[1]) v. Hippel Z. 30, 878.

[2]) Vgl. auch Kantorowicz, Monatsschrift für Kriminalps. VII, 260. — v. Birkmeyer, Das Absehen von Strafe (1910) 14 ff. Diese Argumente hat auch Rohwedder, Die Strafauffassung des Vorentwurfes (1911) 110 ff. nicht entkräftet. — Kantorowicz macht gegen den Eklektizismus mit Recht geltend, man brauche ein drittes höheres Prinzip, welches bestimmt, wann man die Folgerungen der einen oder der andern Prämisse zu ziehen habe. Dies ist zweifellos richtig. Allein Kantorowicz selbst meint, daß die Folgerungen aus der Vergeltungsidee und der Verhütungsidee „legislativpolitisch identisch" seien, daß der Gesetzgeber ohne Kompromiß ein beiden Grundgedanken vollauf genügendes Gesetzbuch schaffen könne (a. a. O. 264). Wäre dies richtig, so bedürfte es keines Prinzipes, welches bestimmt, „wann die einen, wann die andern Konsequenzen zu ziehen sind".

[3]) v. Hippel Z. 30, 884.

[4]) Auch die Begründung zum deutschen Vorentwurf hat (I, S. IX) die Grundsatzlosigkeit zum Grundsatz erhoben, indem sie „Vergeltung, Besserung, Schutz der Gesellschaft, General- und Spezialprävention", also über- und untergeordnete, vereinbare und unvereinbare Ziele unbehelligt nebeneinander als Strafzwecke setzt. Gegenüber diesem famosen Satz sei an ein Kraftwörtlein Feuerbachs erinnert: „Wer vor der Konsequenz des Systems erzittert, knetet, um recht sicher zu gehen, diese verschiedenen Theorien ineinander und tischt sie, mit Brühen des Gefühls durchwässert, dem genügsamen Kriminalrecht auf". (Über die Strafe als Sicherungsmittel vor künftigen Beleidigungen des Verbrechers [1800] S. 5.)

Eine Vereinigung von Strafzwecken ist möglich, allein eine wahre „Vereinigungstheorie" besteht nicht darin, daß sie mehrere Zwecke nebeneinander stellt, sondern darin, daß sie diese Zwecke zu einer Einheit verbindet. Dies geschieht durch Über- und Unterordnung, durch die Scheidung von leitenden und lediglich begleitenden Motiven. — Danach ergeben sich zwei weitere Gruppen.

2. Die Subordination des Schutzzweckes gegenüber der Vergeltung. Wer der Vergeltung gegenüber dem Schutzzweck den Vorrang einräumt, der stimmt insofern mit der eben besprochenen Theorie überein, als er der Vergeltung selbständigen Wert zuschreibt; allein während v. Hippel und seine Anhänger noch andere Ziele gleichen Ranges anerkennen, wird hier die Vergeltung zum Strafzweck katexochen, welcher allein Art und Dauer der Strafe vorschreibt.

Mit dankenswerter Klarheit hat in jüngster Zeit Nagler diesen Standpunkt herausgearbeitet: Das Strafrecht hat sich grundsätzlich freizuhalten von der Herrschaft des Schutzgedankens [1]), „Ein präventives Strafrecht ist ein Widerspruch in sich selbst" [2]). Die erziehliche Wirkung der Strafdrohung, die Stärkung des Ansehens der Gesetze, die Abschreckung der Allgemeinheit, ebenso auch die Besserung und Unschädlichmachung des Täters, alldies sind lediglich „Nebenwirkungen der Strafe" [3]). Sie sind gegenüber dem Vergeltungszweck nur sekundäre Bestrebungen, und „nur so weit sie sich in dessen Rahmen unterbringen lassen und seine charakteristischen Merkmale nicht verwischen, haben sie Anspruch auf besondere Pflege" [4]). Daran ist festzuhalten, denn „es begründet einen himmelweiten Unterschied, ob man sie zur Ergänzung und folglich untergeordnet heranzieht oder sie zum beherrschenden Prinzip des ganzen Instituts erhebt [5]). Birkmeyer steht auf wesentlich gleichem Standpunkt.

---

1) Nagler, Verbrechensprophylaxe 209.

2) a. a. O. 212

3) a. a. O. 164 ff.

4) a. a. O. 160

5) a. a. O. 177

Auch er will „in erster Linie durch die Strafe vergelten", allein er nennt seine Theorie eine Vereinigungstheorie, weil nach seiner Ansicht die Vergeltungsstrafe „zugleich die Rechtsordnung und die Gesellschaft am besten schützt", weil sie im wahren Sinne auch Schutzstrafe sei: „Wir sind der Meinung, daß nichts besser als eine nach dem Gedanken der gerechten Vergeltung bemessene Strafe geeignet ist, den Verbrecher zu bessern, ihn und dritte von der Begehung weiterer Verbrechen abzuschrecken, die Gesellschaft und ihre Rechtsordnung zu sichern. Wir vertreten mit andern Worten ..... eine sogenannte Vereinigungstheorie" [1]). Dabei ist wohl zu merken, daß Birkmeyer nach keiner Richtung seine Strafe jenem Schutzzweck anpassen will, er „gibt vom Vergeltungsstandpunkt keine Handbreit auf" [2]). Wenn also seine Strafe wirklich jene günstigen Wirkungen ausübt, so kann dies nur ein sehr erfreulicher Zufall sein. Allein es ist Täuschung, daß diese Vergeltungsstrafe gleichzeitig die beste Schutzwirkung ausübt. Birkmeyers eigene Werke enthalten — wenigstens was die Spezialprävention betrifft — den direkten Gegenbeweis. Hat er nicht selbst oft genug mit Erfolg gezeigt, daß die auf Spezialprävention abzielende Strafe an gänzlich andere Voraussetzungen und Maßstäbe gebunden ist als die Vergeltungsstrafe? Daß also konsequente Prävention andere Wege einschlagen muß als konsequente Vergeltung? Und tritt nicht Birkmeyer selbst für die Einführung sichernder Maßnahmen ein, welche den Zweck der Besserung und Sicherung verfolgen; wozu dies, wenn so wie so „nichts besser" als die Vergeltungsstrafe zu bessern und zu sichern geeignet ist? Da also in Wahrheit die Zwecke nicht harmonieren, so bedeutet die Voranstellung von „Sühne und Genugtuung" implicite die Zurücksetzung der Prävention. Jene Vereinigungstheorie ist reine Vergeltungstheorie, durch den Schutzgedanken dürftig geziert.

Nicht anders steht es mit jenen, die zwar den Schutzzweck der Strafe betonen, ihn aber nur verfolgen wollen, „soweit dies mit ihrem Vergeltungscharakter verträglich ist". Ganz folge-

[1]) Das Absehen von Strafe 15.

[2]) a. a. O.

richtig, denn die Vergeltung ist ihnen das „Primäre", und der Nebenzweck darf den Hauptzweck nicht überwuchern. Sie alle stimmen mit Birkmeyer und Nagler darin überein, daß ihnen das Vergeltungsprinzip über Anwendung und Maß der Strafe entscheide, ihnen allen ist daher die schon oben formulierte Kardinalfrage vorzulegen: Warum soll der Staat Verbrechen vergelten?

Einige wenige, z. B. Rohland, antworten hierauf auch heute noch, wie jene alten absoluten Theorien, durch den Hinweis auf das Gebot der ausgleichenden Gerechtigkeit, dem zu genügen, „der höchste und letzte Zweck der Strafe"[1]) sei. Die Widerlegung dieser Auffassung ist kaum möglich aber auch kaum nötig, denn die meisten sind sich heute darüber einig, daß man zur Rechtfertigung der staatlichen Strafe den transzendenten Boden der Ethik zu verlassen und den realen Boden der Gesetzgebungspolitik zu betreten habe[2]). Die meisten geben denn auch ihrer Strafe einen „irdischen" Beruf. — Sie beantworten die Frage nach dem Zweck der Vergeltung durch den Hinweis auf das Genugtuungsbedürfnis des Volkes, jenes „unbestreitbare psychologische Phänomen"[3]), das als „einer der elementarsten und mächtigsten Triebe in unserer sinnlichen Natur wurzelt"[4]). Ihn zu befriedigen ist Aufgabe der Strafe.

Wie steht es nun mit Existenz und Bedeutung dieses Triebes? Man darf sich das Auge nicht trüben lassen durch die ausschließliche Betrachtung typischer Verbrechensfälle. Beim gewöhnlichen Mord, Diebstahl und Betrug wird meistens dieses Vergeltungsbedürfnis vorhanden sein. Allein weder besteht es bei allen Handlungen, die strafwürdig sind, noch sind alle Handlungen strafwürdig, bei denen es besteht. Rechtfertigt sich die Strafe wirklich durch das Vergeltungsbedürfnis und nur durch

---

[1]) Rohland, Soziologische Strafrechtslehre (1911) S. 19. — So auch Birkmeyer in manchen Wendungen, vgl. Goltd. Arch. 48, 75: „Die Gerechtigkeit ist selbst der erste und wichtigste Zweck der staatlichen Gesetzgebung".

[2]) So der Vergeltungstheoretiker Beling a. a. O. 29. Vgl. auch Rich. Schmidt, Aufgaben der Strafrechtspflege 54.

[3]) Nagler a. a. O. 145.

[4]) Birkmeyer, Goltd. Arch. 48, 73.

dieses, so steht und fällt sie mit diesem Bedürfnis. Es müßte also folgerichtig bei jeder Deliktsgruppe in abstracto und bei jedem Delikte in concreto sein Vorhandensein als Bedingung der Strafbarkeit anerkannt werden. Zöge man diese Konsequenz, so hätte man eine Reihe von überkommenen Verbrechenstatbeständen aus dem Strafgesetzbuch auszuscheiden, eine Reihe von bisher unbekannten Strafausschließungsgründen darin einzufügen. Man hätte z. B. auch den Satz quieta non movere als Prinzip des Strafprozesses anzuerkennen; denn warum sollte der Staat ein verborgenes oder vergessenes Verbrechen ans Licht ziehen, um dann das dadurch künstlich erzeugte Vergeltungsbedürfnis mit schweren Opfern an Gut und Blut wieder zu befriedigen? Es wäre nicht schwer, diese Andeutungen auszuführen und nach der bekannten Methode alle jene Folgerungen, „einerlei, ob sie von allen Vertretern oder nur von einigen oder selbst von gar keinem gezogen werden" [1]), in schönen Farben auszumalen.

Das Vergeltungsbedürfnis des Volkes deckt sich also nicht mit dem Strafbedürfnis des Staates. Doch ganz abgesehen hiervon, ist es wirklich Aufgabe des Staates, jenen elementaren Trieb zu befriedigen? Nagler sagt: „Erkennt man einmal den Vergeltungstrieb an, so muß man auch das Vergeltungsstrafrecht vertreten" [2]). In Wahrheit beginnt erst hier die Beweispflicht der Gegner. Ein merkwürdiger Irrtum, als ob es selbstverständlich wäre, daß der Staat dazu da ist, jedem Triebe des Menschen Befriedigung zu schaffen. Es bedürfte wohl erst der Begründung, warum er, der seinen Bürgern „das Recht auf Existenz" nicht zu gewährleisten vermag, Millionen verausgaben und Tausende von Beamten beschäftigen soll, um ihrem Vergeltungsbedürfnis nachzukommen.

Man würde sich, meine ich, von diesen Abwegen ferngehalten haben, hätte man von vornherein die richtige Fragestellung angenommen. Die klassische Schule stellt sich bei ihren straftheoretischen Untersuchungen auf den Standpunkt des Richters,

---

[1]) v. Birkmeyer, Studien zum Hauptgrundsatz der modernen Richtung (1909) S. 9.

[2]) Nagler a. a. O. 150; dazu treffend Finger, GS. 71, 56.

dem ein bestimmtes Verbrechen und ein bestimmter Verbrecher zur Beurteilung vorliegt. Hier kann leicht die Idee aufkommen, das Strafübel werde verhängt, um das Vergeltungsbedürfnis zu befriedigen, welches durch die Tat ausgelöst worden war. Allein die Straftheorie hat sich auf den kriminalpolitischen Standpunkt zu stellen und anzugeben, welche Motive den Gesetzgeber beim Ausspruch der Strafdrohung leiten sollen. Wollen, auch von hier aus betrachtet, die Gegner an ihrer Lehre festhalten? Wenn ja, dann bestünde die Hauptaufgabe des Kriminalpolitikers darin, mittels psychologischer Untersuchung festzustellen, welche Handlungen erfahrungsgemäß jenen Drang nach Genugtuung erwecken, und der Motivenbericht jedes Strafgesetzbuches und jeder Strafgesetznovelle hätte sich in letzter Linie auf die Erklärung zuzuspitzen: Das Volk fordert Vergeltung von jedem, der so handelt, daher soll er bestraft werden. Nicht die Überzeugung etwa, daß die Idee des „laisser faire" in ihrer Überspannung zu unhaltbaren wirtschaftlichen Verhältnissen führt, könnte die Bestrafung des Wuchers und des unlauteren Wettbewerbs begründen, nicht die Überzeugung, daß gewissen Angriffen auf geistiges Eigentum nur durch Strafe wirksam vorzubeugen ist, hätte zu den Strafbestimmungen der Urheber- und Patentgesetze geführt ... nichts von alledem! Nur das Vergeltungsbedürfnis des Volkes, einmal als vorhanden festgestellt, wäre in allen Fällen zureichender Grund der Pönalisierung — das Bedürfnis des Volkes, das in seiner Mehrheit vielleicht gar nicht weiß, was Nachdruck und Patenteingriff bedeutet. Ein absurder Gedanke, in unseren „Begründungen" und „erläuternden Bemerkungen" lesen wir ihn jedenfalls nicht.

3. Die Subordination der Vergeltung gegenüber dem Schutzzweck. Das sittliche Gebot der Gerechtigkeit sowie das Vergeltungsbedürfnis des Volkes vermag die Strafe nicht zu rechtfertigen. Das sieht eine Reihe von modernen Vergeltungstheoretikern ein und erkennt, daß staatliche Strafe nur durch ihren staatlichen Nutzen begründet werden kann. So verliert der Vergeltungserfolg seinen selbständigen Wert und tritt in Abhängigkeit zu einem utiliteratistischen Ziel: Die Straf-

justiz bedient sich der Vergeltung, aber sie dient ihr nicht. Der absoluten Vergeltungstheorie wird eine relative entgegengestellt. Und wem als Ziel der Güterschutz vorschwebt, der muß schon hier sagen, diese Vergeltungsstrafe ist in Wahrheit Schutzstrafe, d. h. eine Strafe, die in Art und Umfang ihrer Anwendung vom Präventionsgedanken und nur von diesem bestimmt wird. Allein so unverblümt finden wir diesen Sachverhalt leider nur selten dargestellt.

Auch hier, im Kreise der relativen Vergeltungstheoretiker, wird die Frage nach dem Zweck der Vergeltung in sehr verschiedener Weise beantwortet.

Die eine Gruppe, Binding, Beling, Allfeld, Köhler u. a. sehen den Zweck der Vergeltung in der Bewährung der Rechtsordnung, in der Aufrechthaltung der Autorität des Staates und des verletzten Gesetzes. Daß dies jedenfalls etwas anderes bedeutet als die Berufung auf das Vergeltungsbedürfnis, ist klar, und es mag festgestellt werden, daß nach Naglers[1]) Worten ein „himmelweiter Unterschied" zwischen ihm, der jene Ziele nur als Nebenzwecke der Strafe betrachtet, und denen besteht, die wie die obgenannten sie als Hauptzweck erklären. In der Tat sind diese Lehren, folgerichtig durchdacht, wahre Präventionstheorien. Denn die Rechtsbewährung kann doch immer nur Zwischenzweck, nie Endzweck sein. Die Autorität der Gesetze ist nicht weiter schützenswert, als es die realen Interessen sind, die hinter diesen Gesetzen stehen. Die Autorität der Gesetze hat keinen Eigenwert, ihr Wert ist abgeleitet von dem Werte der einzelnen Normen, deren Wirksamkeit sie garantiert. Und diese Wirksamkeit besteht im Güterschutz. „Alle Normen wollen präventiv sein", sagt auch Binding[2]). Die Vergeltungsstrafe, welche der Autorität der Normen dient, dient also in Wahrheit der Prävention[3]). Die Einführung jenes Zwischenzweckes verdunkelt den richtigen Sachverhalt[4]).

---

[1]) Nagler a. a. O. 177.

[2]) Normen, 2. Aufl., 410.

[3]) Ganz deutlich wird dies bei Binding. Er unterscheidet streng zwischen dem Strafrecht und der Strafpflicht des Staates. Das Verbrechen gibt dem Staate nur das Recht zu strafen, nicht die Pflicht. Da nun der tatsächliche

Mit vollem Recht erklärt denn auch eine zweite Gruppe der Vergeltungstheoretiker klipp und klar, daß die vergeltende Strafe ihre Berechtigung nur durch ihre güterschützende, vorbeugende Wirkung empfange. Die Vergeltung ist das Mittel, die Prävention der Zweck. Hier ist wohl vor allem Merkel zu nennen, der stets betont und zu beweisen gesucht hat, daß die Berücksichtigung der Tat nach ihrer Schwere und Schuldhaftigkeit, wie sie die Vergeltungstheorie fordert, nicht im Gegensatze zur Prävention, sondern im Dienste der Prävention stehe. So sagt auch Stooß: „Die Vergeltung steht im Dienste des staatlichen Güterschutzes; sie ist eines der Mittel, durch die der Staat seiner Aufgabe als güterschützende Macht nachkommt [1])." Ähn-

---

Eintritt der Strafe ausschließlich von dem Vorhandensein der Strafpflicht abhängt, kommt alles auf diese, nicht auf das Strafrecht an. Man muß sogar sagen: Es hat überhaupt keinen Wert, zwischen Strafrecht und Strafpflicht zu unterscheiden, denn Binding selbst gibt zu: „Die Strafe ist ein Übel auch für den Staat, was dieser nicht ohne zwingende Veranlassung auf sich nehmen darf" (Grundriß, 7. Aufl., 210). Stellt man sich also auf den Standpunkt des gesetzgebenden Staates, so reicht das Strafendürfen, das Strafrecht, in Wahrheit nicht um Haaresbreite weiter als die Strafpflicht. Diese allein ist entscheidend. Binding selbst sagt nun, „jene zwingende Veranlassung kann in dem der Vergangenheit angehörenden Delikte nicht liegen" (a. a. O.). Der Zukunft also ist die Strafe zugewandt und schöpft ihren Wert und ihre Berechtigung aus dem, was sie der Zukunft leistet. Damit ist die absolute Theorie aufgegeben. Binding erblickt das Ziel der Strafe in der „Bewährung der Autorität der verletzten Norm". Da aber „alle Normen präventiv sein wollen" (Normen, 2. Aufl., 410), ist dadurch m. E. implicite die Prävention zum Strafzweck erhoben; und es heißt den Diener zum Herren machen, wenn man nur auf die Autorität der Norm, nicht auf das durch die Norm zu schützende Interesse das Augenmerk legt.

4) Beling unterscheidet sich von Binding dadurch, daß er nicht der Autorität des verletzten Gesetzes, sondern schlechtweg die Autorität des Staates mit der Strafe schützen will: „Sie ist Schutz nur eines einzigen Rechtsgutes: Staatsautorität" (a. a. O. 43). Allein die Staatsautorität interessiert den Kriminalpolitiker nur, weil sie die Autorität des staatlichen Gesetzes, diese nur, weil sie den Schutz der realen Interessen gewährleistet. Wenn also Binding (oben Anm. 3) den Diener zum Herren macht, so will Beling den Diener des Dieners zum Herren machen. — Übrigens läßt sich die Verschiedenheit der Strafen bei den verschiedenen Delikten nicht begründen, wenn es immer dasselbe Rechtsgut ist, das durch das Verbrechen verletzt wird. Vgl. auch Oetker, GS. 78, 89 ff.

1) Stooß, Schweiz. Z. 14, 387.

lich Oetker: „Die Strafe erfüllt ihren Zweck des Rechtsgüterschutzes, indem sie vergilt“ [1] [2]).

Wie dem auch sei, ob man nun den nächsten Strafzweck als Rechtsbewährung oder anders bezeichnet, in der Grundlage dieser Ansichten finden wir keinen Gegensatz mehr zur Präventionstheorie. Warum nun aber — diese Frage muß sich jedem Unbefangenen aufdrängen — warum nennt sich die Mehrzahl dieser Schriftsteller noch Vergeltungstheoretiker?

Kollmann hat die Bemerkung gemacht, die Abneigung der Klassiker, ihren Strafzweck als Generalprävention zu bezeichnen, sei der letzte Rest aktueller Bedeutung, welcher der absoluten Theorie zukomme [3]. Mir scheint jedoch, daß es bei vielen nicht die Scheu vor dem Worte, sondern die Scheu vor den Folgerungen eines derartigen Zugeständnisses ist. Wer es nämlich mit dem Präventionsgedanken ernst nimmt, hat eine doppelte Konsequenz zu ziehen. Er muß sowohl bezüglich der Extensität als auch bezüglich der Intensität der Strafe den Vergeltungsgedanken der Prävention unterordnen. Das ist nun der springende Punkt, und hier ist die Stelle erreicht, an welcher sich die Generalpräventionslehre und die herkömmliche Vergeltungslehre in ihren Wegen trennen. Auch die fortschrittlicheren Klassiker wollen den Vergeltungsgedanken nicht völlig zurückdrängen, sie wollen ihm, sei es bei der Begrenzung des strafbaren Unrechtes (a), sei es bei Bemessung der Strafe (b) mehr oder weniger Einfluß gewahrt wissen.

a) Der erste Punkt betrifft die Extensität der Strafe: Vergeltung nur dann, wenn die Prävention sie fordert. Die Ver-

[1]) Oetker, GS. 70, 335; Strafe und Lohn (1907) 11.

[2]) Lammasch, Grundriß, 4. Aufl., 2 ff. Bericht der Herrenhauskommission über den Strafgesetzentwurf (Nr. 167 der Beilagen — 21. Sess. 1913) S. 4. — Frank a. a. O. 11, 21 ff. — R. Schmidt, Aufgaben der Strafrechtspflege (1895) 44; Die Strafrechtsreform in ihrer strafrechtlichen und politischen Bedeutung, 71 ff. — Hierher gehört wohl auch der österr. Strafgesetzentwurf, vgl. Erl. B. IX: „Die Strafe soll ein Übel sein, das zum Schutze der Rechtsgüter als Vergeltung zugefügt und empfunden wird.“

[3]) Kollmann, Monatsschrift für Krimpsych. VI S. 461. Dies könnte jedoch keinesfalls für die absoluten Vergeltungstheoretiker (oben S. 31 ff.) zutreffen.

geltungsstrafe hat zu entfallen, wenn die Generalprävention im Einzelfall nicht nötig ist. Treffend sagt Beling: „Vergilt der Staat, weil es seinem Interesse entspricht, so muß er m. E. die Vergeltung notwendig unterlassen, wo sie seinen Interessen nicht entspricht. Nicht bloß das „Ob", sondern auch das „Inwieweit" muß von der Zweckidee beherrscht sein [1])." Freilich nicht alle Vergeltungstheoretiker denken so. Und gerade jenes Verfahren, die Rechtsbewährung, die Erhaltung der Autorität usw. als höchsten Strafzweck zu setzen, erweist sich hier als gefährlich. Es dürfte auch die Erklärung sein für die Feindschaft vieler Klassiker gegen das Absehen von Strafe, gegen die bedingte Verurteilung, gegen den Ersatz der Strafe durch Sicherungsmittel usf. Ganz verständlich, denn es ist der Autorität des Gesetzes allerdings abträglich, wenn eine Übertretung desselben ungeahndet bleiben kann. Wofern die Strafe also Bewährung der Rechtsordnung bezweckt, so muß sie, wenn irgendwo, so jedenfalls stets dann eintreten, wenn das Recht verletzt wird. Aus dem Gedanken der Generalprävention könnte gleiches nicht abgeleitet werden. Die Generalprävention ist nur eine besondere Art der Prävention. Darauf muß man sich wohl besinnen, will man bei diesen Fragen nicht auf Abwege geraten. Wenn also die Generalprävention nur im Dienste des Güterschutzes steht, so muß auf sie verzichtet werden, wenn das angestrebte Ziel auf anderem Wege zweckmäßiger erreichbar ist. Ein fallweises Aufgeben der Generalprävention an richtiger Stelle zugunsten einer andern Präventionsform ist nicht Bruch, sondern verständnisvolle Durchführung der leitenden Idee. Wer dies nicht anerkennt und Vergeltung auch in solchen Fällen fordert, hat den Präventionsgedanken aufgegeben.

b) Der zweite Punkt betrifft die Intensität der Strafe. Wenn Generalprävention und Güterschutz die Zwecke der Strafe sind, so muß sich ihr Maß diesen Zwecken anpassen. Ein Festhalten an der Vergeltung ist darnach nur dann möglich,

[1]) Beling a. a. O. 46. — Vgl. auch Oetker in Liszt-Aschrott, Reform des Reichsstrafgesetzbuchs I, 310.

wenn es nachzuweisen gelingt, daß die nach dem Prinzip gerechter Vergeltung bemessene Strafe — und nur sie — jenen Zweck am vollkommensten erfüllt. Ob nun dieser Nachweis gelingt oder nicht, unter allen Umständen verliert die Forderung nach gerechter Vergeltung ihre selbständige Bedeutung. Der Satz, die Strafe soll Genugtuung üben, heißt dann nur: Die Strafe soll ein Übel sein, das der Schwere des Verbrechens entspricht; welche Art und welcher Grad des Übels aber jeweils das „Entsprechende" ist, das bestimmt sich nicht nach irgendwelchen höheren Gleichheitsprinzipien, sondern einzig und allein nach dem Erfordernis der Generalprävention. Das ist nun freilich ein Ergebnis, zu dem man auch gelangen kann, ohne das Wort Vergeltung in den Mund zu nehmen. Hält man aber trotzdem noch weiter an dem Vergeltungsbegriff fest, so hat man den Inhalt der Vergeltung nach der Forderung der Prävention, nicht aber den Inhalt der Prävention nach der Forderung der Vergeltung einzurichten [1]). — Doch hier scheitern auch viele von denen, die jene erste Klippe glücklich überwunden haben. Einige Beispiele mögen dies zeigen. Für Allfeld ist Rechtsbewährung Zweck der Strafe, und er anerkennt ausdrücklich, daß eine Strafe, von der kein Nutzen für die Gesellschaft zu erwarten sei, der Begründung entbehre [2]); trotzdem aber stellt er ein Strafmaß auf, „das durch die Rücksicht auf die Nützlichkeit der Strafe für die Zukunft nicht wesentlich gestört werden darf [3])." Gleiches gilt von Köhler, welcher der Generalprävention zuneigend erklärt, erst die generelle Abschreckungskraft gebe der Strafe „vernünftigen Sinn" [4]), dennoch aber „bei Ausgestaltung der Strafe dem Vergeltungszweck den Vortritt vor dem Ab-

[1]) Bemerkenswert Oetker: Wenn der Gesetzgeber mit Rücksicht auf die Ergebnisse der Statistik die Strafen erhöht, so will er, ebenso wie früher, vergelten; „die Verschiedenheit der Mittel zeigt, daß die Vergeltungsfunktion beigelegt wird, den jeweilig zum Schutze, zur Generalprävention, dienlich erachteten Strafen." (GS. 70, 337). Die Vergeltung ist also nicht mehr regulatives Prinzip, sondern richtet sich ausschließlich nach den Forderungen der Generalprävention. Vgl. auch Oetker Z. 17, 535

[2]) Allfeld, Lehrbuch, 7. Aufl., 13.

[3]) a. a. O. 32.

[4]) Köhler, Gutachten zum 31. D. J.-T. II, 246.

schreckungs- oder Sicherungszweck" eingeräumt wissen will und behauptet, daß die Strafe jenen höheren Zwecken „nur soweit dienstbar gemacht werden kann, als dies jene Erwägungen erlauben, welche eine Strafe nur innerhalb des Vergeltungsrahmens rechtfertigen" [1]). Nicht anders steht es mit Oetker: obwohl er mit allem Nachdruck die Vergeltung nur als Mittel zum Güterschutz anerkennt und nur „im Rahmen der Generalprävention" verfolgen will [2]), hält er doch an dem Satze fest: „Ausgangspunkt für die Strafbemessung ist unter allen Umständen das Vergeltungsprinzip" [3]).

Nur wenige von denen, die mit dem Vergeltungsgedanken arbeiten, ziehen beide Konsequenzen, indem sie ihn sowohl bei Begrenzung der Strafbarkeit als auch bei Bemessung der Strafgrößen dem Präventionsgedanken unterordnen. Ich nenne z. B. Stooß und Frank [4]). Für sie hat der Vergeltungsbegriff bereits jene Inhaltslehre angenommen, die es ermöglicht, die Vergeltungsstrafe jeder Forderung der Prävention anzupassen. Sie können nicht mehr — sie wollen wohl auch nicht — Vergeltungstheoretiker genannt werden.

Die meisten aber entgleisen und verlieren den angenommenen Standpunkt aus dem Auge eben da, wo es gilt, ihn in Praxis umzusetzen. Die Beispiele ließen sich beliebig vermehren. Überall sehen wir die interessante Erscheinung: bewußt oder unbewußt-gefühlsmäßig wirkt die Vergeltungsidee auf den Autor ein, verschiebt seinen ursprünglichen Standpunkt, verändert und begrenzt dessen Folgerungen. Ganz besonders kennzeichnend ist auch, daß das „Vergeltungsbedürfnis des Volkes", dessen Befriedigung von diesen Schriftstellern ja nicht als Strafzweck anerkannt wird, doch auch bei ihnen — wie ein deus ex machina — auf dem Plan erscheint und richtunggebend in den Verlauf der Unter-

---

[1]) Derselbe, Vergeltungsgedanke 82 f., 87. — Ganz ähnlich auch Högel, Einteilung der Verbrecher (1908), der zwar die Prävention als Strafzweck annimmt, diesen Gesichtspunkt aber „nicht überwuchern lassen" will (S. 41).

[2]) Oetker, Strafe und Lohn 11, in Liszt-Aschrott, Reform des Reichsstrafgesetzbuchs I, 310.

[3]) Derselbe, GS. 70, 356.

[4]) Stooß, Schweiz. Z. 14, 386 ff., ebenda 9, 270 ff. — Frank a. a. O.

suchung eingreift. Und zwar gilt das nicht nur von Allfeld[1]) und Köhler[2]), dem das Ausgleichsbedürfnis gar zur „Grundlage aller Rechtsordnung" geworden ist, sondern auch von Beling[3]), Oetker[4]), Schmidt[5]), die dem Generalpräventionsgedanken am nächsten stehen. Sie widmen dem Vergeltungsbedürfnis eingehende Untersuchungen und gewähren ihm Einfluß auf die Bemessung der Strafe, obwohl ihnen — wären sie wirklich Relativisten — klar sein müßte, daß eine derartige Untersuchung nicht zur Sache gehört, eine derartige Einflußnahme aber vollends mit dem Präventivzweck nichts zu tun hat. Sie alle wollen eben vergelten, und wenn sie auch zeigen, daß die Vergeltung soziale Zwecke verfolgt, daß sie staatlich nützlich ist, so lassen sie sich doch nicht von dieser Nützlichkeitserwägung, sondern von dem Vergeltungsgedanken leiten. Dieser bleibt ihnen ein selbständiger Wert, der auch unabhängig von Utilitätsgründen Berücksichtigung fordert. Dadurch erhalten diese scheinbar relativen Theorien einen Einschlag von der absoluten Strafauffassung und nähern sich dem oben besprochenen Standpunkte Birkmeyers und Naglers und erliegen den dort erhobenen Einwendungen.

So bleibt die Gleichstellung der modernen Vergeltungstheorie mit der Generalpräventionsteorie ein falscher Optimismus.

---

1) Allfeld, Einfluß der Gesinnung 101, 87.

2) Köhler, Reformfragen des Strafrechtes (1903) 8.

3) Beling, Deutsche Monatsschrift für das gesamte Leben der Gegenwart, III, 179: „Schwände je das Vergeltungsbedürfnis in der Menschheit, dann müßte freilich auch die Strafe schwinden."

4) Oetker, Z. 17, 530 ff.

5) Richard Schmidt, Die Strafrechtsreform in ihrer staatsrechtlichen und politischen Bedeutung, S 25 ff.

Zweiter Teil.

Das Sicherungsmittel.

I. Kapitel.

Die Einführung polizeilicher Maßregeln in die Kriminalpolitik.

Die Strafe zielt darauf ab, die Achtung vor den Gütern und Interessen der einzelnen und des Staates zu heben, die Neigung zu verbotswidrigem Verhalten in der Allgemeinheit zu schwächen und die Beweggründe, die sich der Ausführung eines Verbrechens entgegenstellen, um einen weiteren, besonders schwerwiegenden zu vermehren. Durch diese Wirkung ist sie dem Staate ein notwendiges und unersetzliches Stück seines Schutzrechtes. Allein, eine Maßregel, die sich an den Durchschnitt der Staatsbürger wendet, darum in ihrem Ausmaß auf den Durchschnitt berechnet ist, kann ihren Erfolg nur im Durchschnitt erreichen. Es gibt, wie die Erfahrung lehrt, Individuen, die sich durch jene Strafandrohungen, ja sogar durch den am eigenen Leibe erlittenen Strafvollzug nicht motivieren lassen. Es gibt ferner Individuen, die der staatlichen Norm und Drohung schlechterdings unzugänglich, die also jener güterschützenden Wirkung gänzlich entzogen sind. So zeigt sich, daß eine bedenklich große Anzahl von Menschen unabhängig und unkekümmert um das staatliche Verbot, immer wieder die rechtlich geschützten Güter der anderen angreifen, ohne daß die Hoffung bestünde, durch das Mittel der Strafe hier Wandel zu schaffen. Jeder dieser Menschen bildet eine ständige Gefahr für die Gesellschaft, und um diese

Gefahr zu bannen, bedarf es einer individuellen Behandlung jedes einzelnen.

Es ist das unbestrittene Verdienst v. Liszts, schon vor dreißig Jahren auf diesen wunden Punkt der bisherigen Strafrechtspflege hingewiesen und mit der ganzen ihm eigenen agitatorischen Kraft nach Reform gerufen zu haben. Es genügt nicht, auf die Allgemeinheit abschreckend einzwirken, wir müssen unser Augenmerk der Einzelperson zuwenden, um ihre Gefährlichkeit zu beheben; wir bedürfen, wie das Schlagwort lautet, der Spezialprävention. In dieser Forderung liegt auch der richtige Kern der Vereinigungstheorie. Denn es ist wahr: Weder Generalprävention allein noch Spezialprävention allein vermögen das staatliche Schutzbedürfnis zu befriedigen, beide sind notwendig, beide gleich berechtigt; doch das heißt noch nicht, daß beide Funktionen darum der Strafe aufgebürdet werden müssen. Sie ist kein Allheilmittel, sie kann nur eine ganz beschränkte Aufgabe im Dienste des Güterschutzes erfüllen. Die Vereinigungstheorie ist daher falsch als Straftheorie, richtig aber als Theorie der Kriminalpolitik. Denn wenn die Strafe als spezialprävenierende Maßregel nicht genug zu leisten vermag, muß dieses Feld darum brachliegen? Gerade wegen ihrer beschränkten Wirkungsmöglichkeit muß auf Mittel gesonnen werden, die neben der Strafe angewandt, ihre Wirkung ergänzen. Das Strafrecht ist nur ein Torso des Kriminalrechts.

Faßt man das Problem des Güterschutzes von dieser Seite, so erweitert es sich freilich ins Ungeahnte. Der Mensch ist ringsumgeben von Gefahren, die seine Lebensbedingungen in Frage stellen. Diese Gefahren drohen ihm nicht nur von der bösen Absicht und dem Leichtsinn seiner Mitbürger, sondern auch vom unglücklichen Zufall; nicht nur von Menschen, sondern auch von Tieren; nicht nur von Lebewesen, sondern auch von der toten Natur.

Vergegenwärtigen wir uns die Tätigkeit des Staates auf diesem Gebiete, so befinden wir uns mitten im Bereich der Polizei. — Man unterscheidet bekanntlich zwischen Wohlfahrts- und Sicherheitspolizei. Die erstere strebt nach positiver

Förderung und Beglückung der Staatsbürger, die letztere lediglich nach Förderung in negativer Hinsicht, nach Hintanhaltung jeder Störung der kulturellen Entwicklung. Die Wohlfahrtspolizei ist mit dem Wohlfahrtsstaat verschwunden, sie ist im Rechtsstaat der Wohlfahrts pflege gewichen. Der Rechtsstaat kennt nur mehr eine Sicherheitspolizei. Ihre Aufgabe ist Schutz der Gesellschaft, und dieses Endziel hat sie mit der Strafinstitution gemein. Doch für die Polizei ist im Gegensatz zur staatlichen Straftätigkeit charakteristisch, daß sie stets eine einzelne Gefahr, bzw. einen einzelnen gefährlichen Zustand zum Gegenstand hat, und mit Anwendung von Zwang diese Gefahr zu beseitigen sucht. „Polizei ist die Staatstätigkeit zur Abwehr von Störungen für die gute Ordnung des Gemeinwesens aus dem Einzeldasein mit obrigkeitlicher Gewalt [1].“

Wenn die Polizei einen Trunkenbold abführt oder eine hochverräterische Versammlung auflöst, wenn sie eine Straße wegen Lawinengefahr absperrt, ein baufälliges Haus entleert, wenn sie einen tollen Hund vernichtet oder gegen pestkrankes Rind die Zollschranken schließt — immer handelt es sich im wesentlichen um dasselbe: Schutz der gesellschaftlichen Interessen gegen eine bestimmte, individuell sich geltend machende Gefahr. Indem wir also ein staatliches Schutzmittel gegen einen Menschen fordern, der die Gesellschaft mit Verbrechen bedroht, so bedeutet dies den Ruf nach polizeilicher Vorkehrung. Der Fall ist den obgenannten völlig analog. Auch hier handelt es sich um eine Einzelgefahr, freilich um eine Gefahr ganz besonderen Ursprungs. Allein der Gesellschaft, der die Verletzung droht, kommt es auf die Quellen der Verletzung nicht an. Für den Menschen als dem Träger des gefährdeten Interesses gilt der objektive Standpunkt: ihn kümmert nur, daß ein Zustand existiert, der durch sein Bestehen und Wirksamwerden ihn zu schädigen geeignet ist [2]. Nicht die Ursache dieser Verletzung interessiert ihn. Sie abzuwenden ist er bestrebt, woher immer sie auch drohe. —

Die Strafe bedarf also der Ergänzung durch polizeiliche Maßregeln. Doch die Abgrenzung dieser kriminalpolitischen

[1]) Otto Mayer, Deutsches Verwaltungsrecht (1895) I, 249.

[2]) Vgl. Nagler, Verbrechensprophylaxe 9.

Sicherungsmittel gegenüber allen anderen polizeilichen Sicherungsmitteln ist nicht ganz einfach. Jedenfalls folgt aus dem Gesagten noch nicht, daß man das ganze Gebiet der Sicherheitspolizei in das der Kriminalpolitik einverleibe. Beling und Nagler[1]) sind es, die diese Konsequenz der modernen Reformbewegung aufnötigen wollen. Zum Zwecke einer deductio ad absurdum schließen sie folgendermaßen: Wer im Strafrecht auf dem Standpunkt der Prävention steht, ist zwar konsequent, wenn er sein Augenmerk den gefährlichen Angriffen auch jener Menschen zuwendet, denen gegenüber die Strafe fruchtlos ist; allein er ist inkonsequent, wenn er dabei stehenbleibt. Er sollte folgerichtig auch die Angriffe von Tieren, ja sogar die Angriffe blinder Naturgewalten einbeziehen. Denn stellt man sich einmal auf den objektiven Standpunkt des Güterschutzes, so müssen die Interessen der Gesellschaft gegen alle Schädigungen gedeckt werden, so müssen also neben Strafen und Sicherungsmittel gegen Menschen auch alle Vorkehrungen gegen die nicht minder gefährlichen Tiere und Naturgewalten in das Schutzsystem aufgenommen werden.

Eine Behandlung und Systematisierung des Sicherungsgedankens in diesem seinem ganzen Umfange wäre freilich denkbar. Allein die wenigen schwachen, wenn auch interessanten Versuche, die hier — von Bentham und Mohl — gemacht wurden, zeigen deutlich die Fehlerhaftigkeit der ganzen Idee. Methoden und Maßregeln der Schutzpolitik sind völlig verschieden, je nach der Art der Angriffe und der Art des Angreifers; jene objektive Betrachtungsweise gilt eben nur für den Standpunkt des Gutträgers. Ihm freilich kann es mehr oder minder gleichgültig sein, von wem er verletzt wird; er will geschützt sein gegen jedermann und alles. Für den Gesetzgeber aber, der die Schutzmaßregel treffen soll, ist gerade die Frage nach dem Ursprung der Gefahr die Hauptsache. Wie bei einem Krankheitsfall dem Patienten die Tatsache des Krankseins, dem Arzt dagegen die Quelle dieser Erscheinung das vor allem ins

[1]) Vgl. Beling, Vergeltungsidee 76f. — Nagler, Verbrechensprophylaxe 240; dazu und auch zum folgenden meinen Aufsatz: Was ist Kriminalpolitik?, Österr. Z. III, 275 ff.

Gewicht fallende ist, so steht es auch bei der sozialen Therapie: der Gesetzgeber käme mit der objektiven Betrachtungsweise nicht weiter. Die Bekämpfung der Gefahr richtet sich auch hier, wie bei der ärztlichen Behandlung, nach der Art ihrer Ursache. Wenn das richtig ist, so muß der Mannigfaltigkeit aller jener sozialen Gefahren, deren jede einer anderen Quelle entspringt, eine ebenso vielgestaltete Mannigfaltigkeit der Bekämpfungsmethoden entsprechen. Eine wissenschaftliche Zusammenfassung dieses bunten, aus ganz heterogenen Teilen bestehenden Materiales, ist darum soviel wie wertlos, eine kodifikatorische vollends unmöglich.

Für den Kriminalpolitiker bedeutete außerdem eine derartige Mitberücksichtigung des ganzen Gebietes der Unfallverhütung eine gröbliche Überschreitung seiner Kompetenz. Der Kriminalist interessiert sich ja nur für einen bestimmten Ausschnitt dieses allgemeinen Schutzrechtes, nur für eine festbegrenzte Gruppe von all den Gefahren, die der Gesellschaft drohen. Sein Tätigkeitsfeld ist durch den festen Begriff des „crimen" begrenzt. Doch wäre es nicht weniger unrichtig, abermals unter übermäßiger Ausdehnung des Gebiets der Kriminalpolitik alle staatliche Tätigkeit in ihren Bereich zu ziehen, die nur überhaupt Verbrechen zu mindern geeignet ist. Die ganze moderne Wohlfahrtspflege hat — und mehr als manche Strafrechtsreform — die heilsame Wirkung, verbrecherischen Neigungen den Boden zu rauben, crimina zu verhüten. Allein das ist nicht ihr vorzügliches Ziel; die Sozialpolitik ist an höheren, nicht kriminalistischen Gesichtspunkten orientiert und muß darum andere Wege betreten als die Kriminalpolitik. Kriminalpolitische Maßregeln sind nur solche, die in erster Linie der Verbrechensvorbeuge dienen, von diesem Ziele darum auch beherrscht sind.

Die Kriminalpolitik ist also nur ein Teil der Präventionspolitik. Soviel freilich ist richtig: das Gebiet der Kriminalpolitik ist heute ein viel größeres, als es ehedem war. Der Begriff des crimen, auf den sie abgestellt ist, hat sich wesentlich erweitert. Ein Blick auf die uns vorliegenden Gesetzentwürfe lehrt dies: sie alle stimmen darin überein, daß sie sich nicht auf Maßregeln beschränken, die gegen Verbrechen im technischen Sinne angewandt werden. Auch Taten, die nicht verbrecherisch, weil von deliktsunfähigen Menschen begangen, sehen wir in den Kreis der Kriminalpolitik gezogen. Der moderne Kriminalpolitiker hat sein Gebiet dadurch ausgedehnt, daß er den Begriff des crimen in objektivem Sinne faßt und so alle menschlichen Handlungen ergreift, die den objektiven Tatbestand eines Verbrechens erfüllen. Doch immer noch bleibt der bezeichnete Standpunkt gewahrt. Ein Verbrechen setzt — und zwar auch in seinem objektiven Sinne genommen — stets eine menschliche Willensäußerung voraus. Ein Tier kann uns bedrohen, verletzen, töten, doch den objektiven Tatbestand eines Verbrechens erfüllt es nie, denn dazu gehört allemal eine Person und ihre Willensäußerung. Nur mit dieser hat es der Kriminalpolitiker zu tun, aber auch nicht mit allen gemeinschädlichen Handlungen eines Menschen, sondern nur mit den rechtswidrigen, den Verbrechen. — Voreilig wäre es jedoch, daraus zu schließen, daß Vorkehrungen über Sachen durchwegs aus den Bereich der Kriminalpolitik fallen; auch Maßregeln dieser Art können Verbrechen und deren rechtsverletzenden Nachwirkungen vorbeugen.

Das Strafgesetz ist der Katalog, der für uns allein beachtlichen gesellschaftsfeindlichen Taten[1][2].

---

[1]) Oetker, GS. 79, 10. — Nagler a. a. O. 13, 110.

[2]) Auch die Entwürfe stehen wohl auf diesem Standpunkt:

Der österreichische Entwurf definiert den Begriff der Gemeingefährlichkeit, auf dem er sein Sicherungsrecht aufbaut, als Gefährlichkeit „für die Sittlichkeit oder für die Sicherheit der Person oder des Vermögens" (§ 36). Das sind durchwegs strafrechtlich geschützte Güter.

Indem der deutsche Entwurf im § 65 sagt: „Wenn es die öffentliche Sicherheit erfordert", will er wohl auch nicht über die strafgesetzlich relevanten Handlungen hinausgehen, da doch das Strafgesetz in erster Linie berufen ist, die öffentliche Sicherheit zu schützen. Deutlicher der Gegenentwurf: „Wenn es die Rechtssicherheit erfordert" (§ 14).

Damit ist der Begriff der kriminalpolitischen Sicherungsmittel, mit welchem wir es allein zu tun haben, gegenüber dem endlosen Gebiet der anderen sicherheitspolizeilichen Maßregeln fest umschrieben. Nicht etwa die Zuständigkeit des Strafrichters zur Anordnung der Maßregel ist das „die sichernde Maßnahme" im kriminalistischen Sinne kennzeichnende Merkmal, denn das ist ein rein formelles Moment, welches einen materiellrechtlichen Unterschied nicht zu begründen vermag. Vielmehr gibt es Maßregeln, die von Zivilgerichten und Verwaltungsbehörden angeordnet werden und doch ihrem Zweck und Inhalt nach den strafrichterlichen völlig gleich sind, darum, wie diese, als kriminalpolitische Maßregeln bezeichnet werden müssen. Ebensowenig ist das Verbrechen als Voraussetzung der Anordnung jenes Merkmal, das die Sicherungsmittel im kriminalistischen Sinne von den anderen polizeilichen Vorkehrungen auszeichnet, denn es gibt, wie zu zeigen sein wird, Maßregeln, die der Verbrechensverhütung dienen und doch an diese Bedingung nicht geknüpft sind. Maßgebend allein ist das Ziel: Schutz der sozialen Interessen vor strafrechtswidrigen Angriffen.

v. Liszt definiert: Kriminalpolitik ist die geordnete Zusammenfassung der Grundsätze, nach welchen der Kampf der Rechtsordnung gegen das Verbrechen zu führen ist [1]); dem ist beizustimmen, doch muß hinzugefügt werden, daß unter Verbrechen auch das objektive Unrecht, unter Kampf gegen das Verbrechen, auch die Verhütung der Verbrechenswirkungen als mitumfaßt zu gelten hat.

Wie dem auch sei, soviel steht heute fest und wird auch seitens der klassischen Schule nicht bestritten: Ein Strafensystem, das vorzüglich auf Generalprävention abgestellt ist, befriedigt das Schutzbedürfnis der Gesellschaft an sich noch

Der schweizerische Entwurf nennt in Art. 16 neben der Gefährdung der öffentlichen Sicherheit auch die Gefährdung des „gemeinen Wohles". Das geht m. E. zu weit. Die Kommission von 1912 hat dieses Wort in der Tat gestrichen.

[1]) v. Liszt, Aufsätze II, 78.

nicht; es bedarf notwendig der Ergänzung durch ein System der Spezialprävention. Erst das zweckbewußte Zusammenwirken beider bietet uns das Bild einer gesunden Kriminalpolitik.

II. Kapitel.

Der Gegenstand des Sicherungsmittels.

Alle Sicherungsmittel, so sehr verschieden sie auch untereinander sind, haben ein Gemeinsames. Sie bestehen durchwegs in einer Verfügung über ein gefährliches Objekt, sie finden in dem Bestand dieser Gefahr ihren Rechtsgrund, in der Behebung der Gefahr ihren Zweck.

Die Sicherungsmittel richten sich stes gegen den Träger der Gefahr [1]). Der Träger der Gefahr kann eine Person oder eine Sache sein. So scheiden wir diese Maßregeln nach ihrem Gegenstand in zwei große Gruppen: persönliche und sachliche Sicherungsmittel.

1. Die Person als Gegenstand der Sicherung.

Persönliche Sicherungsmittel sind staatliche Zwangsmaßregeln, die über eine bestimmte Person verhängt werden, um künftige verbrecherische Handlungen dieser Person zu verhüten. Wenn die Gefährlichkeit der Grund dafür ist, daß gegen eine Person eingeschritten wird, so ist hier offenbar der Standpunkt der Beurteilung ein anderer als im Falle der Strafe. Der Mensch wird nicht danach gewertet, ob sein Tun oder Lassen pflichtmäßig oder pflichtwidrig ist, sondern lediglich danach, ob die Art seines Verhaltens das gesellschaftliche Zusammenleben gefährdet oder nicht. Das soziale Werturteil, das in dieser Gefährlichkeitsbehauptung eingeschlossen ist, setzt nicht Fähigkeit zu pflichtmäßigem Verhalten voraus. Die Gefahr kann gerade darin liegen und deshalb besonders groß sein, weil das Individuum schlechterdings außer-

---

[1]) a. M. Nagler, a. a. O. 242 f.

stande ist, den staatlichen Gesetzen gemäß zu leben. Jenes Werturteil vollziehen wir ganz ebenso gegenüber dem Kinde wie dem Erwachsenen, gegenüber dem Geisteskranken wie dem Gesunden. Es bleibt unberührt von der etwa vorhandenen Deliktsunfähigkeit, unberührt von dem moralischen Urteil, welches das Individuum trifft. Bemerkenswert ist, daß der Grundsatz, der sich uns so für die Sicherungsmittel ergibt, genau der Konsequenz entspricht, welche im Strafrecht von einzelnen modernen Kriminalpolitikern gezogen oder wenigstens ihnen seitens der Gegner aufgedrängt wird. Für die sichernden Maßnahmen gilt in der Tat der berühmte und berüchtigte Ausspruch v. Liszts: „Die begriffliche Scheidewand zwischen Verbrechen und Wahnsinn weicht und fällt“ [1]); und es ist endlich auch den Anhängern der scuola positiva Recht zu geben, wenn sie unter Berufung auf ihre kriminalpolitischen Forderungen triumphierend auf die Entwürfe weisen, die alle Verbrechensurheber, abgesehen von geistiger Reife und geistiger Gesundheit, zum Gegenstand des künftigen Kriminalrechts machen [2]). — Wenn es lediglich auf die Sicherung ankommt, so ist jeder sicherungsfähig, der sicherungsbedürftig ist.

Es mag hier an eine Analogie mit der modernen Entwicklung des Schadenersatzrechts erinnert werden: Wie es unter Umständen richtig ist, auch den Schuldlosen zivilrechtlich haften zu lassen, wenn das überragende Interesse des Verletzten es erfordert, so kann es auch richtig sein, einen Schuldlosen mit polizeilichem Zwang zu treffen, wenn das überwiegende Interesse der Gesellschaft es nötig macht. Die Wahl des konkreten Zwangsmittels bleibt freilich trotz alledem von den individuellen Verhältnissen abhängig und insofern ist, was nicht übersehen werden darf, auch im Sicherungsrecht jener Unterschied zwischen Zurechnungsfähigkeit und Unzurechnungsfähigkeit von größter Bedeutung. Doch in abstracto ist an dem

---

1) v. Liszt, Aufsätze II, 229.

2) Z. B. Grispigni, Il nuovo diritto criminale negli avamprogetti della Svizzera, Germania ed Austria (Milano 1911), p. 102. — Unrichtig freilich sind die daraus für die Einheit aller kriminalpolitischen Mittel gezogenen Folgerungen.

4*

Grundsatz festzuhalten, jedermann kann Gegenstand eines Sicherungsmittels sein.

Nach zweifacher Richtung bedarf dieser Satz einer besonderen Erörterung.

1. Wie steht es zunächst mit juristischen Personen? Körperschaften sind nach herrschender Auffassung strafunfähig. Wenn ihnen auch zivilrechtliche Haftpflicht zuzuerkennen ist, so bleibt doch eine Strafe gegen sie nicht anwendbar. Der Grund hierfür liegt m. E. nicht darin, daß den Körperschaften Willens- und Handlungsfähigkeit fehlt. Nähme man dies an, so müßte auch die zivilrechtliche Handlungsfähigkeit geleugnet werden. Das Körperschaftsdelikt ist nicht eine begriffliche Unmöglichkeit [1]). Ja, man muß sogar zugeben, daß auch eine Strafe im Sinne einer absichtlichen Übelszufügung bei juristischen Personen denkbar ist; denn wer Rechte hat, dem können auch Rechte entzogen werden. Dennoch mangelt ihnen die Straffähigkeit [2]), und zwar deshalb, weil eine Strafe den ihr gesetzten Zweck hier nicht erreichen könnte. Norm, Drohung und Strafvollzug sollen psychologische Wirkungen ausüben und sind an Menschen gerichtet. Eine juristische Person ist diesen Einwirkungen unzugänglich. Man sagt nun allerdings, daß eine Bestrafung hier doch in ihrem schließlichen Effekt die Mitglieder des Verbandes träfe, also Einzelpersonen, die jener psychischen Wirkung empfänglich sind. Das ist richtig; doch gerade darin liegt die Schwierigkeit, denn die von der Strafe betroffenen Mitglieder sind nicht immer die des Verbrechens Schuldigen; die wahren Urheber des Deliktes sind meist die Vertreter der Körperschaft. Diese allein strafwürdigen Personen aber haben ihrerseits nicht notwendig unter der Strafe zu leiden, die nicht ihnen, sondern dem Vereine auferlegt ist. Die Strafe trifft also tatsächlich einerseits den nichtschuldigen, andererseits nicht den schuldigen Teil, was allen strafrechtlichen Prinzipien widerspricht.

---

[1]) Vgl. Merkel, Lehrbuch S. 50 f.

[2]) Dagegen insbesondere Hafter, Die Delikts- und Straffähigkeit der Personenverbände, Berlin 1903.

Wie dem auch sei, die Gründe, die gegen die Straffähigkeit der Personenverbände sprechen, berühren keineswegs die Anwendung der Sicherungsmittel. Daß eine Körperschaft durch ihre Tätigkeit, die Art ihrer Zwecke und die Art ihrer Mittel die Interessen der Allgemeinheit ganz ebenso gefährden kann, wie der einzelne, ist unzweifelhaft. Und darauf allein kommt es hier an. Mag auch die Maßregel einem Unschuldigen ein Leid auferlegen, das fällt nicht ins Gewicht. Dies kommt ja auch, wie eben bezüglich des Wahnsinnigen gezeigt wurde, bei Sicherungsmitteln gegen Einzelpersonen vor. Daß sie aber etwa einen Schuldigen nicht trifft, ist ebenso unerheblich, da sie nicht darauf abzielt, schuldhafte Handlungen zu ahnden, sondern nur die Gesellschaft vor dem Treiben eines ganzen Verbandes zu schützen. — Fraglich kann nur sein, ob es Mittel gibt, um diesen Schutz zu erreichen. Dies ist der springende Punkt, wurde doch soeben die Straffähigkeit der juristischen Personen mangels zweckentsprechender Strafmittel geleugnet. Die Frage muß darum schon hier beantwortet werden. Sie ist zu bejahen und von der Gesetzgebung tatsächlich bereits bejaht worden. Es gibt schon heute Sicherungsmittel gegen Personengesamtheiten.

Als Beispiele derartiger Maßnahmen seien erwähnt:

a) Die Auflösung. Diese ist die radikalste Vorbeugung gegen gefährliches Verhalten einer Körperschaft, wirksamer als alle gegen Einzelpersonen vorgeschlagenen Sicherungsmittel; denn sie bedeutet ja die Vernichtung des gefährlichen Subjektes. Diese Maßregel ist bereits in mannigfachen Vereins- und Genossenschaftsgesetzen vorgesehen [1]). Z. B.:

§ 81 d. Reichsges. betr. die Erwerbs- und Wirtschaftsgenossenschaften: „Wenn eine Genossenschaft sich gesetzwidriger Handlungen oder Unterlassungen schuldig macht, durch welche das Gemeinwohl gefährdet wird, ... so kann sie aufgelöst werden..."

---

[1]) Vgl. im übrigen Hafter, a. a. O. 146.

b) Die Entziehung der Gewerbekonzession oder anderer Befugnisse, durch deren Mißbrauch die Körperschaft sich gefährlich gemacht hat. Dieses Sicherungsmittel wird auch gegen Einzelpersonen angewandt. Und warum sollte man nicht etwa einem Kreditverein, der in der berüchtigten Form gewerbsmäßig wuchert, auf solche Weise das Handwerk legen? In diese Kategorie gehört z. B. auch die Bestimmung des Reichsbankgesetzes, wonach der Notenbank die Befugnis zur Notenausgabe durch gerichtliches Urteil entzogen wird, wenn sie ein verbotenes Geschäft betreibt oder bestimmte zur Sicherung der Volkswirtschaft erlassene Vorschriften übertritt [1]).

c) Erwähnenswert wäre ferner eine Art Polizeiaufsicht, durch die der gefährliche Verein einer besonderen obrigkeitlichen Überwachung unterworfen wird. So waren nach § 3 des Sozialistengesetzes umstürzlerische Kassenvereine „unter eine außerordentliche staatliche Kontrolle zu stellen".

Die Beispiele ließen sich vermehren [2]). Hier überall handelt es sich um sichernde Maßnahmen: Sie haben ihren Grund in der Gefährlichkeit des Vereins und erstreben als echte Sicherungsmittel die Behebung dieser Gefahr durch Zwang [3]). Sie erreichen diesen Zweck dadurch, daß sie die gefährliche Person absolut unschädlich machen, wie bei der Auflösung, oder sie wenigstens nur partiell unschädlich machen, d. h. für bestimmte Zeit, bezüglich bestimmter Deliktsmöglichkeiten usw. Diese Maßregeln ordnen sich unserer später aufzustellenden Systematik der

---

[1]) § 50 des Reichsbankges. v. 14. März 1875.

[2]) Mestre, Les personnes morales et le problème de leur responsabilité pénale, Paris 1899, p. 286, macht den Vorschlag, das Institut der Ausweisung auf Korporationen anzuwenden; „le bannissement, l'interdiction de résidence, l'interdiction de certains séjours puissent les atteindre; il peutêtre defendu à telle association d'exister sur le sol national..." Mestre denkt sich dies als Strafe. — Vgl. auch Hafter a. a. O. 149 f. über die Suspension der Tätigkeit juristischer Personen.

[3]) Hafter a. a. O. 146 ff. erklärt die Auflösung sowie die übrigen von ihm genannten Maßnahmen für Strafen.

Sicherungsmittel zwanglos ein. Immer freilich handelt es sich um Unschädlichmachung, eine andere Art der Sicherung ist bei juristischen Personen nicht möglich.

Soweit diese Maßregeln heute von der Gesetzgebung angenommen sind, werden sie nicht durch den Strafrichter, sondern durch die Verwaltungsbehörde oder den Zivilrichter verhängt. Doch die Frage der Zuständigkeit kann hier auf sich beruhen, sie ändert an dem Wesen der Sache nichts. Es galt nur zu zeigen, daß die Anwendung von sichernden Maßnahmen auch gegen Personengesamtheiten wohl denkbar und zweckentsprechend ist, daß also die Theorie auch Körperschaften als Objekt der Sicherung anzuerkennen hat, wenn auch unsere Strafgesetzentwürfe hierzu noch keinen Anhaltspunkt bieten.

2. Hat sich uns so der Kreis der sicherungsfähigen Personen gegenüber den straffähigen erweitert, so ergibt sich uns wieder eine Verengung, wenn wir das Ausländerrecht in Erwägung ziehen. Während nämlich nach moderner Auffassung Inländer und Ausländer bezüglich der im Inland begangenen Delikte strafrechtlich gleichgestellt sind, so ist eine analoge Regelung für die sichernden Maßnahmen keineswegs selbstverständlich. Das staatliche Schutzbedürfnis besteht allerdings gegenüber dem Ausländer ebenso, wie gegenüber dem Inländer. Sichernde Maßnahmen müssen hier wie dort angewandt werden. In abstracto sind daher auch Ausländer Gegenstand der Sicherung. Allein für die konkrete Form derselben sind die beiden Gruppen zu unterscheiden. Mit vollem Recht können einzelne Sicherungsmittel teils auf Inländer, teils auf Ausländer beschränkt werden. So ist es ja ein allgemein anerkannter Grundsatz, daß kein Inländer seines Heimatslandes verwiesen werden kann. Die Maßregel der Ausweisung ist auf Ausländer beschränkt. Interessanter jedoch ist der umgekehrte Fall. Gerade weil nämlich dem Staate dieses radikalste, einfachste und billigste Mittel, einen gefährlichen Menschen los zu werden, beim Ausländer zu Gebote steht, so liegt der Gedanke nahe, es gegen den gemeingefährlichen Ausländer stets anzuwenden und die komplizierteren und kostspieligeren Vorbeugemittel auf Inländer zu beschränken.

Ansätze hierzu finden sich bereits im geltenden deutschen Recht. So kann die Landespolizeibehörde einen Ausländer der ihr zur korrektionellen Nachhaft überwiesen oder unter Polizeiaufsicht gestellt worden ist, aus dem Bundesgebiet verweisen [1]). Ein fakultatives Eintreten der Landesverweisung für andere sichernde Maßnahmen kennt auch der deutsche Vorentwurf und Gegenentwurf [2]). Doch nur der österreichische hat diesen Gedanken intensiver verwertet. Er hat die wichtigsten Sicherungsmittel obligatorisch auf Inländer beschränkt und für Ausländer den Ersatz durch Ausweisung ermöglicht. So wird die Verwahrungsanstalt für gemeingefährliche Verbrecher und die Polizeiaufsicht nur auf Inländer angewandt [3]). Dem Schutzbedürfnis ist damit vollauf Genüge getan, denn wenn die Voraussetzungen jener Maßregeln gegeben sind, liegen stets auch die der Ausweisung vor, so daß bei Ausländern diese eintreten kann [4]). Analog ist die Bestimmung bei gemeingefährlichen Geisteskranken und gemindert Zurechnungsfähigen. Auch diese werden, wenn sie Ausländer sind, nicht in österreichischen Heil- und Pflegeanstalten dauernd interniert, sondern sobald als möglich an ihren Heimatsstaat abgegeben [5]), so daß auch ihnen gegenüber die Gesellschaft

---

1) § 362 a. E.; §§ 38, 39, 2 Rstg.

2) Vgl. § 42, 2 DVE. — §§ 68, 2, 98, 3 GE.

3) §§ 38, 39 ÖE.

4) § 40 ÖE. — Beide Maßregeln setzen nämlich Gemeingefährlichkeit voraus; die Polizeiaufsicht überdies Verurteilung zu einer „ein Jahr erreichenden Freiheitsstrafe", die Verwahrung dagegen Verurteilung wegen eines bestimmten „Verbrechens". Die Verbrechensstrafe ist aber nach §§ 2 und 19 ÖE. stets mindestens eine einjährige. Es kann also in allen Fällen, in denen der Inländer in die Verwahrungsanstalt geschickt wird, der Ausländer ausgewiesen werden. Eine Divergenz kann sich nur bei Anwendung des Milderungsrechtes nach § 47 ÖE. ergeben, weil danach die Verbrechensstrafe auch unter ein Jahr herabgesetzt werden kann. So wären theoretisch doch wieder Fälle möglich, in denen ein Ausländer nach § 40 ÖE. nicht ausgewiesen werden kann, während ein Inländer unter gleichen Umständen in die Verwahrungsanstalt geschickt würde. Praktisch spielt diese Lücke wohl keine Rolle, da das Milderungsrecht bei Gewohnheitsmäßigen nicht angewandt würde.

5) §§ 36, 37 ÖE.

vollauf — und zwar in einer kraftschonenden Weise — gesichert ist [1]).

2. Die Sache als Gegenstand der Sicherung.

Nicht nur Menschen können den Interessen der Gesellschaft gefährlich werden, sondern auch Sachen. Nicht nur gegen schädliche Personen, muß sie sich daher zu decken trachten, sondern auch gegen schädliche Sachen. Es ist wie bereits dargestellt, Aufgabe der Polizei, der Gesellschaft diesen Schutz zu gewähren. Allein nur der geringste Teil dieser polizeilichen Tätigkeit gehört in das Gebiet der Kriminalpolitik. An den Grenzen dieses Gebietes muß hier streng festgehalten werden. Das Kriminalrecht hat es lediglich mit der Verhütung krimineller Verletzungen zu tun. Schutzmittel gegen gefährliche Sachen, sachliche Sicherungsmittel, gehören daher nur soweit in sein Gebiet, als sie diesem Zwecke dienen. Das ist in zweifacher Richtung der Fall.

1. Wenn eine Sache so geartet ist, daß ihr Vorhandensein oder wenigstens ihre Existenz im freien Verkehr der Verbrechensbegehung förderlich ist. Dies ist eine gefährliche Sache im Sinne des Kriminalrechts, und es gilt durch eine Vorkehrung die Verbrechensbegehung zu verhüten oder wenigstens zu erschweren. Die Gleichheit des Zwecks bei persönlichen und sachlichen Sicherungsmitteln ist hier klar, es handelt sich auch in diesem Fall um Verbrechensvorbeuge.

---

[1]) Ähnlich wurde auch von einzelnen Mitgliedern der schweizer Expertenkommission argumentiert; so sagt z. B. Scherb (Verh. der Expertenkommission I 207): „Es ist ferner zu berücksichtigen, daß wir verschiedene besondere Anstalten für gewisse Arten von Verbrechern vorgesehen haben. Es wäre nun wohl sehr schön, wenn man die Anstalten auch Fremden öffnete. Aber wer wird für sie zahlen?" Von idealen Maximen — das ist freilich zuzugeben — ist eine derartige Schlußfolgerung nicht getragen; auf weit höherer Warte steht hier das schweizerische Bundesstrafrecht, das die Ausweisung von rückfälligen und gefährlichen Verbrechern ausdrücklich untersagt und besonders vorschreibt, es müsse darauf gesehen werden, ob der Auszuweisende imstande sei, sich im Ausland redlich durchzubringen. Allein es handelt sich, um mit Stooß zu sprechen, „nicht nur darum, hohe Gesichtspunkte zur Anerkennung zu bringen, sondern es fragt sich, was ist praktisch und wirksam?" (Verh. I, 209.)

2. Allein die Kriminalpolitik hat ihr Augenmerk auch jenen Schäden zuzuwenden, die ein bereits in der Vergangenheit liegendes Verbrechen etwa nach sich zu ziehen droht; es soll nicht nur verbrecherischen Handlungen, sondern auch allen ihren schädlichen Wirkungen vorgebeugt werden. Wenn also eine Sache so geartet ist, daß sie nach den Umständen die schädlichen Nachwirkungen eines Verbrechens fördert, so ist auch sie eine gefährliche Sache im Sinne des Kriminalrechts und gibt Anlaß zu einer sichernden Vorkehrung.

In beiden Fällen fordert die Gesellschaft den Schutz ihrer Interessen. Im ersten Fall müssen durch eine sachliche Vorkehrung die Bedingungen künftiger Verbrechen, im zweiten die Folgen begangener Verbrechen beseitigt werden. Man wende nicht ein, daß dies letztere nicht Sache einer kriminalpolitischen Maßregelung sei. Ganz im Gegenteil: Mag nun das Verbrechen unmittelbar eine Verletzung mit sich bringen, mag es fortzeugend neuen Schaden zu gebären drohen, immer zielt die Kriminalpolitik letzten Endes darauf ab, die sozialen Güter vor verbrecherischer Verletzung zu bewahren. Und wenn es schon nicht gelingt, das Verbrechen selbst zu vereiteln, so soll doch wenigstens ihre verletzende Nachwirkung vereitelt werden. Dort wird die Kausalreihe vor der Handlung, hier nach der Handlung abgeschnitten; überall aber ist das Ziel die Schadensverhütung. Somit kann definiert werden: Sachliche Sicherungsmittel sind staatliche Vorkehrungen über Sachen, mit dem Zwecke, Verbrechen und deren güterverletzenden Wirkungen vorzubeugen.

III. Kapitel.

Die Voraussetzungen des Sicherungsmittels.

1. Die Gefährlichkeit als Grund der Sicherung.

a) Der Begriff der Gefährlichkeit.

Der Begriff der Gefährlichkeit ist ein gefährlicher Begriff. Er hat in der Schuld- und Strafzumessungslehre bereits manche Unordnung angerichtet, er kann leicht auch in der Sicherungstheorie ein gleiches tun, denn dieser Begriff steht, wie aus dem bisherigen schon hervorgeht, im Mittelpunkt des Sicherungsrechts. Ohne Klarheit über das Wesen der Gefährlichkeit und die Art ihrer Feststellung gibt es keine Bekämpfung der Gefährlichkeit, keine sichernden Maßnahmen.

Gefahr bedeutet die Wahrscheinlichkeit eines künftigen schädlichen Ereignisses. Es handelt sich also hier um eine Aussage über die Zukunft, um eine Prognose. Jedes Ereignis ist vom Eintritt und Nichteintritt gewisser tatsächlicher Umstände — Bedingungen — abhängig. Jede Aussage über ein künftiges Ereignis muß also auf der Kenntnis bestimmter Tatsachen und der sie betreffenden Kausalzusammenhänge beruhen. Je nach dem Umfang dieser Erkenntnis erscheint die Aussage in der Form eines apodiktischen oder in der eines problematischen Urteiles. Die Astronomie vermag infolge der Bestimmtheit ihrer Beobachtungen und ihrer umfassenden Einsicht in die den Sternenhimmel beherrschenden Gesetze Beispiele gewisser Prognosen zu bieten. Die Meteorologie dagegen ist wesentlich weniger weit in der Erkenntnis vorgeschritten, ihre Wetterprognosen sind nur Wahrscheinlichkeitsurteile. Allein auch diese müssen, um nicht dem Vorwurf der Willkürlichkeit ausgesetzt zu sein, auf Tatsachen gestützt sein. In jedem

Wahrscheinlichkeitsurteil liegt die Bejahung bestimmter, dem Ereignis günstiger Bedingungen, bei gleichzeitiger Ungewißheit über das Eintreten der komplementären Bedingungen, der Bedingungen nämlich, welche jene zur Gesamtursache ergänzen würden. Auf der Gewißheit über den einen Bedingungskomplex beruht für uns die Möglichkeit jeder Prognose, auf der Ungewißheit über den anderen Bedingungskomplex die Unmöglichkeit einer sicheren Prognose, d. h. einer Voraussage, die mehr als ein Wahrscheinlichkeitsurteil enthielte.

In solcher Lage befinden wir uns, wenn wir von einer Gefahr, insbesondere von einer gefährlichen Person sprechen. Eine gefährliche Person im Sinne des Kriminalrechts ist eine Person, die wahrscheinlich kriminelle Handlungen begehen wird. Wenn wir dies in einem Einzelfall behaupten, so heißt das: diese Person vereinigt in sich einen Komplex von Bedingungen, welche ein kriminelles Verhalten von ihr erwarten lassen. Unsicher bleibt stets, wie sich künftig die Verhältnisse gestalten werden, wir sprechen darum nicht von Gewißheit, sondern von Wahrscheinlichkeit, nicht von Schädlichkeit schlechtweg, sondern nur von Gefährlichkeit.

Die üblichen Definitionen der kriminellen Gefährlichkeit sind durchwegs enger gefaßt [1]), sie ergreifen darum nicht

[1]) v. Liszt, Mitteilungen der JKV. 17, 427, unterscheidet zwischen dem Zustand der Gefährlichkeit und dem der Hilfsbedürftigkeit, und indem er den Kreis der gefährlichen Personen enger faßt, als dies oben geschah, scheidet er jene aus, die lediglich des Beistandes, der Stütze bedürfen. Hierher rechnet er insbesondere die jugendlichen und die heilbaren Fälle der Arbeitsscheu und Trunksucht. Ihnen gegenüber kann nicht von gesellschaftlicher Verteidigung, sondern nur von gesellschaftlicher Hilfe (mesures d'assistance) die Rede sein, von Maßregeln, die „in erster Linie im Interesse des betreffenden Individuums selbst, und erst in zweiter Linie im Interesse der Gesellschaft" getroffen werden. Doch dies ist abzulehnen. Kriegsmann (Monatsschr. f. Krimps. VI, 549) sagt treffend, die Kriminalpolitik habe es nur mit der Fürsorge für die Gesellschaft, nicht mit der Fürsorge für das Individuum zu tun. Die Hilfsbedürftigkeit ist das Problem der Sozialpolitik. An dieser Grenze muß festgehalten werden, will man nicht die Kriminalpolitik ins Uferlose erstrecken. Von den drei Gründen z. B., die zur Aufnahme in eine Irrenanstalt führen können, Hilflosigkeit, Heilbarkeit und Gefährlichkeit, kommt für den

alle deren Erscheinungsformen, sondern nur die Gefährlichkeit bestimmter Größe oder die Gefährlichkeit bestimmter Art.

Zunächst die Größe der Gefahr. Sie wird durch zwei Faktoren bestimmt: durch die Größe der Verletzungsmöglichkeit und durch die Größe der möglichen Verletzung. Manche sprechen nun von gefährlichen Menschen nur dann, wenn nicht nur überhaupt Gefahr, sondern eine Gefahr erhöhten Grades vorliegt. So sagt z. B. Mittermaier: „Ein Mensch ist einem anderen oder der Allgemeinheit gefährlich, wenn mit Wahrscheinlichkeit ein Angriff von ihm erwartet werden muß, der eine beachtenswerte Verletzung hervorrufen kann." In diesem Sinne werden den „gefährlichen Verbrechern" [1]) eine andere Gruppe, die harmlosen Verbrecher gegenübergestellt. Gemeint sind damit die Bettler, Landstreicher, kleinen Diebe usw. Da jedoch diese Individuen bekanntlich nicht immer so harmlos sind, wie sie heißen, muß auch ihnen gegenüber die Gesellschaft, was von niemandem bezweifelt wird, durch präventive Maßnahmen geschützt werden. Wenn wir also Gefährlichkeit als eine Voraussetzung der Sicherung bezeichnet haben, so ist dabei auch dieser — mindere — Grad der Gefahr mitumfaßt.

Freilich ist dies cum grano salis zu nehmen. Nicht um jede Gefahr kann der Staat sich kümmern; es genügt, auf

Juristen nur der letzte in Betracht. (Krafft-Ebing, Gerichtliche Psychopathologie 1900, 483.) Anders freilich der schweizerische Entwurf Art 17; aber aus besonderen nur die Schweiz betreffenden, staatsrechtlichen Gründen.

Der Hilfsbedürftige interessiert den Kriminalpolitiker nur soweit, als Verbrechen von ihm zu erwarten sind, als er gefährlich ist. Und trifft dies zu, dann sind selbstverständlich jene heilbaren Fälle ebenso Gegenstand kriminalpolitischer Behandlung, wie die unheilbaren. Nur die Art der Behandlung ist hier und dort eine verschiedene. Der Unterschied zwischen Heilbarkeit und Unheilbarkeit hat also mit dem Begriff der Gefährlichkeit nichts zu tun, sondern nur mit dem Problem ihrer Behebung.

Zu eng z. B. auch Storch, Österr. Z. IV, 13. Gefährlichkeit ist diejenige Eigenschaft des Täters, „welche die Annahme begründet, er werde künftighin neue strafbare Handlungen begehen". Die zu erwartende Handlung braucht weder eine neuerliche (Rückfall) noch eine strafbare (zurechenbare) zu sein. — Sichart, Monatsschr. f. Krimps. IV, 233, stellt den Begriff gar nur auf den gleichartigen Rückfall ab..

[1]) Mittermaier, Vergleichende Darstellung A. T. III, 329.

v. Hamel hinzuweisen: „le désir de souvegarder la société contre tout danger pourrait amener l'application de moyens de protections qui, pour défendre la sûreté des uns, anéantirait totalement la liberté des autres [1]." Doch auch abgesehen hiervon bleibt die Intensität der Gefahr von nicht zu unterschätzender Bedeutung für die Ausgestaltung der Sicherung. Die Gesellschaft hat natürlich ein ganz anderes Interesse daran, vor Mord, Brand und Einbruch geschützt zu werden, als vor geringfügigen Eigentumsdelikten und Belästigungen. Der Grad dieses Interesses fällt aber bei der Ausgestaltung der Maßregeln sehr wesentlich ins Gewicht. Denn vermöge des in der Einleitung aufgestellten kriminalpolitischen Prinzipes sind in dem einen Fall viel kräftiger wirkende und tiefer eingreifende Maßregeln zulässig, als im anderen. Das haben auch die Entwürfe anerkannt. So z. B. ist nach dem österreichischen Entwurf Voraussetzung der Verwahrung eines Gewohnheitsverbrechers, eines Wahnsinnigen oder gemindert Zurechnungsfähigen eine Gefahr erhöhten Grades; es ist gefordert, daß der Täter „als besonders gefährlich für die Sittlichkeit oder für die Sicherheit der Person oder des Vermögens (gemeingefährlich) anzusehen ist" (§ 36 ÖE.). Wenn dagegen lediglich „die Gefahr besteht, daß er neuerdings strafbare Handlungen (bestimmter Art) begehen werde" (§ 39), so kann höchstens die unvergleichbar weniger einschneidende Maßregel der Polizeiaufsicht angeordnet werden. — Die Erörterung über das Maß der Sicherungsmittel wird auf diesen Punkt zurückzukommen haben.

Die Art der Gefahr ist bestimmt durch die Art der zu erwartenden Schädigung. Und die eben zitierte Bestimmung zeigt, daß der österreichische Entwurf hier zum Gegenstand der Sicherung lediglich Personen macht, die nach ganz bestimmter Richtung hin gefährlich sind: nur wer die Sittlichkeit, die Sicherheit der Person oder des Vermögens bedroht, kann in die Verwahrungsanstalt gewiesen werden. Ausgeschlossen sind also vor allem, und zwar m. E. mit Recht, politisch gefährliche Personen [2]),

[1]) Mitteilungen der JKV. 17, 450.

[2]) Vgl. Erläut. Bemerkungen 72. — Für die Ausscheidung der politischen Delikte Nabokoff, Mitt. der JKV. 20, 174 ff. — Torp, ebenda 441. —

während der deutsche und schweizerische Vorentwurf nur von Gefährdung der öffentlichen Sicherheit, des Gemeinwohls usw. spricht, also auch diese Personengruppe mitumfaßt.

Allein wichtiger als all dies, wichtiger als die Qualität und Intensität der Gefahr ist ihre Extensität. Die gefährliche Person vereinigt in sich einen Komplex von Bedingungen, der verbrecherisches Verhalten von ihm erwarten läßt. Dieser Bedingungskomplex kann nun von vorübergehendem oder relativ dauerndem Bestande sein. Und hier ergibt sich uns eine Unterscheidung zwischen den Erscheinungsformen der Gefährlichkeit, die für das ganze Sicherungsrecht von grundlegender Bedeutung ist.

Ein Anarchist, welcher mit wohl verborgener Bombe das Vorbeifahren des Staatswagens erwartet, ein Schlosserlehrling, der in diebischer Absicht die Kasse seines Meisters zu öffnen sucht, ein Mann, der ernstlich mit einem Racheakt droht, kurz, jeder der ein Verbrechen ausführen will, ist ein gefährlicher Mensch. Denn wir haben nach seiner derzeitigen Bewußtseinslage begründete Ursache, einen Angriff von ihm zu erwarten. Aber diese Gefährlichkeit, mag sie auch noch so groß sein, besteht doch nur bezüglich einer bestimmten konkreten Tat, der Tat nämlich, die er bereits wirklich begonnen oder wenigstens innerlich vorbereitet hat. Wofern also nichts anders vorliegt, als der geschilderte Sachverhalt, hat ihre Gefährlichkeit lediglich akuten Charakter. Die Gefahr ist vorbei, wenn nach längerem oder kürzerem Schwebezustand der Plan nicht mehr besteht, sei es, daß er ausgeführt, sei es, daß er freiwillig oder unfreiwillig fallen gelassen worden ist. — Ganz anders im zweiten Fall. Wenn jener, die Deliktsbegehung begünstigende Bedingungskomplex ein andauernder ist, so sprechen wir von chronischer Gefährlichkeit: der Mensch ist zu Verbrechen disponiert. Die Gefahr bezieht sich hier nicht auf einzelne Pläne, es handelt sich um einen gefährlichen Zustand, der nicht wie jenes momentane Spannungsverhältnis alsbald ausgeglichen ist, der vielmehr

Löffler, Gutachten z. 31. DJT. 773 — Gegen die Ausscheidung Mittermaier, Mitteilungen 18, 343 ff. und die dort genannten.

auch nach der Deliktsbegehung fortbesteht und immer neue Verbrechen, immer neue akute Gefahren zeitigt.

Es bedarf wohl kaum des Hinweises, daß akute und chronische Gefährlichkeit wohl verwandt, aber keineswegs mit dem identisch sind, was man meist als akute und chronische Kriminalität oder als Gelegenheits- und Gewohnheitsverbrechertum zu bezeichnen pflegt. Zunächst einmal sollen durch die hier aufgestellten Begriffe nicht zwei verschiedene Personengruppen, sondern lediglich zwei verschiedene Zustände bezeichnet werden, Zustände, die auch gleichzeitig in einer Person verwirklicht sein können. Jeder chronisch Gefährliche ist ja im Augenblick der Verbrechensverübung auch akut gefährlich. Ferner muß es sich beim Begriffe der Gefährlichkeit nie um Kriminalität im technischen Sinne, nie um Verbrechen und Verbrecher handeln, da auch der subjektiv nicht verbrecherische Angriff Gefährlichkeit begründet. Jedenfalls aber bedeutet die Gefährlichkeit nie aktuelle, sondern höchstens potenzielle Kriminalität. Der tatsächliche Angriff ist weder notwendige Voraussetzung, noch notwendige Folge der Gefahr. Auch die akute Gefährlichkeit braucht nicht wirklich zu einem Verbrechen führen. Anderseits setzt chronische Gefährlichkeit nicht Vordelikte voraus, wie das Gewohnheitsverbrechertum. Auch der „angehende Zustandsverbrecher", um in der Terminologie v. Liszts zu sprechen, ist chronisch gefährlich, der Jugendliche etwa, der infolge schwerer Verwahrlosung auf Abwege kommt und nun zum erstenmal vor dem Strafrichter steht; denn er befindet sich, obwohl Erstlingsverbrecher, schon jetzt in einem Zustand, der ihn, wenn keine Besserung eintritt, zu immer neuen Verbrechen führen muß. Gefährlichkeit bedeutet nicht Kriminalität, sondern nur kriminelle Potenz [1]).

[1]) Auch Thyrén, Prinzipien einer Strafgesetzreform, 19 ff., unterscheidet zwischen chronischer und akuter Sozialgefährlichkeit, doch setzt er die beiden Begriffe nicht in kontradiktorischen Gegensatz, sondern faßt sie nur als Bezeichnungen für die beiden Extreme auf. Übrigens nimmt Thyrén nur auf die „Willensgefährlichkeit" Rücksicht, was zu eng ist (vgl. unten S. 85 ff.). Ferner erscheint ihm als Komponente der Gefährlichkeit der Grad ihrer leichteren oder schwereren „Vertilgbarkeit"; doch diese hat mit dem Begriff der Gefährlichkeit nichts zu tun; sondern nur mit dem Problem ihrer Behebung (vgl. oben S. 60, Anm. 1).

Wenn auch zuzugeben ist, daß diese beiden Formen der Gefährlichkeit sich im Leben nicht mit völliger Schärfe trennen lassen, so ist doch kein Zweifel, daß es sich hier um zwei wohl unterscheidbare Typen handelt. Ihre Trennung ist für uns deshalb eine Notwendigkeit, weil die staatliche Abwehr, auf die zwar in beiden Fällen nicht verzichtet werden kann, dennoch hier und dort verschieden gestaltet werden muß.

1. Gegen akute Gefährlichkeit sind sichernde Maßnahmen technischen Sinnes nur in sehr beschränktem Umfange anwendbar. Das Hauptmittel zu ihrer Bekämpfung wird immer die Strafe sein. Wo die akute Gefahr darin besteht, daß ein Individuum einen bestimmten verbrecherischen Plan ausheckt und ausführen will, da soll die Vorstellung der üblen Tatfolgen in seinem Bewußtsein erscheinen und durch einen Gegendruck die zur Tat hindrängenden Lustvorstellungen überwinden. Diese Wirkung der Strafdrohung kann nun der Staat allerdings mittels polizeilicher Vorkehrungen steigern, indem er durch Wachsamkeit für einen möglichst sicheren Eintritt der Strafe sorgt. Dies wird insbesondere augenscheinlich, wenn das Individuum bereits im Begriffe steht, die Tat auszuführen, dann aber — um ganz konkret zu sprechen — angesichts des Schutzmanns davon absteht. Allein diese präventive Tätigkeit der Polizei gehört doch nicht in das Gebiet der hier zu besprechenden polizeilichen Maßregeln, sondern, wie gezeigt[1]), in den Gesichtskreis der staatlichen Straftätigkeit. Die Polizei ist, soweit sie für die Verfolgung der Verbrechen sorgt, ein Stück der Strafinstitution des Staates. Ihre Aufgabe besteht hier darin, die Unentrinnbarkeit der Ahndung zu gewährleisten, ihre schützende Wirkung ist nichts als ein Reflex der Strafdrohung. Dieser Teil der polizeilichen Schutztätigkeit hat denn auch, genau so wie die Strafdrohung, nicht spezialprävenierende, sondern generalprävenierende Bedeutung. Sie richtet sich nicht gegen eine bestimmte Person, sondern gegen jeden präsumptiven Rechtsbrecher, gegen alle, denen etwa ein Verbrechen in den Sinn kommen sollte.

---

[1]) Vgl. oben 17 f.

Allein auch spezialpräventiv kann gegen den Verbrechenslustigen, gegen den akut Gefährlichen, mit polizeilichen Maßregeln vorgegangen werden. Zunächst gehört hierher, was selbstverständlich ist, das unmittelbare Eingreifen des Sicherheitsorgans zur Hemmung und Unterbrechung des bereits begonnenen Angriffes. Wichtiger als diese mit Brachialgewalt bewerkstelligte Verbrechensvorbeuge ist jedoch die präventive Tätigkeit der Staatsorgane, die schon in einem früheren Stadium, also vor dem wirklichen „Anfang der Ausführung" stattfindet. Nehmen wir an, es bestehe die „Gefahr, daß jemand ein Verbrechen, mit dem er gedroht hat, ausführen werde" [1]), so ist dies ein charakteristischer Fall akuter Gefährlichkeit. Und der schweizerische Vorentwurf wie der deutsche Gegenentwurf hat für diesen Fall in der Tat ein Sicherungsmittel vorgesehen: die Friedensbürgschaft. Eine andere Maßregel, die in der geltenden österreichischen Strafprozeßordnung vorgesehen ist und letzten Endes das gleiche Ziel verfolgt, ist die Verhängung der Verwahrungshaft bzw. Untersuchungshaft über einen Verdächtigten wegen Wiederholungsgefahr. Doch läßt sich noch eine Fülle anderer polizeilicher Vorkehrungen nennen, die ähnliche Tendenzen haben und heute schon in Gebrauch stehen [2]). Hier war nur festzustellen: es gibt auch Sicherungsmittel gegen akute Gefährlichkeit.

2. Allein die eigentliche Domäne der „sichernden Maßnahmen" wird stets die chronische Gefährlichkeit sein. Eine

---

[1]) Art. 46 schw. VE.

[2]) Vgl. darüber Kitzinger, Die Verhinderung strafbarer Handlungen durch Polizeigewalt (München 1913). Der Verf. behandelt in diesen „Grundzügen der Rechtspolizei" ausschließlich jene Präventivmittel, die oben als Maßnahmen gegen akute Gefährlichkeit bezeichnet werden, nämlich das Einschreiten der Polizei zur Abwehr eines unmittelbaren Angriffs, sei es, daß der Angriff bereits im Gange ist, sei es, daß er zwar noch nicht „die Schwelle des Rechtswidrigen betreten" hat, aber doch ein sofortiges Eingreifen bei Gefahr im Vollzuge nötig macht (vgl. 143 ff.). Mit Recht bezeichnet Kitzinger (S. 2) es als auffallend, daß von diesem unmittelbarsten Kampf gegen das Verbrechen in der kriminalistischen Literatur fast nie die Rede ist, und zwar auch in solchen Werken nicht, welche die „Verbrechensbekämpfung", als solche (Aschaffenburg, Thomsen) zum Gegenstand haben.

derart vorübergehende Erscheinung, wie ein Verbrechensmotiv, das im Bewußtsein des Individuums erscheint, um eine schädliche Handlung auszulösen und dann wieder spurlos zu verschwinden, kann in aller Regel nicht Anlaß zu einer Sicherheitsmaßregel pro futuro sein; schon deshalb nicht, weil ja nur in den seltensten Fällen das Vorhandensein der Gefahr mit der nötigen Sicherheit sich wird feststellen lassen. Was also der Staat hier — abgesehen von der Strafinstitution und allem, was mit ihr zusammenhängt, vorkehren kann, wird immer verhältnismäßig geringwertig sein. Erst die Erkenntnis, daß gewiße Individuen vermöge einer dauernden Disposition immer von neuem die Gesellschaft bedrohen oder sie wenigstens bedrohen würden, wenn die Gesellschaft ihnen tatenlos zusähe, erst diese Erkenntnis zwingt zu energischer Vorkehrung und zur systematischen Behandlung dieser einzelnen Personen.

So ergibt sich: Voraussetzung der wichtigsten und meisten Sicherungsmittel ist chronische Gefährlichkeit.

Wenn in der Literatur von Gefährlichkeit gesprochen wird, so ist der Begriff meist unter Ausschluß der akuten Gefahr in diesem engeren Sinne verstanden. So definiert schon Feuerbach: Gefährlichkeit ist „diejenige Eigenschaft der Person, welche ein Grund der Wahrscheinlichkeit ist, daß sie wirklich Rechte verletzen werde“ [1]). In dem Worte Eigenschaft kommt das Zuständliche zum Ausdruck. Diese Beschränkung hat insofern Berechtigung, als eben die Sicherung in der Regel nur gegen chronische Gefährlichkeit stattfindet. Auch wir werden darum das Wort — sofern kein Zusatz gemacht ist — weiterhin in diesem engeren Sinne gebrauchen.

Dem Kriminalpolitiker erwächst nun die Aufgabe, Wege zu finden, um derart gefährliche Menschen ungefährlich zu machen. Schon Grolmann, der erste Vorkämpfer einer folgerichtigen Spezialprävention, hat das Problem in dieser Weise gestellt: Es gilt ein Mittel zu suchen, „daß der itzt Gefahr-

[1]) Feuerbach, Revision II, 366.

Drohende, nach dem Gebrauch dieses Mittels nicht mehr als ein Gefahr-Drohender betrachtet werden könnte“ [1]).

A priori sind hier zwei Wege denkbar. Jede Handlung, daher auch das Verbrechen, ist das Produkt von inneren, im Subjekte liegenden und äußeren, außerhalb seiner Person liegenden Bedingungen. Nur wenn diese beiden Bedingungsgruppen zusammentreffen, ist das Verbrechen zu erwarten. Greift man also entweder hier oder dort in den Kausalverlauf ein, so muß es unterbleiben. Und was von der einzelnen schädlichen Handlung gilt, das gilt auch von der Handlungspotenz, von der Gefährlichkeit. Gefährlich ist, wer bestimmte, das Verbrechen begünstigende Bedingungen in seiner Person vereinigt. Doch erst beim Hinzutritt bestimmter äußerer Bedingungen wird die Gefahr zur Verletzung. Es gibt also zwei Möglichkeiten: Man hat entweder den äußeren oder den inneren Bedingungskomplex abzuändern, dann ist der Gefährliche ungefährlich.

Die Möglichkeit dieser doppelten Bekämpfungsmethode hat sich bereits oben bei Erörterung der akuten Gefahr ergeben. Die Gefährlichkeit besteht darin, daß das Individuum eine bestimmte schädliche Handlung plant. Dieses Vorhaben — die innere Bedingung — kann durch die Strafdrohung eventuell durch die Friedensbürgschaft beeinflußt werden. Beide zielen auf eine Verschiebung des inneren Bedingungskomplexes. Wenn aber der Staat den verbrecherisch Gesinnten noch vor der Tat in Haft nimmt, dann wird — ohne Wechsel in der Gesinnung — eine maßgebende äußere Bedingung geändert, und der Erfolg ist derselbe.

Allein praktische Bedeutung erlangt unsere Unterscheidung zwischen äußeren und inneren Bedingungen erst bei der chronischen Gefährlichkeit. Gefährlich ist, wer dauernd zu gemeinschädlichem Verhalten disponiert ist. Die Gefährlichkeit ist daher überwunden, wenn es gelingt, jene Disposition, d. i. die konstant wirkende Verbrechensursache in ihm zu beheben. Die Gefährlichkeit ist aber auch dann überwunden, wenn es gelingt, durch Veränderung der äußeren Umstände jene

[1]) Grolmann, Begründung des Strafrechts und der Strafgesetzgebung (1799), 32.

Disposition in ihrem Wirken zu hindern, d. h. den gefährlichen Menschen in Bedingungen zu versetzen, in denen sein Zustand Verbrechen nicht mehr auszulösen vermag. In beiden Fällen ist der gefährliche Mensch zu einem ungefährlichen geworden und zwar im ersten Fall deshalb, weil die gefährliche Eigenschaft nicht mehr vorhanden ist, im zweiten deshalb, weil diese Eigenschaft, obzwar noch vorhanden, nicht mehr zu wirken vermag. Dort ist der Mensch „gebessert", hier zwar nicht gebessert, aber unschädlich gemacht. Dabei muß es sich letzteren Falles durchaus nicht um langandauernde Freiheitsberaubung oder überhaupt um Freiheitsberaubung handeln; das ist nur eine, und zwar die gröbste Art der Unschädlichmachung.

Man hat also in der großen Zahl der sichernden Maßnahmen zwei Gruppen zu unterscheiden, die man als Besserungsmittel und Schutzmittel bezeichnen kann [1]). Durch die Besserungsmittel sollen die Ursachen

[1]) Der Ausdruck „Schutzmittel" ist nicht glücklich, da er mit „Sicherungsmittel" gleichbedeutend ist, aber doch nur eine Unterart bezeichnen soll, und da ja auch „Besserungsmittel" zum Zwecke des Gesellschaftsschutzes angewandt werden. Allein ich finde kein besseres Wort. Immerhin wird durch die beiden Ausdrücke der Gegensatz in der Behandlungsmethode wohl angedeutet: Die einen wollen subjektiv einwirken und wenden sich dem Zustand des Individuums zu, die anderen objektiv und wenden sich dem Schutz der Gesellschaft zu. — v. Liszt, Österr. Z. I, 3, unterscheidet zwischen rettenden Maßnahmen und eigentlichen sichernden Maßnahmen. Aber zu den ersteren zählt er eine Reihe Maßregeln, die überhaupt nicht zu den Sicherungsmitteln, sondern in das Gebiet der Strafe und des Strafvollzugs gehören, wie bedingte Verurteilung, Rehabilitation, Absehen von Strafe. Dagegen deckt sich die von ihm später (Arch. f. Rechts- und Wirtschaftsphil., III, 614 ff.) gemachte Unterscheidung von „erziehlichen" und „eigentlich sichernden Maßnahmen" im Prinzip mit der unsrigen. Allein v. Liszt beschränkt die letztere Gruppe auf die absolute Unschädlichmachung, auf die Eliminierung des Verbrechers aus der Gesellschaft (vgl. auch Mitt. der IKV. 17, S. 425) und kann dadurch vielen Maßregeln, wie Berufsverbot, Konzessionsentziehung, Aufenthaltsbeschränkung usw. nicht gerecht werden. Darüber mehr unten. — Nicht zugegeben ist endlich, daß mit der oben gemachten Unterscheidung der einheitliche Begriff des Sicherungsmittels falle (Arch. f. Rechts- u. Wirtschaftsphil. a. a. O.), denn die beiden Gruppen haben soviel Wesentliches gemein, daß es wohl berechtigt ist, sie zu einer Einheit zusammenzufassen.

der Gefährlichkeit behoben, durch die Schutzmittel die Gesellschaft vor dem Wirksamwerden jener Ursachen geschützt werden. — Auf den ersten Blick erkennt man, daß diese beiden Methoden, die in letzter Linie zum gleichen Ziele führen, in ihrem Wesen völlig verschieden und an völlig verschiedene Voraussetzungen geknüpft sein müssen.

Der weitaus einfachere Weg ist der des Schutzmittels. Er zielt nicht darauf ab, das Innere eines Menschen umzustülpen, seine gefährliche Eigenart zu verändern, sondern er beschränkt sich auf einen Wechsel in den äußeren Bedingungen.

Dieser einfache Weg ist aber keineswegs der ideale. Erfreulicher wäre es, wenn man stets die inneren Bedingungen zu beheben vermöchte, dann hätte man nicht nur aus dem gefährlichen einen ungefährlichen, sondern aus dem sozial unbrauchbaren einen brauchbaren Menschen gemacht. Die Kriminalpolitik wird also nur dann zum Schutzmittel greifen, wenn die Anwendung eines Besserungsmittels im Einzelfall unmöglich oder untunlich ist. Die Anwendung der Besserungsmittel aber ist an bestimmte, nicht immer gegebene Voraussetzungen geknüpft. Es ist zunächst nötig, daß jene Ursachen der Gefährlichkeit überhaupt behoben werden können, daß das Individuum besserungsfähig ist. Es ist ferner nötig, daß der Gesetzgeber, der Besserungsmittel erlassen will, die typischen Ursachen der Gefährlichkeit kenne, und daß ebenso der Richter, der die im Einzelfall zweckentsprechende Maßregel anordnen soll, die Ursachen der Gefährlichkeit des betreffenden Individuums zu erforschen vermag.

Wir werden uns daher zuerst über das Wesen der Verbesserlichkeit und dann über das Wesen der Gefährlichkeitsursachen zu orientieren haben.

b) Die Prognose.

Das Urteil über die Besserungsfähigkeit eines Menschen ist eine Prognose. Die Theorie der Spezialprävention ist eben vom Blick in die Zukunft völlig beherrscht. Sei es, daß sie als Straftheorie mit Strafmitteln, sei es, daß sie als kriminalpolitische Theorie mit Strafen und anderen Maßregeln auf das Verhalten des Individuums einwirken will, stets ist sie nach einer dem Individuum zu stellenden Prognose gerichtet. — Bereits in dem Gefährlichkeitsurteil erkannten wir eine Prognose, eine Voraussage über das künftige Verhalten eines bestimmten Menschen. Handelt es sich dort um die Frage, wie sich das Individuum verhalten dürfte, wenn der Staat nicht eingreift, so handelt es sich hier um sein Verhalten im Falle des staatlichen Eingreifens.

Besserungsmittel setzen Besserungsfähigkeit voraus. Ein Besserungsversuch bei einem Unverbesserlichen ist ein Nonsens.

Wer also Besserungsmittel fordert, stellt sich von vornherein auf den optimistischen Standpunkt, eine Besserung chronisch gefährlicher Personen durch staatliche Maßregeln sei möglich. Wer dies nicht glaubt und in diesem Sinne dem englischen Schlagwort folgt: „You can't make men moral by Act of Parliament", kann Besserungsmittel in sein kriminalpolitisches System nicht aufnehmen, er darf sich folgerichtig nur für generalprävenierende Strafen und unschädlich machende Schutzmittel einsetzen.

Freilich Besserungsfähigkeit in moralischer Beziehung ist hier nicht gemeint. Wenn der Kriminalpolitiker und nicht der Moralist von Besserung spricht, so versteht er darunter bürgerliche Besserung, Anpassung an die Forderungen des Rechts, an das „ethische Minimum". Der Staat muß zufrieden sein, wenn er dies erreicht, kann seine Kraft nicht an höheren, ihm unzugänglichen Zielen zersplittern. Ihm kommt es in seinen Bestrebungen gegenüber dem einzelnen Verbrecher vor allem auf die Tatsache, nicht auf den Beweggrund des Wohlverhaltens an. Darum interessiert ihn nicht, ob die Besserung des Individuums eintrat infolge einer inneren Umkehr, infolge einer niederen und rein egoistischen Furcht vor Strafe oder etwa infolge des Umstandes, daß der Eintritt des Greisenalters die verbrecherische Energie gebrochen hat. Von Besserung in bürgerlichem Sinne sprechen wir aber auch dann, wenn gar kein Verbrecher vor uns steht, sondern ein Kind oder ein Geisteskranker, also ein Mensch, der jenseits von Gut und Böse, einer ethischen Bewertung schlechterdings unzugänglich ist. Er ist gebessert, wenn der gefährliche Zustand, in dem er sich befand, behoben ist, wir nennen ihn verbesserlich, wenn man von unserem Eingreifen diesen Erfolg erwarten kann.

Das Urteil über die Verbesserlichkeit oder Unverbesserlichkeit muß sehr verschieden ausfallen, je nach der Art der uns zu Gebote stehenden und von uns erwogenen Besserungs mittel. Auf diesen Punkt ist wohl zu achten.

Eine Maßregel, die wir uns als Besserungsmittel vorstellen können, wäre zunächst die Strafe. Da auch die Strafe spezialprävenierende Wirkung ausübt, ist die Möglichkeit gegeben, schon durch sie allein den Täter zu bessern. Wer aber die Strafe als einziges staatliches Besserungsmittel in Erwägung zieht, der kommt zu einem Begriff der Unverbesserlichkeit, der sich von unserer Auffassung wesentlich unterscheidet. Er muß nämlich jeden unverbesserlich nennen, der durch die Strafe nicht gebessert werden kann. So sagt beispielsweise Mittermaier: „Wer von Unverbesserlichen redet, geht einmal schon davon aus, daß die Strafe bessern solle oder wenigstens könne [1].“ Er definiert denn auch folgerichtig den Unverbesserlichen als den, „auf den die im Gesetz genannten Strafen keinen Eindruck machen“ [2]. Ganz ähnlich sagt v. Liszt: Der Erwachsene, der durch einen Apell an die egoistischen Motive nicht mehr abzuschrecken ist [3].

---

1) Mittermaier, Vergleichende Darstellung A. T. III, 321.

2) Mittermaier, a. a. O. 325; vgl. dagegen 324.

3) v. Liszt, 26. DJT. I, 295. — Vgl. auch M. E. Mayer, Gutachten zum 28. DJT. I, 159.

Hält man an diesen Standpunkt fest, dann müßte man überall, wo die Strafe mit ihren spezialprävenierenden Wirkungen versagt, zur Unschädlichmachung schreiten. Auch danach gäbe es also keine Besserungsmittel in unserem Sinne, sondern nur zwei Gruppen kriminalpolitischer Maßregeln: Strafen und unschädlich machende Schutzmittel.

So wollen jedoch diese Schriftsteller nicht verstanden sein. In der Tat beginnt das uns hier beschäftigende Problem erst dort, wo die Tauglichkeit der Strafe aufhört. Soll ein heilbarer Trunksüchtiger deshalb ungeheilt bleiben, weil das Gefängnis seinem Zustand nichts nützt, oder etwa seine Bestrafung wegen Unzurechnungsfähigkeit nicht möglich ist? Es gilt Maßnahmen zu finden, die zu helfen vermögen, wo die Strafe nicht hilft. Unsere Entwürfe haben solche Maßregeln aufgenommen. Sie stehen also nicht auf dem Standpunkt, daß jeder schon darum unverbesserlich ist, weil er nicht durch die Strafe gebessert werden kann. Verbesserlich im Sinne der modernen Kriminalpolitik heißt nicht: durch die Strafe verbesserlich.

Man könnte nun in das entgegengesetzte Extrem verfallen und jeden verbesserlich nennen, der nur überhaupt gebessert werden kann. Das wäre nicht weniger verfehlt. Der Kriminalpolitiker hat gebundene Hände: ihm stehen nur ganz begrenzte Mittel mit ganz begrenzten Wirkungsmöglichkeiten zur Verfügung. Sein Ziel ist es, den Menschen den Anforderungen der Gesellschaft anzupassen, doch nur wenige, durch mannigfache Rücksichten vorgezeichnete Wege stehen ihm zur Erreichung dieses Zieles offen. Wo diese Wege fehlschlagen, muß er die Hoffnung auf Erfolg fallen lassen, mag es immerhin noch andere Wege geben, die zu ihm hinführen würden. Er muß manchen als unverbesserlich behandeln, der durch ein ihm nicht zu Gebote stehendes Mittel wohl gebessert werden könnte, z. B. einen jungen Mann, der durch Versetzung in anständige Umgebung und bessere ökonomische Verhältnisse von der Bahn des Verbrechens entfernt werden könnte. Der Staat ist außerstande, derartige Heilmittel zu verschreiben. Ihm stehen nur Strafen und jene kleine Anzahl von Sicherungsmitteln zu Gebote, die wir als Besserungsmittel bezeichnen. Besserungsfähig im Sinne der Kriminalpolitik ist also nur, wer durch die speziellen, dem Staate verfüglichen Mittel gebessert werden kann.

Aus dieser Erwägung folgt, daß der Kreis der „Unverbesserlichen" nach dem jeweiligen Stand der Gesetzgebung in seinem Umfange wechselt. Bei unserem heutigen Mangel an Trinkerheilanstalten z. B. ist mancher als unverbesserlich anzusehen, der künftig nicht als solcher behandelt werden wird. Und wenn man den rosigen Berichten über die Erfolge der amerikanischen Reformatories glauben darf, ist jenseits des Ozeans mancher verbesserlich, der auch nach dem Inkrafttreten unserer Entwürfe zu den unverbesserlichen Verbrechern wird gezählt werden müssen.

Der Begriff der Verbesserlichkeit ist eben ein relativer. Die Prognose auf Unverbesserlichkeit kann nie allein schon durch den Hinweis auf den Charakter und die Eigenschaften des Individuums begründet werden, sondern ist stets durch die besonderen Einrichtungen des Gemeinwesens bedingt, dem die Besserung des Individuums obliegt. Darum ist auch der Begriff der Unverbesserlichkeit nur formal bestimmbar: Unverbesserlich ist, wer weder durch Strafe noch durch die gesetzlich vorgesehenen Besserungsmittel den Anforderungen der Gesellschaft angepaßt werden kann.

Und wenn wir die Frage nicht von dem Standpunkt einer positiven Rechtsordnung, sondern von dem der lex ferenda aus betrachten, so kommen wir auch hier darüber nicht hinaus. Eine materielle Definition der Unverbesserlichkeit, eine Aufzählung von Eigenschaften, die ein Individuum schlechterdings zu einem unverbesserlichen Menschen machen, kann nicht gegeben werden. Der Kriminalpolitiker hat sich also zuerst klar zu werden, welche Besserungsmittel er im allgemeinen — unter Berücksichtigung der besonderen Verhältnisse seines Staates — mit Hoffnung auf Erfolg einführen kann, und hat dann jene gefährlichen Individuen, denen gegenüber diese Mittel versagen, als unverbesserlich zu betrachten und danach zu behandeln.

c) Die Ursachen der Gefährlichkeit.

Die Gefährlichkeit des Individuums bedeutet seine Disposition zu rechtswidrigen Handlungen. Die Ursachen der dauernden Gefährlichkeit müssen also aus den Entstehungsgründen seiner Handlungen erschlossen werden; sie sind nichts anderes als die im Subjekte liegenden konstanten Bedingungen seines rechtswidrigen Verhaltens.

Die rechtswidrige Handlung kann aus rechtswidrigem Willen entspringen; und dies ist der Normalfall. Allein die Ursachen der Gefährlichkeit sind nicht identisch mit den Ursachen der gefährlichen Willensbildung. Die gemeinschädliche Tat kann auch von Willen und Gesinnung des Subjektes gänzlich unabhängig sein. Um den Interessen der Gesellschaft zu entsprechen, bedarf es auch der Fähigkeit, den guten Willen in seinem Verhalten zum Ausdruck zu bringen. Die Gefährlichkeit kann ihre Ursache also auch darin haben, daß der Mensch diese Fähigkeit nicht besitzt, daß er schlechterdings außerstande ist, sich so zu verhalten, wie es die Gesellschaft verlangt. So verschieden diese beiden Fälle für die strafrechtliche Beurteilung sind, so sehr hat der Kriminalpolitiker Grund, vom Standpunkt der Sicherung aus, beide mit gleicher Aufmerksamkeit zu beachten. Denn in beiden ist der Mensch den Interessen der Gesamtheit gefährlich, nur die Quelle der Gefährlichkeit ist hier und dort verschieden. In dem einen Fall will er nicht, im anderen kann er nicht sich so verhalten, wie es jenen Interessen entspräche. Die Gefährlichkeit kann also zunächst eine doppelte Ursache haben: sie beruht entweder auf dem Mangel an Willen zu sozialmäßigem Verhalten oder auf dem Mangel an Fähigkeit zu sozialmäßigem Verhalten. Und nun fragt es sich um die Ursachen dieser beiden gefährlichen Dispositionen.

I.

Die erste Frage zielt auf die Ursachen des Verbrechens; sie ist nichts mehr und nichts weniger als das Hauptproblem der Kriminologie. Soll hier die Untersuchung nicht ins Uferlose zerfließen, so bedarf es einer scharfen Begrenzung der Aufgabe.

Für den Deterministen steht fest: jede menschliche Handlung ist das Produkt der Persönlichkeit des Handelnden und der ihn umgebenden äußeren Verhältnisse. Das Verbrechen als Handlung bestimmter Art ist also auch ein Produkt jener internen und externen Faktoren. Der Indeterminist muß, wenn auch nicht durch logische Ableitung, sondern durch Erfahrung zu wesentlich gleichem Ergebnis gelangen. Daß die äußeren Umstände einen motivierenden Einfluß auf das Individuum und daß dieser Einfluß verschieden ist, je nach dem Charakter des Individuums, daß ist heute auch für den Indeterministen ein Gemeinplatz.

Indem wir von inneren und äußeren Faktoren des Verbrechens sprechen, schalten wir die beiden extremen Gegenansichten aus, die entweder nur innere oder nur äußere Verbrechensursachen anerkennen wollen. Die eine dieser Ansichten führt in letzter Linie zur Annahme eines anthropolischen oder psychologischen Verbrechertypus, eines Menschen, der von der Natur zum Verbrechen bestimmt ist, und mögen sich die Verhältnisse wie immer gestalten, mit Notwendigkeit Verbrecher werden muß. Die Existenz derartiger Individuen ist unbewiesen. Das andere Extrem ist schon deshalb abzulehnen, weil die äußeren Umstände, etwa die klimatischen, kulturellen und sozialen Verhältnisse nie zureichender Grund für die Gefährlichkeit einer Einzelperson sein können; denn in diesen Verhältnissen lebt eine Vielheit von Menschen, die insgesamt ihrer Einwirkung ausgesetzt ist, aber doch nur zum kleinsten Teil kriminell wird. Nur diese Minderheit haben wir als gefährlich anzusprechen das Recht, und daß wir dieses Recht haben, kann seinen Grund nur in individuellen Ursachen haben, durch welche sich diese Gruppe von den übrigen rechtsmäßig lebenden Menschen unterscheidet.

Das Verbrechen ist also nur erklärbar durch das Zusammenwirken persönlicher und unpersönlicher Momente. Hält man ihr tatsächliches Zusammentreffen im Auge, so kann ihre begriffliche Trennung für die wissenschaftliche Untersuchung nur wertvoll sein. Insbesondere für die Kriminalpolitik, denn sie hat es lediglich mit der einen Seite der Verbrechensursachen zu tun, mit der individuellen. Die Kriminalpolitik will durch psychische und physische Mittel auf die Individuen einwirken; ihre bessernden Maßnahmen insbesondere sollen die in der einzelnen Person verkörperten Gefährlichkeitsursachen beheben und dadurch der Gesellschaft Schutz gewähren. Der Sozialpolitik dagegen bleibt es überlassen, durch generelle, auf die Allgemeinheit wirkende Reformen die äußeren Gefährlichkeitsursachen zu bekämpfen. Wir haben es nur mit der Reformierung des einzelnen Individuums zu tun, das ganze Gebiet der Kriminalsoziologie und Sozialpolitik scheidet aus.

Durch eine weitere Erwägung wird das Untersuchungsgebiet noch enger begrenzt. Es gilt hier die Ursachen der chronischen Gefährlichkeit zu finden. Diese setzt eine dauernde Disposition des Individuums voraus, während akute Gefährlichkeit auch durch einzelne vorübergehende Verbrechensmotive entstehen kann. Uns verbleibt also die Betrachtung der konstanten Beweggründe des menschlichen Verhaltens, die Frage nach jenen Triebfedern und Eigenschaften, die dem Menschen dauernd eine rechtsgefährliche Willensrichtung verleihen.

So wurde das Problem denn auch ursprünglich von der modernen Richtung gestellt. Es ist klar: wenn man das Verbrechen in seinen Ursachen bekämpfen will, so muß man diese Ursachen kennen; wenn man das Verbrechen insbesondere durch eine Behandlung des gefährlichen Individuums bekämpfen will, so muß vor allem versucht werden, „zu einer Einteilung der Verbrechen nach den individuellen Triebfedern des Verbrechens zu gelangen“ [1]). Es fragt sich also, ob man Eigenschaften nennen kann, die, wenn auch nicht mit Notwendigkeit, Kriminalität zur Folge haben, aber doch generell die Tendenz enthalten, ihren Träger zum Verbrecher zu machen.

Es ist bemerkenswert, daß die Internationale kriminalistische Vereinigung, die doch die Bekämpfung der Verbrechensursachen

---

[1]) v. Liszt, Aufsätze II, 90.

zum Ziele, deren Erforschung zum Arbeitsprogramm hat, in ihren Arbeiten tatsächlich die Lösung dieses Problems kaum auch nur gefördert hat [1]). Darin ist kein Vorwurf zu erblicken; das Problem ist, so gestellt, heute wenigstens unlösbar. Von den wenigen Versuchen, zu einer Einteilung der Verbrecher auf Grund der sie kennzeichnenden psychischen Beweggründe zu gelangen, sei hier nur der v. Liszts genannt. Nachdem Kraus [2]) die Verbrechensursachen dadurch in ein System gebracht hatte, daß er die für die Tat ausschlaggebenden Triebe als Einteilungsgrund wählte, hat v. Liszt den ernster zu nehmenden Versuch gemacht, statt der Triebe die individuellen Charaktereigenschaften der Einteilung zugrunde zu legen [3]). Er unterscheidet acht Gruppen von Verbrechern, je nach dem sie charakterisierenden seelischen Grundzug, so Verbrecher aus Gewinnsucht, Ruhmsucht, Überzeugungstreue, Affekt usw.

Mag man nun über derartige Gruppierungen denken wie man will, eine vollständige Aufzählung aller Triebe und Motive des Verbrechens bleibt jedenfalls ausgeschlossen. Allein in diesem Zusammenhang wäre jene Motiventafel schon dann wertvoll, wenn wir in ihr nur überhaupt eine Aufzählung der typischen Verbrechensursachen gewonnen hätten, und die Untersuchungen Kraus' schon dann, wenn die von ihm genannten Triebe wirklich Verbrechenstriebe, also Triebfedern dauernden verbrecherischen Verhaltens genannt werden könnten. Doch keins von beiden ist in Wahrheit der Fall. Keine jener Triebfedern muß notwendig zum Verbrechen führen; ob dies geschieht, hängt nicht von ihrem Inhalt, sondern von ihrer Stärke gegenüber ihren Gegenmotiven ab [4]). Die Gewinnsucht, vielleicht die am meisten „kriminell gefärbte" der genannten Eigenschaften, macht den einen zum wohlbestallten Verwaltungsrat, den anderen

---

[1]) Vgl. Kitzinger, Die internationale kriminalistische Vereinigung (1905) 44. — Vgl. unten S. 84 Anm. 1.

[2]) Kraus, Die Psychologie des Verbrechens 1884. — Er unterscheidet beispielsweise Nahrungstrieb, Bewegungstrieb, Geschlechtstrieb, Wagetrieb usw. als typische Verbrechensursachen. Auf seine kühnen Kombinationen braucht heute nicht mehr eingegangen zu werden.

[3]) v. Liszt, Aufsätze II, 182 ff.

[4]) Ebenso v. Liszt II, 181, 189.

zum Bankrotteur, den dritten zum gewerbsmäßigen Dieb und Wucherer; Ehrgeiz und Eitelkeit den einen zum Alexander, den anderen zum Herostrat; so ist die Ergebnislosigkeit jener Untersuchungen kein Zufall: es gibt eben keine schlechthin antisozialen Charaktereigenschaften.

Und noch eins. Der Kriminalpolitiker, der sich für die Ursachen des Verbrechens interessiert, tut dies nicht aus Freude an der Wahrheit, sondern aus einem praktischen Grunde. Er will nur deshalb die Ursachen der Gefährlichkeit kennen lernen, um nach der Art der Ursache die Art der Kampfmittel einzurichten. Eine Klassifizierung hat daher für ihn nur dann Wert, wenn die aufgestellten Gruppen verschiedene Behandlung bedürfen. Das hier verwendete Einteilungsprinzip entspricht diesem Erfordernis ganz und gar nicht. Jeder dieser Gruppen können Verbrechen verschiedenster Art und Schwere eingeordnet werden, ein einheitliches Werturteil über die einzelnen Gruppen und eine Auswahl der Kampfmittel je nach der Zugehörigkeit zu diesen Gruppen ist daher unmöglich. Niemand wird wohl behaupten, daß der relativ harmlose und der gefährlichste Gewinnsuchtsverbrecher prinzipiell gleich und sie beide prinzipiell anders als alle Sittlichkeitsverbrecher behandelt werden sollen. Es ist daher irrig, wenn Aschaffenburg[1]) meint, eine Einteilung der Verbrecher vom psychologischen Standpunkte wäre die kriminalpolitisch wertvollste. Eine derartige Einteilung wäre vielmehr gänzlich unfruchtbar, da das System der staatlichen Bekämpfungsmittel doch nicht darauf aufgebaut werden könnte.

Es ist also nicht möglich, psychische Eigenschaften oder Kombinationen von Eigenschaften zu nennen, die überall, wo wir sie finden, die Tendenz haben, ihren Träger zum Verbrecher zu machen, — nicht möglich, schlechthin gefährliche psychische Zustände namhaft zu machen. Und dennoch ist dieses Streben, zu einer begrifflichen Erfassung der individuellen, konstanten Verbrechensursachen zu gelangen, nicht völlig aussichtslos. Freilich muß man sich bescheiden

[1]) Aschaffenburg, Das Verbrechen und seine Bekämpfung. 177. — v. Liszt, Aufsätze II, 90.

und muß zufrieden sein, wenn es gelingt, gewisse psychische Tatbestände namhaft zu machen, die zwar nicht in concreto, wohl aber in abstracto gefährlich sind, d. h. Dispositionen, die nicht schlechthin überall, wo wir sie feststellen, sondern im Einzelfall vermöge ihrer Verbindung mit anderen ungünstigen Umständen mit Wahrscheinlichkeit auf künftige Deliktsbegehung schließen lassen. Für unsere Zwecke würde dieses Ergebnis genügen, wofern wir nur Symptome kennen, die uns anzeigen, ob der Träger jener Disposition unter den vorliegenden Umständen tatsächlich zum Verbrechen tendiert. Uns genügt auch diese Tendenz, da ja alle Prävention ein Handeln auf Wahrscheinlichkeit ist [1]), und wir darum schon von vornherein nicht nach den Grundlagen einer bestimmten Voraussage, sondern nach denen eines Wahrscheinlichkeitsurteiles, nach den Ursachen der Gefährlichkeit gefragt haben [2]).

Rein psychologisch betrachtet, kommt es dann zu einem Verbrechen, wenn die zum Delikte hintreibenden Motive stärker sind, als die vom Delikte abhaltenden. Die Erfahrung lehrt nun,

[1]) So Kitzinger, Verhinderung strafbarer Handlungen S. 147, im Anschluß an Mohl, System der Präventivjustiz (1866), 562.

[2]) Man streitet, ob es eine „verbrecherische Eigenart" gibt; das Wort wird, wie schon aus dem oben Gesagten erhellt, in mehrfachem Sinne verstanden, was Anlaß zu mancherlei Verwirrung ist.

Unter verbrecherischer Eigenart kann zunächst eine Summe von körperlichen oder geistigen Eigenschaften gemeint sein, die jeden Träger dieser Eigenschaften mit Notwendigkeit zum Verbrecher macht. Wer diese Eigenart besitzt, sei sie nun angeboren oder erworben, der ist zum Verbrechen prädestiniert, mögen sich die Verhältnisse auch noch so günstig gestalten. Das ist nichts anderes als der viel berufene Verbrechertypus, dessen Annahme bereits oben abgelehnt wurde.

Die „verbrecherische Eigenart" kann aber noch in anderem Sinne verstanden werden. Dem Individuum werden Eigenschaften zugesprochen, deren Vorhandensein es erklärt, daß dieses Individuum unter bestimmten äußeren Umständen ein Verbrechen begeht, und zwar unter Umständen, die einen anderen nicht zum Verbrecher machen. Sein Wesen hat gewisse Züge, die es von der Mehrzahl der übrigen unterscheidet. Über die Existenz eines derartigen Unterschiedes zwischen den Persönlichkeiten kann nicht gezweifelt werden, denn nur bei ihrer Annahme ist es begreiflich, daß sich die Individuen in gleicher Lage verschieden verhalten. Eine

daß es gewisse körperliche und seelische Zustände im Menschen gibt, die geeignet sind, ein derartiges, der Gesellschaft schädliches Verhältnis der psychischen Kräfte zu fördern. Es handelt sich also hier nicht wie früher um Motive oder Triebe, die zum Verbrechen antreiben, sondern um Zustände, die das Entstehen und Wirksamwerden verbrecherischer Motive begünstigen, ihnen den Boden geben, auf dem sie fruchtbar werden können. Es sind Dispositionen, die insofern als Vorbedingung zum Verbrechen betrachtet werden müssen, als ohne sie jenes Motiv nicht ausschlaggebendes Gewicht erlangt hätte.

Von Dispositionen dieser Art sei im Anschluß an die modernen kriminalpolitischen Untersuchungen und die Gesetzentwürfe zunächst eine Gruppe von vieren genannt. Über jede einzelne derselben ist in den letzten drei Jahrzehnten so viel geschrieben und gesprochen worden, daß es genügt, sie lediglich aufzuzählen:

1. Verwahrlosung eines Jugendlichen,
2. Geistige Minderwertigkeit,

verbrecherische Gesinnung in diesem Sinne hat jeder Deliquent. Die Zurechnung seiner Handlung bedeutet ja nichts anderes als das Urteil: Die Tat ist die wahre Frucht seines Wesens, ist „Geist von seinem Geiste“ (Merkel). Denn ist die Tat seinem Charakter fremd, wie bei Notstand oder Zufall, dann ist die Zurechnung ausgeschlossen.

Allein wir fragen hier nicht nach der Erklärung einer Einzeltat, nach dem Motivenspiel einer bestimmten Persönlichkeit, vielmehr würde es sich darum handeln, typische Motive, typische menschliche Eigenschaften namhaft zu machen, die, wo immer wir sie finden, die Tendenz haben, ihren Träger zum Verbrecher zu machen, ihn mit Wahrscheinlichkeit kriminell werden lassen. Doch auch dieser Gefährlichkeitstypus ist abzulehnen. (Vgl. oben.)

Es bleibt nur übrig, mit Eigenschaften zu arbeiten, die unter bestimmten ungünstigen äußeren Umständen jene gefährliche Tendenz haben. Es bedarf daher immer gewisser Anzeichen, daß diese nur abstrakt gefährlichen Dispositionen in concreto verbrecherische Äußerungen erwarten lassen. Gibt es solche Symptome, dann ist eine kriminalpolitische Behandlung nach der „Eigenart“ der einzelnen Persönlichkeit möglich. Es ist also abzulehnen, wenn z. B. Liepmann, Einleitung S. 207, ganz allgemein sagt: „Wenn der Verbrecher nicht als eine besondere Spezies des Menschengeschlechtes aufzufassen ist..., so ist es überhaupt wissenschaftlich undurchführbar, die Bekämpfung des Verbrechens nach Maßgabe der besonderen Verbrecherindividualitäten zu unternehmen.“

3. Trunksucht,

4. Arbeitsscheu.

Diese vier Zustände haben gemeinsam, daß sie im Falle ihres Zusammentreffens mit anderen ungünstigen Umständen der Kriminalität förderlich sind. Sie sind nicht Verbrechensmotive; doch sind sie, ohne selbständig bewegende Kraft zu besitzen, häufig die Erklärung dafür, daß sich Individuen im Gesellschaftsleben nicht zu halten vermögen. Sie schwächen die Widerstandskraft dauernd und werden so Ursachen der chronischen Gefährlichkeit. — Dieses Moment der Schwäche charakterisiert aber nicht nur die genannten vier Gruppen, sondern noch eine Reihe anderer Individuen, die sich jenen Typen nicht einordnen lassen, weil ihre Schwäche durch keinen der vier Zustände begründet wird. Ich will die Ursachen der Gefährlichkeit hier mangels eines besseren Ausdrucks unter einem Sammelnamen vereinigen, der freilich viele Fälle der schon genannten Typen mitumfaßt:

5. Willensschwäche. — Man kennt den Typus, der hiermit bezeichnet werden soll. Es sind Leute, die oft minderwertig, aber nicht pathologisch sind, die leicht der Versuchung des Alkohols unterliegen, ohne trunksüchtig zu sein, Leute, die auch insofern nicht arbeitsscheu sind, als sie ihre Gefängnisarbeit mit maschinenartigem Fleiß verrichten, die aber in der Freiheit versagen, wo es der Energie bedarf und der Einsicht in den geschäftlichen Vorteil, wo es nicht nur gilt, ein zugemessenes Pensum abzuarbeiten, sondern auch die Gelegenheit zur Arbeit zu suchen und zu finden.

Durchdenkt man das Wesen der eben charakterisierten psychischen Eigenheiten, so gelangt man zu dem Ergebnis, daß sie alle dem Verbrechen zwar einen günstigen Boden bieten, daß aber keine von ihnen an sich zureichender Grund für die tatsächliche Verbrechensbegehung sein kann. Nie kann also lediglich aus der Feststellung dieser Zustände mit Gewißheit auf Gefährlichkeit geschlossen werden. Der Minderwertige z. B. oder der Trunksüchtige kann ganz harmlos sein, und es hängt wesentlich vom Temperament und äußeren Umständen ab, wie sich sein Defekt gegenüber der Allgemeinheit äußert. Ganz deutlich ist das beim Arbeitsscheuen: Wer nicht zu arbeiten braucht, um sich ehrlich fortzubringen, den hindert die Arbeitsscheu nicht daran, einen rechtmäßigen Lebenswandel zu führen, er wird schwerlich je ein nützliches, aber er muß nicht immer ein schädliches Mitglied der Gesellschaft sein. Auf diese Bedingtheit des Gefährlichkeitsurteils ist wohl zu achten. Es steht hier ähnlich wie mit der Motiventafel v. Liszts. Doch während wir dort überhaupt nicht erklären konnten, ob das einzelne Grundmotiv zu sozial förderlichem oder schädlichem Verhalten drängt, so ist es hier doch anders. Der Richter wird im Einzelfall verhältnismäßig leicht zu beurteilen imstande sein, ob die vorgefundene Disposition, etwa Trunksucht, ihren Träger zu einem dauernd gefährlichen Menschen macht oder nicht. Aus welchen Tatsachen dies erschlossen werden kann, ist in der Lehre von den Symptomen zu zeigen.

Das Ergebnis dieser ganzen Untersuchung ist nun freilich ein wenig befriedigendes. Wir müssen uns damit begnügen, einige typische, jedoch nur vag umschriebene Erscheinungen nebeneinander zu stellen, und wir können der Aufzählung nicht den Anspruch auf eine auch nur annähernde Vollständigkeit zubilligen. Wertlos ist sie darum nicht. Jenen fünf bisher genannten Verbrechensursachen entsprechen in der modernen Kriminalpolitik fünf Sicherungsmittel, die gerade dadurch charakterisiert sind, daß sie ihre Spitze gegen eine der fünf genannten Zustände richten. Und bemerkenswerterweise ist auch die offenbare Unvollständigkeit der Aufzählung von praktischer Bedeutung für den Kriminalpolitiker.

Auf den ersten Blick ist nämlich klar, daß jene Aufzählung vornehmlich die schwachen Naturen unter den Verbrechern umfaßt, die starken und gerade gefährlichsten sich nicht ihr einordnen lassen. Man denke an die gewerbsmäßigen Eigentumsverbrecher kleinen und großen Stiles, an die gewohnheitsmäßigen Messerhelden und Sittlichkeitsverbrecher usw. Manche dieser Individuen gehören gewiß in die Gruppe der Minderwertigen, Trunksüchtigen, Arbeitsscheuen, soweit jedoch ihr

6*

Verhalten nicht in einem jener Zustände ihre Erklärung findet, läßt sich heute über die Ursache ihrer Gefährlichkeit kaum Ersprießliches sagen. Die Charakterschilderungen, wie wir sie ab und zu in der Literatur finden, leisten für die Kriminalpolitik nichts, denn sie bieten keinerlei Handhabe für die Anknüpfung staatlicher Sicherungsmittel und sind darum gerade für den Zweck, auf den es uns ankommt, soviel wie wertlos. Das muß offen zugestanden werden, denn das „non liquet", welches die Wissenschaft hier ausspricht, ist für den Kriminalpolitiker von größter Bedeutung. Wenn er die Ursachen der chronischen Gefährlichkeit nicht kennt, da ist beim Versagen der Strafe eine Anwendung von Besserungsmitteln zur Behebung dieser Ursachen nicht möglich. Die praktische Folgerung lautet also: nur bei jenen fünf Gruppen können Besserungsmittel in Betracht gezogen werden, gegen die übrigen gefährlichen Kriminellen muß sich die Gesellschaft in anderer Weise schützen[1]).

[1]) Die IKV. hat sich seit ihrer Hamburger Tagung (1905) nahezu unausgesetzt mit dem Begriff der Gemeingefährlichkeit und seiner kriminalpolitischen Verwendung beschäftigt. Im Vordergrund stand auch hier das Problem einer Einteilung der gefährlichen Individuen in Gruppen und ihre Behandlung je nach der Gruppenzugehörigkeit. Allein zu einer Einteilung auf Grund der Verbrechensursachen ist man auch hier nicht gekommen. Zunächst wurden als gefährlich (unter Ausscheidung der Jugendlichen) die Klassen der Trinker, Arbeitsscheuen, gemindert Zurechnungsfähigen usw. und die der „eigentlichen Rezidivisten oder Unverbesserlichen" nebeneinandergestellt. (v. Liszt, Mitt. 13, 438. — Prins, ebenda 426 ff.) Hier fehlt der einheitliche Einteilungsgrund, denn zuerst wird die Ursache der Gefährlichkeit (Arbeitsscheu usw.), dann die Äußerungsweise der Gefährlichkeit (Rezidivist) ins Auge gefaßt; die Hervorhebung einer bestimmten Ursache auch in diesem letzten Falle ist eben unmöglich. — Dann hat Mittermaier auf der Berliner Tagung der deutschen Landesgruppe (Mitt. 18, 345) die „Unsozialen" in vier Gruppen geteilt: die Geistiganormalen, die Arbeitsscheuen, die Haltlosen, die positiv-Antisozialen. Hierfür gilt dasselbe, eine Einteilung auf Grund der Verbrechensursachen ist dies nicht, da die Frage nach dieser Ursache bei der letzten Gruppe offen bleibt. — Die Brüsseler Debatte (1910) gipfelte in einer Formel, die endlich auch den Kopenhagener Verhandlungen (1912) zugrunde gelegt wurde. Darin wird die Notwendigkeit von besonderen Maßregeln gegen drei Kategorien von „Gemeingefährlichen" betont: „Das Gesetz muß bestimmte Schutzmaßnahmen einführen zur Sicherung der Gesellschaft vor Verbrechern, welche angesichts ihrer Rückfälligkeit,

II.

Zum rechtmäßigen Handeln gehört nicht nur rechtmäßiger Wille, sondern auch die Fähigkeit, sich diesem Willen gemäß zu verhalten. Wer nicht imstande ist, zu handeln, wie es den Interessen der Gesellschaft entspricht, ist gefährlich, mag seine Gesinnung auch eine gute sein. Die Ursachen der Gefährlichkeit liegen hier in den Ursachen dieser Unfähigkeit. Ihre Untersuchung geht am zweckmäßigsten von der Einzeltat aus.

Der Täter hat, ohne daß sein Wille dabei irgendwie beteiligt war, eine schädliche Handlung begangen. Die Ursache dafür kann zunächst in einer äußeren Zwangslage bestehen, wie dies beim Notstand der Fall ist. Der Täter konnte nicht anders handeln, aber der Grund liegt nicht in ihm, sondern in äußeren Umständen. Und gerade so wie oben die äußeren Ursachen des verbrecherischen Verhaltens a limine ausgeschaltet worden sind, so haben wir auch hier diesen Fall nicht weiter zu berücksichtigen. Wiederum wäre es Sache des Sozialpolitikers, nicht die des Kriminalpolitikers, Sorge zu tragen, daß nicht ehrliche

ihrer allgemeinen Lebensführung oder ihrer ererbten, sowie sonstigen persönlichen Eigenschaften gemeingefährlich erscheinen." Diese Formel gibt einen einheitlichen Einteilungsgrund, ist darum logisch einwandfrei. Doch dieser Einteilungsgrund besteht nicht in der Gefährlichkeits ursache, sondern in dem Gefährlichkeitssymptom („welche, angesichts... gemeingefährlich erscheinen"). Die Gruppen sind nicht nach dem Realgrund, sondern nach dem Erkenntnisgrund der Gefährlichkeit geschieden. Und versucht man auf die Ursachen der Kriminalität zurückzugehen, so bleibt das Ergebnis für die eine der Gefährlichkeitsformen, für die Rückfälligkeit, jedenfalls ein negatives. Bei der Aufstellung der Formel dachte man nämlich, wie Nabokoff hervorhebt (Mitt. 20, 163), an die Gruppen a) der Bettler und Landstreicher, b) der Trinker und Minderwertigen, und endlich c) der Rückfälligen. Ganz analog umfaßt die Formel nach Garraud (20, 233) a) die fous et demi-fous, b) die vagabonds ect, c) und die récidivistes. Wie man sich also auch ausdrücken mag, bezüglich der einen Gruppe bleibt es bei der Hervorhebung des Gefährlichkeitssymptomes; die Angabe der Gefährlichkeitsursache ist eben hier nicht möglich, weil wir sie nicht kennen, oder wenigstens nicht typisch zu fassen vermögen. Es ist nötig, dies einzugestehen und nicht immer schlechthin die „Bekämpfung des Verbrechens durch Bekämpfung der Verbrechensursachen" als unser Ziel hinzustellen, wo wir doch bezüglich der größten und wichtigsten Verbrechergruppe die Ursachen ihrer Kriminalität nicht anzugeben vermögen, zur Bekämpfung dieser Ursachen also die selbstverständlichste Vorbedingung fehlt.

Menschen etwa durch Not und Mangel zu schädlichen Taten gezwungen werden.

Sieht man von diesen äußeren Umständen ab, so ist das Verhalten des Individuums nur durch ein in seiner Person gegegenes Manko erklärbar, welches ihm die Möglichkeit rechtmäßig zu handeln versagt. Dieses Manko kann nun entweder darin zu suchen sein, daß der Mensch „nicht die Fähigkeit besitzt, das Unrecht seiner Tat einzusehen", oder nicht die Fähigkeit besitzt, „dieser Einsicht gemäß zu handeln". In jenen Worten des österreichischen Entwurfes (§ 3) sind m. E. die psychischen Ursachen des rechtswidrigen Verhaltens eines nicht rechtswidrig gesinnten Menschen erschöpfend angegeben. Hat das Individuum anders gehandelt, als es seiner ethischen Gesinnung entspricht, so kann es seinen Grund nur darin haben, daß er blind war für die Folgen seines Tuns, oder trotz richtiger Einsicht sein Verhalten danach zu lenken nicht imstande war. Als Ursachen dieser Unfähigkeit kommen nun, wie die Erfahrung lehrt, vier in Betracht. Dabei ist im Auge zu behalten, daß hier noch von der einzelnen Tat, nicht von dispositioneller Unfähigkeit die Rede ist: 1. Geistige Unreife, 2. Geistesstörung, 3. Volltrunkenheit, 4. Unwissenheit. Eine Erläuterung bedarf nur der letzte Punkt. Wem es an der nötigen Kenntnis und Urteilskraft gebricht, um die Folgen seines Handelns vorauszusehen, oder wer trotz richtiger Voraussicht mangels des nötigen Wissens und der nötigen Fertigkeit sie nicht abwehren kann, der verursacht Schäden, ohne es zu wollen. Auch ihm fehlt die Fähigkeit, das Unrecht seiner Tat einzusehen und dieser Einsicht gemäß zu handeln; seine (augenblickliche) Gefährlichkeit beruht nicht auf bösem Willen, sondern auf Unfähigkeit zu richtigem Verhalten. Jede zufällige Verletzung gehört hierher.

Wir haben es nun lediglich mit der chronischen Gefährlichkeit zu tun. Von dieser kann nur dann die Rede sein, wenn zwei Bedingungen verwirklicht sind: wenn erstens die Unfähigkeit auf einem dauernden Zustand beruht, so daß wir wiederholte Wiederkehr eines derartigen Verhaltens erwarten müssen, und wenn zweitens dieses ungewollte Verhalten voraussichtlich ein schädliches ist, so daß von einer Gefahr gesprochen werden kann. Daher ergeben sich als mögliche Ursachen der Gefährlichkeit:

1. Geisteskrankheit. Die früher erwähnte Geistesstörung kann vorübergehender Natur sein. Nur wenn sie andauert oder sich immer zu wiederholen droht, wenn sie also durch eine geistige Erkrankung hervorgerufen ist, kann von einer chronischen Disposition die Rede sein.

2. Trunksucht. Hier steht es ganz analog. Die Volltrunkenheit ist ein akuter Zustand, sie gibt darum an sich nicht Anlaß zu einem Sicherungsmittel. Beruht sie auf Trunksucht, so ist oftmalige Wiederholung zu erwarten [1]).

3. Geistige Unreife. Diese ist an sich ein chronischer Zustand, gemeint sind unmündige Personen und jene Jugendlichen, die „nach dem Stande ihrer Entwicklung nicht die Fähigkeit besitzen, das Unrecht ihrer Tat einzusehen oder dieser Einsicht gemäß zu handeln" (§ 5 ÖE.).

4. Unwissenheit. Im allgemeinen wird man schwerlich sagen können, daß Dummheit und Unwissenheit gesellschaftsgefährliche Eigenschaften sind. Allein sie können es sein und sind es dann, wenn das Individuum nach den Umständen dauernd Gelegenheit und Anlaß hat, durch seine Unwissenheit Schaden zu stiften. So ist es, wenn der Unwissende oder Ungeschickte, wie etwa als Arzt, Chauffeur oder Baumeister einen Beruf ausübt, in welchem er infolge seiner Unfähigkeit die Interessen seiner Mitmenschen verletzt.

Die letzte Erwägung gilt auch analog für die drei übrigen Gruppen. Die genannten Zustände sind nie an sich gefährlich. Das Kind ist es nur dann, wenn es verwahrlost ist, der Trunk-

[1]) Es fällt auf, daß wir oben (ad I) bereits die Trunksucht als Ursache verbrecherischer. Gefährlichkeit eines Willensfähigen genannt haben und daß sie nun hier als Ursache der Gefährlichkeit eines Willensunfähigen wiederkehrt. Das ist wohl berechtigt. Der Alkoholismus kann eben in zweierlei Weise den Menschen gemeingefährlich machen. Einerseits indem er seinen Willen zum Verbrechen anreizt bzw. seine Gegenmotive schwächt und ihn so — im Zustand der Nüchternheit oder Halbtrunkenheit — zum Verbrecher werden läßt, anderseits indem er seinen Willen vernichtet und ihn — im Zustand der Volltrunkenheit — zu gefährlichen Ausschreitungen treibt.

süchtige und der Geisteskranke nur dann, wenn er zu schädlichen Ausschreitungen neigt. — Es steht also mit allen diesen Gefährlichkeitsursachen gerade so wie mit den ad I genannten Ursachen des gefährlichen Willens. Sie sind nur abstrakte Gefährlichkeitsursachen. Nie kann aus der Feststellung des betreffenden Zustandes mit Sicherheit auf die Gefährlichkeit seines Trägers geschlossen werden. Es bleibt vielmehr stets in concreto zu untersuchen, ob infolge dieses Zustandes künftige Delikte zu erwarten sind. Allein, wenn auch nicht einer dieser Zustände zureichender Grund der Gefährlichkeit ist, so bleibt seine Feststellung im Einzelfall doch von Bedeutung. Denn es kann im Einzelfall aus der Dauer des Zustandes auf die Dauer der Gefährlichkeit geschlossen, von der Behebung des Zustandes die Behebung der Gefährlichkeit erhofft werden.

Indem wir zum Schluß Zusammengehöriges verbinden, können wir sechs in Typen faßbare, abstrakte Gefährlichkeitsursachen aufzählen: 1. Jugendliches Alter, 2. Arbeitsscheu, 3. Trunksucht, 4. Willensschwäche, 5. Geistige Krankheit und Minderwertigkeit, endlich 6. Berufsunfähigkeit. — Die Aufzählung enthält offensichtlich nicht alle Gefährlichkeitsursachen. Allein, bezüglich dieser sechs Fälle ist wenigstens die eine Vorbedingung dafür gegeben, bei Versagen der Strafe ein Besserungsmittel anzuwenden: wir kennen die Ursache der Gefährlichkeit.

d) Einteilung der Sicherungsmittel nach der Gefährlichkeit.

Die Art, in der der Staat gegen gefährliche Personen auftritt, hat sich nach der Art ihrer Gefährlichkeit zu richten [1]).

[1]) Nur nebenbei sei hier bemerkt, daß der Staat nicht nur die verbrecherische Äußerung, sondern schon die Entstehung des état dangereux zu verhüten trachten muß. Neben den sozialpolitischen Maßregeln, die hier an erster Stelle stehen, kommen auch strafpolitische in Betracht. So a) zur Verhütung der Verwahrlosung eines Jugendlichen Strafdrohungen gegen Eltern, die ihre Erziehungspflichten vernachlässigen und mißbrauchten; auch gewisse Sittlichkeitsdelikte (vgl. z. B. 266 ÖE.) sind unter diesem Gesichtspunkte

Und diese ist verschieden, je nach der Quelle, der sie entspringt und je nach der Möglichkeit oder Unmöglichkeit, sie durch staatliche Vorkehrungen zu verschließen. Diese beiden nun gewonnenen Kriterien — Ursache und Prognose der Gefährlichkeit — sind also der Einteilung der Sicherungsmittel zugrunde zu legen.

Allein wenn auch die kriminalpolitische Behandlungsweise der Eigenart des Verbrechers anzupassen ist, so soll damit nicht gesagt sein, daß der Verbesserliche in jedem Falle anders als der Unverbesserliche behandelt werden, noch daß die Verschiedenheit der Gefährlichkeitsursache stets eine Verschiedenheit der Bekämpfungsart zur Folge haben müsse. Dies ist wohl zu beachten, denn es ist weit entfernt, comunis opinio zu sein.

a) v. Liszt war es bekanntlich, der zum erstenmal eine strenge Dreiteilung der Verbrecher und eine ihr genau entsprechende Dreiteilung der Verbrechensbehandlung aufgestellt hat. Das Schema, das er selbst als Rückgrat und Grundlage seiner ganzen Kriminalpolitik bezeichnet, lautet: Abschreckung des Augenblicksverbrechers, Besserung des verbesserlichen Zustandsverbrechers, Unschädlichmachung des unverbesserlichen Zustandsverbrechers. Die schlagwortartige Einfachheit dieses Systems hat seine Wirkung nicht verfehlt. Allein dem heutigen Stand der Kriminalpolitik gegenüber es folgerichtig durchzuführen, ist unmöglich.

Zwar haben auch wir die Unterscheidung zwischen verbesserlichen und unverbesserlichen Verbrechern angenommen; ebenso haben auch wir — wie v. Liszt die Strafen — die sichernden Maßnahmen in Mittel zum Zwecke der Besserung und in Mittel zum Zwecke der Unschädlichmachung eingeteilt. Allein die Auffassung, die dem Lisztschen Gedankengang sein

zu werten. b) Zur Verhütung der Trunksucht die — freilich meist nur bedingte — Bestrafung der Trunkenheit. c) Zur Verhütung der Arbeitsscheu: die Bestrafung des Betteln und Landstreichens (vgl. dazu Begründung zum GE. 203). d) Endlich ganz allgemein zur Verhütung der verbrecherischen „Einübung" (Tesar) überhaupt: auf der einen Seite eine energische Rückfallverschärfung; auf der anderen Seite eine besonders vorsichtige Behandlung des Erstlingsverbrechers: bedingte Verurteilung, Einzelhaft usw.

Gepräge gibt, die Auffassung von dem genauen gegenseitigen Entsprechen jener beiden Personengruppen und dieser beiden Behandlungsmethoden, ist abzulehnen. Daß allerdings ein Besserungsmittel dem Unverbesserlichen gegenüber nie statthaben kann, ist eine logische Notwendigkeit. Nicht aber eine logische Notwendigkeit ist die Umkehrung des Satzes. Wenn gegen Unverbesserliche nur Schutzmittel anwendbar sind, so folgt daraus nicht, daß sie gegen Verbesserliche nicht angewandt werden können. Soviel ist zunächst jedenfalls klar: der Zweck, Schutz der Gesellschaft, ist gegenüber dem Verbesserlichen auch dann erreicht, wenn wir ihn — ohne jeden Besserungsversuch — durch Änderung der äußeren Bedingungen an weiteren Verbrechen hindern. Es kann sich nur fragen, ob dies tunlich ist, und das muß, wie noch zu zeigen sein wird, unter Umständen in der Tat bejaht werden. Freilich, wer unter Unschädlichmachung nur die gänzliche Vernichtung jeder Handlungsfreiheit versteht, wird dem nicht beipflichten. Allein es gibt Maßregeln, die nicht so weit gehen und dennoch die Verbrechensbegehung hindern, Maßregeln, die ohne den Gefährlichen irgendwie zu bessern, die Gefahr beheben, die also in wahrem Sinne Schutzmittel sind. Ich nenne beispielsweise die Ausweisung, die Aufenthaltsbeschränkung, das Berufsverbot, die Entziehung der Konzession, die Aberkennung der väterlichen Gewalt. Diesen auch von Liszt gebilligten Maßnahmen gegenüber, läßt sich sein kriminalpolitisches System nicht mehr halten: Entweder man rechnet sie zu den Mitteln der Unschädlichmachung, dann muß man, da ihre Anwendung natürlich nicht auf Unverbesserliche beschränkt ist, zugeben, daß unter Umständen auch verbesserliche Verbrecher unschädlich zu machen sind, oder man rechnet sie nicht zu den Mitteln der Unschädlichmachung, dann aber muß man — da es sich hier um Besserungsmittel offenbar nicht handelt — das Dreiersystem der Bekämpfungsmethoden aufgeben.

Das erste ist das richtige: Schutzmittel sind auch auf Besserungsfähige anwendbar und daraus folgt: Die Prognose hat für die Art ihrer Bekämpfung nur insoweit Bedeutung, als Besserungsmittel bei Unverbesserlichen ausgeschlossen sind.

b) Ebenso spielt die Ursache der Gefährlichkeit bei der Ausgestaltung der Sicherungsmittel nur eine beschränkte Rolle. Das Schlagwort der modernen Kriminalpolitik „Bekämpfung des Verbrechens durch Bekämpfung seiner Ursachen!“ hält nicht durchwegs Stich. Es gilt uneingeschränkt für die Besserungsmittel; aber keineswegs ebenso für die Schutzmittel. Um auch hier nur ein Beispiel zu nennen: Die gemeingefährlichen unverbesserlichen Verbrecher werden durchwegs gleich behandelt, mag nun ihre Gefährlichkeit auf Arbeitsscheu, auf Trunksucht oder auf einer anderen Verbrechensursache beruhen.

Es soll nun an der Hand der Entwürfe eine Übersicht über die Sicherungsmittel gegeben werden. Dabei beschränken wir uns im wesentlichen auf Vorführung einer systematischen Tabelle und schicken nur — der Anlage dieser Arbeit entsprechend ohne weitgehende Einzelkritik — einiges zur Erläuterung voraus.

I. Die Besserungsmittel. Sie zielen darauf ab, die im Individuum liegenden Ursachen seiner Gefährlichkeit zu beheben. Sie alle setzen darum Besserungsfähigkeit voraus und sind jeweils verschieden nach der Verschiedenheit der Gefährlichkeitsursachen. Wir hatten im voranstehenden Abschnitt deren sechs namhaft gemacht. Es sind nun die Maßregeln aufzuzählen, die unsere neue Gesetzgebung zu ihrer Bekämpfung vorschlägt.

1. Besserungsmittel für Jugendliche. Alle Entwürfe stimmen darin überein, daß sie für Kinder und Jugendliche, die verwahrlost sind oder wenigstens es zu werden drohen, staatlich geregelte Erziehungsmittel vorschreiben: Einweisung in Erziehungs- oder Besserungsanstalten, Unterbringung in einer verläßlichen Familie oder auch staatliche Überwachung der Erziehung im eigenen Hause. Voraussetzung dieser Sicherungsmittel ist lediglich die Erziehungsbedürftigkeit; denn die Erziehungsfähigkeit kann bei Menschen dieses Alters wohl präsumiert werden. Die Verfasser des österreichischen Entwurfes teilen freilich nicht völlig diesen optimistischen Standpunkt:

Nur bei Unmündigen (§ 4) ist die Maßregel eine unbedingte, bei Jugendlichen soll sie nur dann angewendet werden, wenn das Individuum „voraussichtlich" gebessert werden kann (58). Danach gibt es auch jugendliche Personen, die um ihrer Unverbesserlichkeit willen nicht Gegenstand staatlicher Erziehungsmaßnahmen sein können. Würde damit ernst gemacht, so wäre es bedenklich. Der schweizerische Entwurf sieht für die besonders bösen Fälle die Verweisung in eine eigene Anstalt vor (11).

2. Arbeitsscheu. Es ist bekanntlich sehr bestritten, ob es möglich ist, unsere Arbeitsanstalten so einzurichten, daß sie als wirksame Besserungsmittel gegen arbeitsscheue Erwachsene angesehen werden können. Das Ideal einer derartigen Anstalt müßte es sein, den Menschen „zu einer Arbeit zu erziehen, die seiner Fähigkeit entspricht und ihn in den Stand setzt, in der Freiheit seinen Unterhalt zu erwerben" (32 schw. VE., 68 GE.). Die bisherigen Erfahrungen freilich scheinen gegen diese Erwartung zu sprechen [1]). In der Tat folgt der österreichische Gesetzgeber auch hier der pessimistischen Richtung. Er lehnt das Arbeitshaus als allgemeines, primäres Besserungsmittel ab und will es nur als eine besondere Maßnahme für bestimmte Formen der kleinen Kriminalität beibehalten [2]). Wie dem auch sei, faßt man das Arbeitshaus wie alle übrigen Entwürfe als Besserungsmittel, so muß Voraussetzung der Einweisung die Besserungsfähigkeit des Individuums sein, es ist

[1]) Dabei darf freilich nicht vergessen werden, daß die Besserungsfähigkeit derzeit nicht Voraussetzung der Einweisung ist, so daß es in der deutschen Praxis nicht selten vorkommen soll, daß Personen nach mehr als 80maliger Vorbestrafung zum erstenmal dem Arbeitshaus überwiesen werden! v. Jarotzky, Die Arbeitsanstalt (Brauweiler 1910), 12 und die bekannten Schriften v. Hippel's.

[2]) 18 ÖEinfgE. In gewissem Sinne kann man dies auch Optimismus nennen: der ÖE. glaubt schon durch den Strafvollzug, den er progressiv ausgestaltet hat, die Erziehung zur Arbeitsamkeit zu erreichen, Erl. Bem. S. 86. — Vgl. Graf Gleispach, Mitt. d. IKV. 19, 538: Im wesentlichen ist der Vorschlag eines erweiterten Anwendungsgebietes des Arbeitshauses (nach dem deutsch. Entw.) nur auf das Mißtrauen zurückzuführen, ob die Vorschläge des Entwurfes bezüglich einer zweckentsprechenden Bestrafung der noch nicht aussichtslosen Verbrecher verwirklicht werden. — Vgl. auch die auf der Münchener Tagung der IKV. angenommene These (Mitt. 19, 588).

daher als physische Bedingung die Arbeitsfähigkeit (so alle Entwürfe) als psychische die voraussichtliche Erzieharbeit zu fordern (schw. E.), d. h., wie oben erörtert, die Prognose, daß gerade das Mittel des Arbeitshauses geeignet erscheint, den Verurteilten wieder an ein gesetzmäßiges und arbeitsames Leben zu gewöhnen (68 GE., 42 DVE.).

3. Trunksucht. Hier steht es ganz analog. Der Trunksüchtige, wofern er „voraussichtlich heilbar ist" (33 schw. E.), wird in eine Heilanstalt gebracht, um ihn „wieder an ein gesetzmäßiges und geordnetes Leben zu gewöhnen" (43 DE. und 69 GE.). Auch hier wieder ist Verbesserlichkeit Voraussetzung, und auch hier weicht der österreichische Entwurf von den übrigen ab. Er kennt nämlich kein Besserungsmittel gegen Trunksüchtige, verzichtet also auf die Heilung heilbarer Fälle, wofern nicht ein besonderer Grad der Gefährlichkeit vorliegt, der die Einweisung in die Irrenanstalt (als Schutzmittel) rechtfertigt[1]).

4. Willensschwäche. Mit diesem Sammelnamen hatten wir eine Charakteranlage bezeichnet, die nicht nur selbständige kriminelle Bedeutung hat, sondern oft der Untergrund auch für die anderen eben erwähnten Verbrechensdispositionen ist. Sie muß wohl die generellste Verbrechensursache genannt werden. Um so bedenklicher ist, daß der Staat wenigstens erwachsenen Personen gegenüber zur Kräftigung des Charakters und Willens, zur Behebung jener gefährlichen Anlagen kaum irgend etwas beizutragen vermag. Damit ist jedoch noch nicht gesagt, daß „Besserungsmittel" hier absolut ausgeschlossen sind. Es kann der Schwache gestützt, ihm der Weg des Rechts erleichtert, ihm Schutz vor äußeren und inneren Versuchungen gewährt werden. Und gelingt dies, so ist das Individuum, das

---

[1]) v. Liszt, Österr. Z. I, 9 f., meint, bei der Einweisung in die Trinkerheilanstalt nach dem schw. E. und dem DVE. spiele die Gefährlichkeit keine Rolle, „Die Einweisung ist eine Maßregel der Fürsorge für den Täter, nicht des Schutzes der Gesellschaft. Der Begriff der sichernden Maßnahme versagt." — Vgl. auch E. Baumgarten Z. 33, 570. — Wäre Fürsorge die ratio der Maßregel, so hätte es keinen Sinn, sie an die Voraussetzung zu knüpfen, daß ein Verbrechen mit der Trinkergewohnheit in Zusammenhang stehe. Die ratio bleibt Heilung eines Verbrechers, um künftige Delikte dieses Verbrechers zu verhüten. Vgl. dazu oben Seite 60, Anm. 1.

ja nur aus Haltlosigkeit zum Verbrechen neigt, nicht mehr gefährlich, ja es wird vielleicht durch Gewöhnung mittelbar gebessert werden können. Freilich, was unser geltendes kontinentales Recht und auch die Entwürfe in dieser Richtung bestimmen und vorschlagen, ist nicht mehr als ein Keim zu derartigen Bestrebungen. Ich denke vor allem an die Schutzaufsicht und jene Maßregeln, die wir unter dem Schlagwort „Sträflingsfürsorge" zusammenzufassen pflegen, wozu natürlich auch analoge Maßregeln für die Häftlinge der Besserungs- und Sicherungsanstalten zu treten hätten. — Der Gegenentwurf ist der einzige, der der Schutzaufsicht ein gebührendes Anwendungsgebiet zuweist. Der Zweck der Schutzaufsicht ist nach seinen Worten (60) „den Entlassenen zu überwachen, vor schlechter Gesellschaft und nötigenfalls vor Genuß geistiger Getränke zu bewahren, ihn zu beraten und ihm insbesondere zur Erlangung einer passenden Stellung behilflich zu sein". Es ist klar, daß danach die Maßregel nicht nur, wie es die anderen Entwürfe wollen, auf Jugendliche, sondern auch auf Alkoholiker (18, 69 GE.) und auf vermindert Zurechnungsfähige (14 GE.), aber nicht nur hier, sondern prinzipiell unbeschränkt anwendbar ist. Die Schutzaufsicht muß daher auch nicht notwendig mit der bedingten Verurteilung oder vorläufigen Entlassung (24, 55 ÖE.) verbunden sein, denn obwohl hier besonders aussichtsreich, kann sie doch ebenso auch an den vollendeten Strafvollzug und an einen Freispruch (wegen Unzurechnungsfähigkeit) mit Erfolg sich anschließen (60, 69 GE.). — In die Kategorie der Sträflingsfürsorge gehören die Bestimmungen des österreichischen Strafprozeßentwurfes (570, 579), wonach die verdiente Arbeitsprämie bei der Entlassung des Sträflings nicht ihm persönlich ausgezahlt, sondern einem Fürsorgeverein übergeben werden kann, und ferner die weit wichtigere Norm, daß die Anstaltsvorsteher bei Sträflingen bis zu 20 Jahren im Einvernehmen mit Organen der Fürsorge „für den Eintritt des Entlassenen in einen redlichen Erwerb zu sorgen" verpflichtet sind. Doch das alles sind nur Ansätze. Einen weiteren Ausbau werden sie erst dann finden, wenn die Gesellschaft bei wachsendem Verantwortlichkeitsgefühle, für organisierte Fürsorgetätigkeit gewonnen wird, und der Staat sich entschließt, mit kräftiger Hand jene private Unternehmungen seinem eigenen Straf- und Schutzsystem anzugliedern.

Damit sind die Besserungsmittel unserer heutigen Kriminalpolitik erschöpft. Wir hatten oben allerdings noch zwei weitere Gruppen von Gefährlichkeitsursachen genannt, die geistige Krankheit und Minderwertigkeit einerseits, die Berufsunfähigkeit anderseits. Allein ihre Bekämpfung geschieht nicht durch Besserungsmittel im technischen Sinne. Zunächst führt keiner der Entwürfe ein besonderes Besserungsmittel für Minderwertige und Wahnsinnige ein, denn diese Kranken werden, ob sie nun heilbar sind oder nicht, in Anstalten eingewiesen und hier nach rein medizinischen Grundsätzen behandelt. Die Maßregel ist inhaltlich stets dieselbe und wird nach gleichen Prinzipien vollzogen, von einem Unterschied zwischen Schutz- und Besserungsmittel kann also hier nicht die Rede sein. — Ebenso gibt es kein Besserungsmittel gegen Berufsunfähigkeit. Die Besserung könnte hier nur in Belehrung bestehen. Da liegt allerdings die Versuchung nahe, die Bestimmung des österreichischen Einführungsgesetzentwurfes hierher zu zählen: „Hat jemand in einem Beruf oder Gewerbe, dessen Ausübung vom Nachweise besonderer Kenntnisse oder Fertigkeiten abhängt, eine mit mehr als 6 Monaten Freiheitsstrafe bedrohte Tat mangels der Kenntnisse oder Fertigkeiten begangen, die zu diesem Beruf oder Gewerbe erforderlich sind, so kann ihm die zuständige Verwaltungsbehörde die Ausübung des Berufes.... für so lange untersagen, bis er den Nachweis erbracht haben wird, daß der Mangel behoben sei." (Art. 49,2.) Diese Maßregel kann insofern wie ein Besserungsmittel gegen Unfähigkeit wirken, als sie z. B. den unfähigen Arzt veranlassen soll, in erneuten Studien sich die nötigen Kenntnisse anzueignen. Allein diese Bestimmung zwingt ihn nicht zu derlei Studien, sondern will nur bis zum Erwerb der erforderlichen Kenntnisse ihn von der Praxis fernhalten. Sie will also die Gesellschaft vor dem unfähigen Arzt schützen, ihn selbst für die Dauer dieser Unfähigkeit unschädlich machen. Wir haben es nicht mit einem Besserungsmittel, sondern im strengsten Sinne des Wortes mit einem Schutzmittel zu tun.

II. Die Schutzmittel. Sie haben mit den Besserungsmitteln gemein, daß sie eine Gefahr von der Gesellschaft abwenden sollen, doch erstreben sie dies Ziel nicht durch Behebung der inneren, im Individuum liegenden Bedingungen der Gefährlichkeit, sondern durch Veränderung der äußeren Bedingungen. Sie sollen nicht bessern, sind daher auf Verbesserliche und Unverbesserliche in gleicher Weise anwendbar. Sie sollen nicht die Ursachen der Gefährlichkeit beheben, ihr Inhalt richtet sich daher nicht wie beim Besserungsmittel nach der Art der Gefährlichkeit. Es handelt sich um Änderung der äußeren Verbrechensbedingungen; das System der Schutzmittel hat sich also im Gegensatz zu dem der Besserungsmitteln nicht nach der Art der inneren, sondern nach der Art der äußeren Bedingungen zu orientieren, die zum Zwecke der Verbrechensverhinderung modifiziert werden müssen. Auf sie ist nunmehr das Augenmerk zu legen.

1. Die erste, selbstverständlichste Bedingung aller Gefährlichkeit — zugleich die Voraussetzung aller weiteren Voraussetzungen — ist die Existenz der Person. Vernichtet man die Existenz, so ist dies die denkbar wirksamste Unschädlichmachung. Allein die Tötung eines Menschen ausschließlich zum Zwecke der Sicherung entspräche unserer heutigen Einschätzung des Menschenlebens nicht. Eine andere Zeit dachte darüber anders. Uns steht dieses Mittel nicht mehr im richtigen Verhältnis zum Zwecke[1]), insbesondere da der annähernd gleiche Erfolg durch ein anderes Schutzmittel erreichbar ist. Nur bei juristischen Personen ist ein Schutzmittel, das auf Existenzvernichtung zielt, angängig. Es ist dies die Maßregel der Auflösung[2]).

2. Eine weitere typische Bedingung der Gefährlichkeit eines Menschen ist seine persönliche Freiheit. Ohne Freiheit kein Verbrechen, das ist die Regel. Durch Beschränkung und Entziehung der Freiheit kann also die Verbrechensbegehung erschwert und verhindert werden. Die Entwürfe wenden diese

[1]) Vgl. oben S. 5 f.
[2]) Vgl. oben S. 53.

Maßregel gegen zwei Gruppen gefährlicher Personen, gegen geistig Kranke und Minderwertige und gegen unverbesserliche Verbrecher an. Müßte man nicht auch hier auf ein richtiges Verhältnis zwischen Zweck und Mittel bedacht sein, so könnte freilich diese Maßregel viel weitere Anwendung finden, und dadurch die Gesellschaft noch vor vielen anderen Schädlingen mit Erfolg geschützt werden. Allein die langdauernde Freiheitsentziehung ist ein derartig schwerer Eingriff, daß er, abgesehen von Kranken, deren eigenes Interesse dem sozialen hier nicht widerspricht, nur bei den gefährlichsten Verbrechen angewendet werden kann. Zur Abwendung einer nur unbedeutenden Gefahr soll kein Mensch auf lange Zeit seine Freiheit verlieren. Diese Erwägung liegt zwar nicht in der Konsequenz des Sicherungsgedankens, ist aber geeignet, dessen Konsequenzen zu beeinflussen. Unsere Entwürfe stimmen hierin überein, wenn auch die Fassung und juristische Abgrenzung jener „unsozialen Elemente" bei ihnen keineswegs gleich ist. Die beiden in Betracht kommenden Kriterien, die Frage der Prognose und der Grad der Gefährlichkeit, werden von den einzelnen Gesetzgebern in verschiedener Weise verwertet. Der schweizerische Entwurf betont den Hang zum Verbrechen, die Unverbesserlichkeit, und läßt den Gesichtspunkt des Gefährlichkeitsgrades zurücktreten. Das norwegische Strafgesetzbuch betont gerade die Gefährlichkeit und läßt die Frage der Prognose zurücktreten, der österreichische Entwurf kombiniert beide Gesichtspunkte: die besonders gefährlichen, die sich voraussichtlich auch künftig vom Verbrechen nicht werden abhalten lassen, sollen getroffen werden. Ähnlich der Gegenentwurf und nun auch der Beschluß der deutschen Strafrechtskommission[1]). Danach scheinen die Verbrechergruppen, die von den Entwürfen jeweils ins Auge gefaßt sind, gänzlich verschieden zu sein; allein bei näherem Zusehen ändert sich das Bild. Nach allen diesen Bestimmungen ist nämlich die Verwahrung an die Bedingung einer größeren Anzahl von Vorstrafen geknüpft[2]); dadurch

[1]) Vgl. Art. 31 schw. VE., § 65 Norweg. Stgb., § 38 ÖE., § 98 GE., endlich Ebermayer S, 26f.

[2]) Norwegen verlangt nicht Vorstrafen, sondern Vordelikte.

scheidet für jene Entwürfe, welche die Unverbesserlichkeit nicht ausdrücklich zur gesetzlichen Voraussetzung erheben, bereits der größte Teil der Verbesserlichen aus. Anderseits wird nach dem schweizerischen Entwurf, der die Gemeingefährlichkeit nicht besonders hervorhebt, nur derjenige verwahrt, welcher nach Verbüßung „vieler" Freiheitsstrafen nunmehr wegen eines Verbrechens vor dem Richter steht. Ein derartiges Individuum wird aber meist gemeingefährlich im Sinne der anderen Entwürfe sein[1]). Wenn wir also von der Norm auf das Normierte, von den formulierten Voraussetzungen auf die diese Voraussetzungen verwirklichende Verbrechergruppe hinüberschauen, so sehen wir, daß durch die sehr verschiedenen Bezeichnungen im wesentlichen eine einheitliche Gruppe getroffen wird; es sind die unverbesserlichen Gemeingefährlichen, deren Kreis freilich in den einzelnen Entwürfen verschieden weit gezogen ist.

3. Ähnlich kann als äußere Bedingung für die meisten der praktisch bedeutsamen Verbrechen der Aufenthalt des Individuums im Staatsgebiet betrachtet werden. Durch seine Entfernung aus dem Lande werden also in aller Regel weitere schädliche Handlungen, soweit sie für den inländischen Gesetzgeber in Betracht kommen, unmöglich gemacht. — Die juristische Natur der Ausweisung ist bestritten. Da ihr Zweck Schutz der Gesellschaft vor einem gefährlichen Menschen, also Spezialprävention ist, so ist sie sichernde Maßnahme; da sie ferner in keiner Weise auf Besserung des Individuums zielt, ein Schutzmittel. Nur der österreichische Entwurf (40) hat diese Auffassung klar zur Geltung gebracht, während der schweizerische Entwurf (44) und der deutsche Entwurf (53) sie als Nebenstrafe auffassen, und der Gegenentwurf (79) die Natur dieses Institutes im ungewissen läßt. Der österreichische Entwurf hat daher als einziger, eben weil es sich um eine sichernde Maßnahme und nicht um eine Strafe handelt, die Gefähr-

[1]) Freilich nicht immer. Die Regelung des ÖE. und GE. ist vorzuziehen. Auch der englische prevention act von 1908 stellt auf Gewohnheitsmäßigkeit, nicht auf Gefährlichkeit ab und hat dadurch zu Unzukömmlichkeiten geführt, so daß man an eine Abänderung denkt. Vgl. Behrend, Monatsschr. f. Krimps. 8, 290 ff.

lichkeit des Ausländers zur Voraussetzung der Maßregel gemacht (40) und sie, der Sache nach, nicht auf Verbrecher beschränkt. Wahnsinnige und gemindert Zurechnungsfähige werden nämlich, wie bereits erwähnt, wenn sie Ausländer sind, nicht in Irrenanstalten verwiesen, sondern an das Ausland abgegeben.[1]) Von einer Ausweisung im technischen Sinne kann allerdings hier nicht die Rede sein, doch die Idee des Institutes, der Schutz des Inlandes vor gefährlichen Ausländern kehrt hier wieder[2]).

Der Verlust der Existenz, die Entziehung der Freiheit und die Landesverweisung haben zur Folge, daß die ganze Wirkungssphäre des Individuums, soweit sie für den inländischen Gesetzgeber in Betracht kommt, unterbunden wird. Darin läßt sich diesen Schutzmitteln noch etwa die Deportation an die Seite stellen, welche aber von unseren Entwürfen nicht rezipiert wird. Man kann in allen diesen Fällen von absoluter Unschädlichmachung sprechen. Das ist freilich cum grano salis zu nehmen. Auch der in einer Anstalt Verwahrte hat noch Freiheit genug, um Wärter und Mithäftlinge zu schädigen, der Ausgewiesene noch die Möglichkeit, vom Ausland her den nationalen Gütern gefährlich zu werden. Aber die Unschädlichmachung ist doch insofern eine absolute, als sie dem Individuum, soweit dies ohne Tötung überhaupt möglich ist, die Fähigkeit zu verbrecherischer Tätigkeit nach allen Richtungen beschränkt, ihm also nicht nur einzelne bestimmte Angriffsmöglichkeiten abschneidet. Dadurch unterscheiden sie sich von den folgenden Maßregeln, die man relative Schutzmittel nennen kann. Sie beschränken die Freiheit des Individuums nur teilweise und erschöpfen sich darin, ihm gerade nur die in concreto bedeutsamen Betätigungsmöglichkeiten zu nehmen. Die Wirkungssphäre des Individuums wird hier nur nach der Seite unterbunden, von der man Verbrechen zu erwarten Grund hat, während ihm

[1]) Vgl. oben S. 56.

[2]) Vgl. die Forderung der schweizer Irrenärzte, daß die Landesverweisung auf Wahnsinnige erstreckt werde. Verh. der II. Exp.-Kom. I, 324. — Maier, Schw. Z. 22, 310.

sonst die Handlungsfreiheit, auch die Freiheit zu verbrecherischen Handlungen gelassen wird. Auch sie sind Mittel der Unschädlichmachung, denn sie packen das Individuum gerade dort, wo es schädlich zu werden droht. So ergeben sich uns eine Reihe weiterer Schutzmittel; zunächst:

4. Die Beschränkung der Bewegungsfreiheit. Hierher gehört die Aufenthaltsbeschränkung nach dem deutschen Vorentwurf (53). Wenn nämlich der Aufenthalt eines Verbrechers „an bestimmten Orten mit einer besonderen Gefahr für einen anderen oder für die öffentliche Sicherheit verbunden" ist, so kann ihm der Aufenthalt an diesen Orten verboten werden [1]). Hierher gehört ferner die Polizeiaufsicht, soweit sie mit Aufenthaltsbeschränkung verbunden werden kann [2]). Auch diese Maßregeln sind ihrem Sinne nach auf Unzurechnungsfähige anwendbar. In der Tat hat das norwegische Strafgesetzbuch (39) sie für gefährliche Geisteskranke vorgesehen.

5. Die Entziehung der Berufsfreiheit. Personen, welche durch die Art, in der sie ihren Beruf, ihre

---

[1]) Über die Zweckmäßigkeit dieser Maßregel ist man bekanntlich sehr verschiedener Ansicht. Da es jedoch festgestellt ist, daß die auffallend stark zentripetale Bevölkerungsbewegung der letzten Jahrzehnte die Kriminalität im ungünstigen Sinne beeinflußt, dürfte es nicht unangebracht sein, z. B. Elemente, welche den Versuchungen der Großstadt nicht standzuhalten vermögen, durch eine derartige Maßregel von ihr fernzuhalten. Doch wären jedenfalls zwei Bedingungen zu stellen. 1. Dürfte nicht gerade durch diese Verfügung das redliche Fortkommen des Individuums erschwert werden und 2. muß von ihr in concreto tatsächlich eine Minderung der Rückfallsgefahr zu erwarten sein. Diesen letzteren Punkt hat der österreichische Entwurf auch richtig zur gesetzlichen Voraussetzung der Polizeiaufsicht gemacht (§ 39). Der ersten Bedingung hat die deutsche Strafrechtskommission Rechnung getragen, indem sie eine Bestimmung vorschlägt, wonach die Ausweisung aus dem Unterstützungswohnsitz tunlichst vermieden werden soll, ferner auch aus Orten, wo der Verurteilte in einer zum Unterhalt ausreichenden Arbeit steht oder in anderer Weise für sein Unterkommen gesorgt wird. (Ebermayer, 10.) — Vgl. den interessanten von Freudenthal mitgeteilten Fall, Monatsschr. f. Krimps. VIII, 132 ff.

[2]) § 39 ÖE. in Verbindung mit dem Ges. über die Polizeiaufsicht. — Die Konservierung der Polizeiaufsicht für künftige Zeiten ist nicht zu begrüßen; es dürfte wohl wahr sein, daß „sie nur die Rückkehr zur redlichen Lebensführung erschwert, ohne die Rückkehr zum Verbrechen hindern zu können". Kriegsmann, Monatsschr. f. Krimps. VI, 568.

Konzession oder einzelne ihrer Berufsrechte ausüben, der Gesellschaft dauernd gefährlich sind, kann der Beruf verboten oder das besondere Berufsrecht entzogen werden. Es ist gleichsam das Werkzeug, mit dem sie die Interessen der Allgemeinheit schädigen, und der Verlust dieses Werkzeugs macht sie ungefährlich. Derartige Bestimmungen finden wir in den geltenden Strafgesetzbüchern und Gewerbeordnungen bereits in großer Zahl. Das österreichische Recht kennt sie z. B. für Ärzte, Apotheker, Baumeister, Wirte, Chauffeure usw. Jedoch wäre eine prinzipielle Regelung aller dieser Fälle dringend erwünscht. Sie wird vom schweizerischen, österreichischen und vom Gegenentwurf versucht. Am bündigsten drückt sich der schweizerische Entwurf aus (43): „Hat jemand die Pflichten seines Berufes, Gewerbes oder Handelsgeschäftes durch ein Verbrechen grob verletzt, und besteht die Gefahr weiteren Mißbrauches, so untersagt ihm der Richter die Ausübung des Berufes...“. Der schweizerische Entwurf behandelt diese Maßregel als Nebenstrafe, in Wahrheit aber ist sie eine sichernde Maßnahme [1]). Dies tritt klar zutage in dem Erfordernis der Gefährlichkeit pro futuro. Der Gegenentwurf läßt dieses Merkmal vermissen (76). Im österreichischen ist es wenigstens implicite enthalten. Doch in anderer Hinsicht verdient der österreichische Entwurf den Vorzug vor allen übrigen. Gegenstand des Schutzmittels soll nicht nur der sein, von dem der verbrecherische Mißbrauch des Berufes zu besorgen ist, sondern auch derjenige, welcher der Gesellschaft gefährlich ist, weil ihm die nötigen Kenntnisse und Fertigkeiten fehlen, die zur Ausübung des Berufes erforderlich sind. Sehr richtig hat der österreichische Entwurf in einer zweiten Bestimmung auch diesem Falle Rechnung getragen [2]). Diesem Gedanken folgend, müßte man freilich noch weitergehen und die Maßregel auch auf Schuldlose erstrecken; insbesondere soll es vorgekommen sein, daß Personen, die wegen Unzurechnungsfähigkeit freigesprochen wurden, ihren Beruf zum Schaden der Gesellschaft weiterbetrieben. [3]) —

[1]) Ebenso Stooß, Verhandlungen der Expertenkommission I, 236.

[2]) Art. 49, § 2 EinfgE.; oben (S. 95) abgedruckt.

[3]) Vgl. Maier, Schw. Z. 22, 309.

Die Beschränkung der Berufsfreiheit braucht übrigens nicht in der Entziehung des Gewerbes bestehen, die Maßregel kann sich darin erschöpfen, daß die Person einer bestimmten Dienstverwendung unfähig erklärt wird, z. B. der Beschäftigung im Eisenbahn- und Telegraphendienste (§ 319 DStGB.), oder darin, daß ihr die Ausübung eines einzelnen Berufsrechts, wenn gerade dieses die Quelle der Gefährlichkeit ist, untersagt wird, z. B. der Börsenbesuch nach § 391 ÖE.

6. Die Beschränkung familienrechtlicher Befugnisse. Liegt die Gefährlichkeit der Person im Mißbrauch ihrer familienrechtlichen Befugnisse, insbesondere der elterlichen Gewalt oder der Vormundschaft, so kann durch Entziehung dieser Befugnisse die Gefahr beseitigt werden. Schon das geltende Recht kennt bekanntlich solche Bestimmungen, die Entwürfe bauen sie teilweise aus und differieren dabei nur wesentlich in der Regelung der Kompetenzfrage.

7. Die Entziehung anderer Rechte und Befugnisse. Es ist kaum möglich, jedenfalls wertlos, alle Bestimmungen des geltenden und künftigen Rechts zu nennen, die in diesem Sinne relative Schutzmittel enthalten [1]). Hierher gehört z. B. der Verlust der Zeugenfähigkeit nach § 161 DStGB., der Verlust des Rechtes Waffen zu tragen nach dem österreichischen WP., das Wirtshausverbot, wie es der schweizerische und die deutschen Entwürfe vorgesehen haben, usw. Über die rechtliche Natur einzelner dieser Maßregeln sowie auch über manche früher genannte herrschen verschiedene Ansichten. Allein mag auch bei dem einen oder anderen Institut der Gedanke der Strafe oder der Gedanke der Rechtsverwirkung [2]) wegen Unwürdigkeit eine Rolle spielen, die leitende Tendenz — und nur auf diese kommt es an — aller dieser Verfügungen ist eine spezialpräventive, ihre Einreihung in die Schutzmittel daher gerechtfertigt.

8. Endlich mögen hier noch unter dem Sammelwort „Überwachung" eine Reihe von Maßregeln zusammengefaßt werden, welche die Freiheit des Individuums nur insofern beschränken,

[1]) Vgl. Thomsen, Lehrbuch 192 ff.

[2]) Vgl. Goldschmidt, Vergleichende Darstellung A. T. IV., 411 ff.

als sie dasselbe der Aufsicht eines Dritten unterstellen. Die Polizeiaufsicht dürfte freilich de lege ferenda abzulehnen sein. Dagegen sind analoge Maßnahmen bei Geisteskranken und Minderwertigen wohl wünschenswert. Hierher gehören die Bestimmungen unserer Entwürfe über Stellung unter „Gesundheitsaufsicht" (14 GE.), Überwachung durch „eine vertrauenswürdige Person" (518 ÖStPE.), durch eine „Enthaltsamkeitsvereinigung" (69 GE.), insbesondere aber auch einige Fälle der Schutzaufsicht, die ja bei Kranken nicht die Funktion der Besserung, wohl aber die der Überwachung ausüben kann [1]). — Es ist erfreulich, daß auch die deutsche Strafrechtskommission sich diesen Gedanken zu eigen gemacht hat [2]). Er verdient weiteren Ausbau, denn die Anstaltsverwahrung sollte nur immer als ultima ratio in Betracht kommen und überall dort zurücktreten, wo schon eine weniger empfindliche Maßregel genügenden Schutz verbürgt [3]).

III. Alle Besserungs- und Schutzmittel richten sich gegen chronisch gefährliche Menschen. Wir haben hier noch der Sicherungsmittel gegen akute Gefährlichkeit zu gedenken. Schon oben wurde hervorgehoben, daß die Anwendung des Sicherungsmittels bei akuter Gefährlichkeit notgedrungen eine sehr beschränkte sein müsse. Akut gefährlich ist derjenige, von dem wir einen rechtswidrigen Angriff unmittelbar zu erwarten haben; eine Sicherung ist ihm gegenüber nur selten möglich, weil das verbrecherische Vorhaben vor dessen Aus-

---

[1]) Z. B. § 14, 69 GE.; vgl. oben S. 94.

[2]) Ebermayer, Der Entwurf eines Deutschen Strafgesetzbuches nach den Beschlüssen der Strafrechtskommission, 1914, z. B. S. 17.

[3]) Vgl. auch Art. 96 des russ. Stgb.: „Derjenige, der in einem solchen (krankhaften Anfall von Raserei) eine Tötung verübt oder auf das Leben eines anderen (oder das eigene) einen Angriff gemacht oder eine Brandstiftung versucht hat, wird statt in Irrenhäuser der Sorge von Eltern, Verwandten oder Kuratoren oder mit deren Einwilligung auch von Freunden übergeben mit der Verpflichtung derselben, sorgfältige unausgesetzte Aufsicht über ihn in der Zeit der Krankheit und ärztlichen Behandlung zu führen und alle schlimmen, für andere (wie für ihn selbst) gefährlichen Folgen seiner Anfälle von Raserei abzuwenden..." (zit. nach Hurwicz, Monatsschr. f. Krimps. IX, 419).

führung meist nicht nach außen erkennbar und wenn auch, gewöhnlich durch staatliche Gegenmaßregeln nicht mehr aufzuhalten ist. Die wirksamste Paralysierung des verbrecherischen Entschlusses wird darum immer die Furcht vor Entdeckung und Strafe bleiben. Von den mannigfachen und sehr heterogenen Vorkehrungen, die dennoch der moderne Staat — insbesondere durch seine „Präventivpolizei“ [1]) — zur Bekämpfung der unmittelbaren Verbrechensgefahr trifft, seien hier nur zwei genannt, da sie den Kriminalisten besonders interessieren.

Zunächst die Friedensbürgschaft, die vom schweizerischen Entwurf und deutschen Gegenentwurf aufgenommen wurde. Sie besteht charakteristischerweise wesentlich in nichts anderem als in einer Verstärkung der Strafdrohung, die ja eben durch ihre psychologische Wirkung noch am besten geeignet ist, akute Gefährlichkeit zu bekämpfen. Ist nämlich aus bestimmten Umständen erkennbar, daß jemand ein Verbrechen zu begehen plant, so wird ihm eine Bürgschaftsleistung aufgelegt, beziehungsweise eine Strafe angedroht [2]). Die geleistete Sicherung verfällt, die angedrohte Strafe wird vollzogen, wenn er dennoch das Delikt begeht. Es soll ihm auf diese Art noch ein Grund mehr geschaffen werden, die Ausübung seines Planes zu unterlassen; zum Risiko der Verbrechensstrafe soll noch das weitere des Vermögensverlustes bzw. der Ungehorsamstrafe hinzutreten. Der schweizerische Entwurf geht sogar noch weiter: Verweigert das Individuum das Friedensversprechen, oder leistet es böswillig die Sicherung nicht, so kann

[1]) Kitzinger (vgl. oben S. 66) zählt S. 178 ff. folgende „Arten und Mittel rechtspolizeilicher Tätigkeit“ auf: 1. Polizeibefehl, 2. Ersatzvornahme, 3. Beuge- oder Zwangsstrafen, 4. körperliche Gewalt, insbesondere Waffengewalt, 5. Präventivhaft (gemeint ist die gesetzlich nur kurz befristete polizeiliche Haft zu Präventivzwecken), 6. Einziehung und Unbrauchbarmachung von Gegenständen, endlich 7. Eingriffe in das Hausrecht, Postgeheimnis usw. — Unter die Gruppe Polizeibefehl wäre wohl der Sache nach das Friedensgebot des Gegenentwurfes und die Friedensbürgschaft des schweizerischen VE., unter dem Gesichtspunkt „Präventivhaft“ die im Text erwähnte Untersuchnugshaft wegen Wiederholungsgefahr einzureihen.

[2]) Letzteres nur nach dem GE. (§ 78).

es sofort in Haft genommen werden: es wird durch Freiheitsentziehung unschädlich gemacht.

Die zweite Maßregel gegen akute Gefährlichkeit, die heute in Österreich schon in Übung ist, gehört in ein anderes Rechtsgebiet, verfolgt aber im wesentlichen dasselbe Ziel. Es ist die Verhängung der Verwahrungs- bzw. Untersuchungshaft aus dem Grunde der Wiederholungsgefahr. Auch bei dieser scheinbar gänzlich heterogenen Maßregel handelt es sich darum, einer unmittelbaren Verbrechensgefahr vorzubeugen, und es ist sehr bezeichnend, daß die Voraussetzungen für die Friedensbürgschaft und dieser Verwahrungshaft nahezu wörtlich gleich formuliert werden. „Besteht die begründete Besorgnis, daß jemand eine strafbare Handlung, mit der er gedroht hat, begehen oder eine begangene wiederholen werde", so kann nach § 78 GE. das Friedensgebot erlassen werden. Ganz ebenso nach §§ 175, 4 und 180 ÖStPO.: „Wenn besondere Umstände die Befürchtung rechtfertigen, daß der Beschuldigte die vollendete Tat wiederholen oder eine versuchte oder angedrohte Tat ausführen werde", kann der Richter bzw. die Sicherungsbehörde die Verhaftung des eines Verbrechens Verdächtigen anordnen. Die Voraussetzungen sind dieselben, nur kommt natürlich bei der Verwahrungshaft der Verdacht eines schon begangenen Verbrechens hinzu. Die beiden Maßregeln sind sich also verwandt; sie beschreiten verschiedene Wege zu ihrem Ziele: die eine soll physisch, die andere psychisch wirken; aber beide zielen aufs gleiche, auf Verbrechensverhütung, und zwar richten sich beide gegen die Person, von welcher der Angriff unmittelbar droht: sie sind Sicherungsmittel gegen akute Gefährlichkeit.

IV. Um die Übersicht vollständig zu machen, bedarf es noch der Erwähnung der sachlichen Sicherungsmittel. Sie stehen im schroffen Gegensatz zu allen eben aufgezählten Maßregeln, denn sie wenden sich nicht gegen eine Person, sondern eine gefährliche Sache. Daß es hier kein Analogon zu den Besserungsmitteln geben kann, ist klar. Alle sachlichen Sicherungsmittel bestehen in einer Vorkehrung, die darauf abzielt, die Gesellschaft vor der Gefahr zu schützen, welche in der Existenz oder in den Eigenschaften einer Sache begründet ist. Sie sind durchwegs Schutzmittel. Dagegen ließe sich in gewissem Sinne der Unterschied zwischen absoluten und relativen Schutzmitteln auch hier durchführen. Das absolute wäre die Vernichtung oder Einziehung des Gegenstandes, sie läßt sich an Wirksamkeit unter den persönlichen Sicherungsmitteln nur mit der Auflösung einer Körperschaft vergleichen. Das relative Schutzmittel gegen Sachen wäre die Unbrauchbarmachung.

Die ältere Doktrin dachte bei diesen Maßregeln nur an instrumenta et producta sceleris. Die Entwürfe erweitern ihr Anwendungsgebiet auf Sachen, die zur Verbrechensbegehung bestimmt sind oder mit einem Verbrechen „in Zusammenhang" stehen. Allein immer ist daran festzuhalten — der deutsche Vorentwurf bringt es nicht zum Ausdruck —, daß die Gefährlichkeit des Gegenstandes ebenso wie bei persönlichen, auch die Vorbedingung der sachlichen Sicherungsmittel sein muß. Eine staatliche Vorkehrung gegen ungefährliche Sachen, etwa deren Einziehung, kann nie sichernde Maßnahme sein, kann vielmehr, wenn überhaupt, nur durch strafrechtliche Gesichtspunkte: Einziehung als Strafe — oder durch privatrechtliche Gesichtspunkte: Einziehung wegen Rechtsverwirkung begründet werden [1]). Es ist insbesondere nicht einzusehen, welchen Wert im Sinne der Verbrechensvorbeuge es haben sollte, Sachen, die nicht gefährlich sind, einzuziehen nur deshalb, weil sie zum Verbrechen benutzt oder durch ein Verbrechen hervorgebracht worden sind [2]). Ohne Gefährlichkeit keine Schutzbedürftigkeit.

So ergibt sich uns eine Einteilung der Sicherungsmittel [3]), wie sie aus folgender Tabelle ersichtlich ist.

---

1) Vgl. Goldschmidt, Vergleichende Darstellung, A. T. IV, 443 ff.

2) Erl. Bemerkungen 87 f.; Art. 47, schw. VE., vgl. dagegen § 54 f. DVE.

3) Die Maßregel der Urteilsveröffentlichung ist m. E. keine sichernde Maßnahme, sie ist im Falle des Freispruchs eine „vorsorgliche Maßregel" (schw. E.), die im Interesse des Angeklagten angeordnet, mit dem Schutz der Gesellschaft nichts zu tun hat; im Falle des Schuldspruchs ein Annex der Strafe mit dem Zwecke, gewisse Strafwirkungen besonders zu unterstreichen. So auch die systematische Stellung im ÖE. (§ 35).

I. Persönliche Sicherungsmittel.

1. Sicherungsmittel gegen chronische Gefährlichkeit.

A. Besserungsmittel:

Staatlich geregelte Erziehung,
Arbeitshaus,
Trinkerheilanstalt,
Schutzaufsicht und Fürsorgemaßregeln für entlassene Sträflinge und Sicherungshäftlinge.

B. Schutzmittel:

1. *Absolute Schutzmittel*:

a) durch Vernichtung der Existenz

bei juristischen Personen: die Auflösung;

b) durch Vernichtung der Freiheit:

Verwahrungsanstalt,
Anstalt für gefährliche Irre und Trunksüchtige,
Anstalt für geistig Minderwertige;

c) durch Entfernung aus dem Staatsgebiet:

Ausweisung;

2. *Relative Schutzmittel*:

d) durch Beschränkung der Bewegungsfreiheit:

Aufenthaltsbeschränkung,
Polizeiaufsicht (wenn mit Konfinierung verbunden);

e) durch Beschränkung der Berufsfreiheit:

Berufsverbot, Entziehung der Konzession,
Entziehung einzelner Berufsrechte;

f) durch Entziehung familienrechtlicher Befugnisse:

Entziehung der väterlichen Gewalt,
Entziehung der Vormundschaft;

g) durch Entziehung anderer Rechte und Befugnisse:

Wirtshausverbot,
Verbot des Waffentragens usw.;

h) durch Überwachung:

Polizeiaufsicht, einige Fälle der Schutzaufsicht,
Überwachung durch „vertrauenswürdige Personen" usw.

2. Sicherungsmittel gegen akute Gefährlichkeit:

Friedensbürgschaft,
Präventivhaft usw.

II. Sachliche Sicherungsmittel.

Einziehung (Verfall),
Unbrauchbarmachung.

2. Die Tat als Bedingung der Sicherung.

a) Die Bedeutung der Tat im Sicherungsrecht.

Das Strafurteil besteht in einem Werturteil über Täter und Tat, eine Strafe ist daher nur dann denkbar, wenn ein bestimmtes Verbrechen vorliegt, dem sie folgt. Anders das Sicherungsmittel. Die Gefährlichkeit begründet die Notwendigkeit der Sicherung. Hier ist es ohne Bedeutung, ob sich die Gefahr bereits in einer Tat nach außen hin gezeigt hat. Nur was von der Zukunft erwartet werden muß, ist entscheidend. Das Vorhandensein der Gefahr ist der Rechtsgrund, die Behebung der Gefahr der Zweck der Maßregel. Ihrem Sinne nach ist sie unabhängig von der Tat, ja es muß als ihr Ideal betrachtet werden, jederzeit die Quelle zu verschließen, bevor ein Schaden für die Gesellschaft ihr entsprungen ist.

Aus der Erwägung, daß die Gefährlichkeit Grund und Anknüpfungspunkt der staatlichen Schutzmaßregel ist, ergibt sich nun für das Sicherungsrecht eine eigentümliche Schwierigkeit. Die Gefährlichkeit ist nicht wie die Tat etwas sinnlich Wahrnehmbares, ein Vorgang in der Außenwelt. Sie ist überhaupt nichts Reales, sondern ein Urteil, welches der Dritte über die Persönlichkeit spricht. Und da erhebt sich die Frage: Auf welcher Grundlage ist dieses Urteil zu fällen? Wie die Gefährlichkeit einer bestimmten Person festzustellen? Die praktische Möglichkeit und Durchführbarkeit jeder Sicherung hängt davon ab, ob es untrügliche Erkenntnismittel der Gefährlichkeit gibt.

An sich freilich wäre der Gesetzgeber nicht genötigt, zu diesem Problem Stellung zu nehmen. Rein gesetzestechnisch gäbe es nämlich drei Möglichkeiten, die Voraussetzungen der Sicherungsmittel zu formulieren [1]):

1. Man fordert als einzige Voraussetzung die Feststellung der Gefährlichkeit des Individuums. Damit überläßt man es dem Richter, durch beliebige Beweisaufnahmen sich ein Urteil, über die Gefährlichkeit zu bilden. Hier ist die Schwierigkeit von der Gesetzgebung auf die Rechtsprechung abgeschoben.

---

[1]) Über die Abgrenzung des état dangereux vgl. Nabokoff, Mitt. 20, 163 ff.

Sache des richterlichen Ermessens ist es, zu beurteilen, ob die in concreto vorliegenden Tatsachen die Gefährlichkeit des Individuums dartun.

2. Das Gegenstück dazu: Man verlangt vom Richter kein Urteil über die Gefährlichkeit; gesetzliche Voraussetzung des Sicherungsmittels ist vielmehr nur das Vorliegen bestimmter Tatsachen, die nach Ansicht des Gesetzgebers mit Gewißheit auf die Gefährlichkeit hinweisen. Die Aufgabe des Richters ist es lediglich, diese Tatsachen festzustellen [1]).

3. Man fordert als Voraussetzung des Sicherungsmittels sowohl die Konstatierung der Gefährlichkeit wie auch das Vorliegen bestimmter Tatsachen als Gefährlichkeitssymptome. Hier muß sich der Richter ein Urteil über die Gefährlichkeit bilden, kann sie aber nur dann als festgestellt annehmen, wenn sie sich in bestimmter, vom Gesetzgeber formulierter Form bereits geäußert hat.

Die erste Eventualität wird vom modernen Gesetzgeber in aller Regel verworfen: Nach seiner Auffassung hat sich das Gefährlichkeitsurteil stets auf einen von ihm im vornherein bestimmten objektiven Sachverhalt zu stützen. Aber auch die zweite Eventualität wird verworfen: Der Gesetzgeber traut sich nicht zu, im vorhinein alle Gefährlichkeitssymptome mit solcher Sicherheit zu bestimmen, daß beim Vorliegen dieser Tatsachen allemal die Gefährlichkeit angenommen werden müßte. So bleibt nur die dritte: Voraussetzung der Sicherung ist die Konstatierung der Gefährlichkeit und gleichzeitig das Vorliegen einer bestimmten, sie erweisenden Tatsache: eines Verbrechens. Nur der letztere Punkt interessiert uns hier. Wir finden mit wenigen noch zu erörternden Ausnahmen durchwegs das Prinzip verwirklicht: ohne festgestellte Tat keine festgestellte Gefährlichkeit und keine sichernde Maßnahme.

Wie es objektive Bedingungen der Strafbarkeit gibt, d. h. Umstände, die ohne die Strafwürdigkeit zu berühren, doch Voraussetzungen der Strafe sind, so gibt es auch objektive

[1]) Vgl. z. B. die Gesetze von Washington und Indiana: nach zwei Verurteilungen hat ein neuerliches Verbrechen lebenslängliches Gefängnis zur Folge (Mittermaier, Vergleichende Darstellung A. T. III, 345); — gesetzestechnisch analog der Vorschlag Liepmanns, Mitt. 13, 467.

Bedingungen der Sicherung, d. h. Umstände, welche die Sicherungsbedürftigkeit nicht berühren und doch Voraussetzung der Sicherung sind. In unserer heutigen Kriminalpolitik ist die Tat eine derartige Bedingung der Sicherung. Und wie im Strafrecht, so kann auch hier die Einführung objektiver Bedingungen nur durch besondere Erwägungen gerechtfertigt werden.

Es sind Erwägungen verschiedenen Inhalts. Die Bedeutung des Tatmomentes im Sicherungsrecht ist eine doppelte: eine politische und eine organisatorische.

I. Wenn die Tat für die sichernden Maßnahmen nur als ein Symptom der Gefährlichkeit in Betracht kommt, so spielt sie hier die Rolle eines Beweismittels. Indem nun der Gesetzgeber in Form des Taterfordernisses ein bestimmtes Beweismittel zur rechtlichen Voraussetzung seiner Maßregel macht, stellt er sozusagen eine gesetzliche Beweisregel auf. Der Richter darf nicht nach freier Überzeugung die Gefährlichkeit bejahen und die Folgerungen daraus ziehen, er darf es nur unter gesetzlich bestimmten Bedingungen. Es ist das Beweismittel vorgeschrieben, worauf er das Urteil bauen muß. Es ist dies eine gesetzliche Beweistheorie und zwar eine negative Beweistheorie. Sie nötigt den Richter nicht in jedem Falle, wenn ein Verbrechen oder eine bestimmte Anzahl von Verbrechen vorliegt, die Gefährlichkeit als erwiesen anzunehmen. Die Regel gilt vielmehr nur in favorem rei. Sie beläßt dem Richter die Aufgabe, sich selbständig eine Überzeugung über das künftige Verhalten des Individuums zu bilden. Sie setzt nur ein qualitativ und quantitativ bestimmtes Minimum von Tatsachen fest, auf welche die richterliche Prognose gestützt sein muß.

Nach der gemeinrechtlichen Doktrin galt es bekanntlich als der Zweck einer derartigen negativen Beweistheorie, die Feststellung der Schuld und Bemessung der Strafe dem subjektiven Ermessen zu entrücken und ihr eine allgemein gültige Grundlage zu geben. Dadurch sollte die Freiheit des Individuums vor richterlicher Willkür geschützt werden. Die Sachlage ist hier eine ganz analoge. Die sichernden Maßnahmen sind fast durchweg schwere Eingriffe in die Rechtssphäre des Individuums. Sie sind teils mit gänzlichem Verlust der Freiheit, teils mit einer empfindlichen Einbuße an Bewegungs-, Handlungs- und Berufsfreiheit verbunden. Es besteht darum ein hohes, vom Rechtsstaat voll zu würdigendes politisches Interesse darin, daß diese Freiheitsbeschränkungen mit kräftigen, die Willkür ausschließenden Kautelen verbunden werden. Die wichtigsten dieser Kautelen sind nun, wie seit Montesquieu anerkannt ist, die Unabhängigkeit der die Maßregel verfügenden Behörde und die gesetzliche Begrenzung ihrer Ermessensfreiheit. Hier interessiert zunächst die letztere. Jene Begrenzung besteht darin, daß der Richter das Sicherungsmittel nur anwenden darf, wenn die Gefährlichkeit des Individuums durch bestimmte Symptome dargetan ist [1]).

Dieser Gedankengang führt allerdings nicht unmittelbar dazu, gerade ein Verbrechen als notwendige Voraussetzung des Sicherungsmittels anzuerkennen. Es scheint vollkommen schlüssig zu sein, wenn Beling und Kriegsmann sagen, das staatsrechtliche Postulat der Freiheit fordere lediglich Anknüpfung an objektive Tatsachen, die die Gefährlichkeit zweifelsfrei ergeben [2]). Allein gibt es derartige Tatsachen, wenn wir vom Verbrechen absehen? — Ja, wäre die Lehre vom anthropolischen Verbrechertypus richtig, gebe es wirklich ganz bestimmte eindeutige anatomische und physiologische Anzeichen des Verbrechertums, dann wäre das Problem nicht allzu schwierig. Die beurteilende Behörde hätte sich auf die Feststellung dieser Symptome zu beschränken, an die Stelle der Richterbank könnte ein Ärztekonsilium treten, und aus der medizinischen Diagnose würde sich sofort die soziale Prognose ergeben. Der Hinweis auf den „Mörderschädel" würde alle weiteren Erhebungen überflüssig machen. Wer aber diese Theorie ablehnt, wer überhaupt erkennt, daß es keine physischen oder psychischen Zustände

[1]) Vgl. Tesar, Die symptomatische Bedeutung des verbrecherischen Verhaltens S. 265 ff.

[2]) Beling, a. a. O. 100. — Kriegsmann, Monatsschr. f. Krimps. 6, 549.

gibt, die mit Notwendigkeit zum Verbrechen führen, der muß andere Wege gehen.

Wir hatten oben gewisse individuelle Dispositionen, wie Arbeitsscheu, Trunksucht usw. als Ursachen der chronischen Gefährlichkeit genannt. Allein keine dieser Dispositionen ist an sich zureichender Grund der Gefährlichkeit. Ob sie im Einzelfall eine ungünstige Prognose rechtfertigen, kann nie aus der Konstatierung dieses Zustandes allein gefolgert, sondern kann nur immer unter Berücksichtigung aller übrigen Umstände behauptet werden. Die tatsächliche Gefährlichkeit ist stets quaestio facti. Um sie also im Einzelfall zu bejahen, ist ein doppelter Beweis nötig: der Beweis für das Vorhandensein jener Disposition und der Beweis, daß diese Disposition unter den konkreten Verhältnissen den Menschen wirklich gefährlich macht. Es muß also zwischen den Symptomen des psychischen Zustandes und den Symptomen seiner konkreten Gefährlichkeit unterschieden werden. Jene beweisen zunächst lediglich die Existenz der Disposition, lassen aber die Frage nach ihrer Gefährlichkeit offen. So kommen beispielsweise als Beweis der Geisteskrankheit alle von der Medizin erforschten körperlichen und geistigen Anzeichen in Betracht, von der Pupillarreaktion bis zum Tobsuchtsanfall. Ganz entsprechend ist zum Beweise der Trunksucht oder Arbeitsscheu das Vorleben des Individuums, sein Benehmen im Haus und Beruf, sein Umgang usw. zu verwerten. Allein mit der Feststellung des Wahnsinns, der Arbeitsscheu ist die Gefährlichkeit noch nicht festgestellt. Es ist darauf zu sehen, wie sich jene psychische Disposition bei diesem Individuum und unter diesen Umständen in Wirklichkeit äußert. — So vermögen wir, was geschehen wird, nur aus dem zu schließen, was geschah.

Jene Äußerungen des Individuums, die uns die Anzeichen sind für sein künftiges Verhalten, können nun in Geberden und Reden oder in Handlungen bestehen. Zunächst kann sich etwa aus Drohungen oder selbstverräterischen Mitteilungen die Gefährlichkeit ergeben. Bei Feststellung der akuten Gefährlichkeit spielen in der Tat, wie noch zu zeigen ist, diese wörtlichen Äußerungen die Hauptrolle. Sie treten aber bei Feststellung der chronischen Gefährlichkeit zurück. Das liegt im Wesen der Sache. Denn wenn die Disposition zu gefährlichen Handlungen eine dauernde ist, so wird sie auch meist in Handlungen zum Ausdruck kommen. Ist dies nicht geschehen, so liegt die Vermutung nahe, daß jenen Worten als leerem Gerede die symptomatische Bedeutung abzusprechen sei. Gerade weil es sich um eine Disposition zu Taten handelt, wird sie in der Regel nur aus Taten gewiß erkennbar werden. — Unter diesen Taten wiederum wird eine ganz bestimmte Gruppe den ersten Platz einnehmen, jene nämlich, die mindestens objektiv einen Verbrechenstatbestand erfüllen. Das ergibt sich aus einer ganz analogen Erwägung. Die Gefährlichkeit, wie sie den Kriminalpolitiker allein angeht, bedeutet die Möglichkeit strafgesetzwidriger Schädigungen. Gegen diese sind die Sicherungsmittel gerichtet. Um Taten, die eine derartige Gefährlichkeit enthüllen, handelt es sich also. Es ist klar, daß hier, wenn auch nicht ausschließlich, so doch in erster Linie strafgesetzwidrige Handlungen in Betracht kommen. Aus anderen, mögen sie immerhin schädlich und für ihren Urheber kennzeichnend sein, kann die Wahrscheinlichkeit künftigen strafgesetzwidrigen Verhaltens nie unmittelbar geschlossen werden. Den Schluß von der Fähigkeit zu einer vergangenen nicht verbrecherischen Tat auf die Fähigkeit zu einer anderen, nämlich verbrecherischen Tat wird stets ein unsicherer sein. Und wiederum ist zu sagen: Gerade weil es sich um eine Disposition zu kriminellem Verhalten handelt, wird diese Disposition in der Regel nur aus kriminellem Verhalten gewiß erkennbar sein [1]).

[1]) Beling a. a. O. S. 101 meint, wenn die Tat nur als Symptom in Betracht komme, so sei es gleichgültig, ob sie rechtswidrig war oder nicht. „Auch wenn sie gar nicht zu bemängeln ist, kann sich in ihr eine Schädlingsneigung enthüllen — z. B. kann dem Schafrichter die Lust an Tötungen aus den Augen leuchten." Bei diesem ungeheuerlichen Beispiel ist übersehen, daß das Symptom der Gefährlichkeit hier nicht die Tat wäre, die pflichtgemäß ist, sondern das Minenspiel, das sie begleitet. Aus der Tat ließe sich allenfalls schließen, daß das Individuum seine Pflichten gerne erfüllt, keineswegs aber, daß es künftig pflichtwidrig handeln wird.

Es ist nun allerdings wahr und oft genug hervorgehoben worden: auch Vorbereitungshandlungen können symptomatisch sein. — Allein wenn der Mensch über Pläne und Vorbereitungen nicht hinauskommt, also nicht einmal „eine zur wirklichen Ausübung“ (§ 8 ÖStgb.) seiner Absichten führende Handlung gesetzt hat, dann wird es immer eine Kühnheit sein, dauernde Gefährlichkeit von ihm zu behaupten. Dabei ist nicht zu vergessen, daß wir ja heute schon gewisse typische Vorbereitungshandlungen als Verbrechen bestrafen; an Vorbereitungsakte dieser Art werden auch künftig Sicherungsmittel angeschlossen werden können [1]. Weiter zu gehen haben sich unsere Entwürfe mit gutem Recht gescheut.

Ein politischer Gedanke ist es also, ein dem Sicherungsrecht an sich fremder Gedanke, der uns zwingt, den Grundsatz nulla poena sine crimine auch für die Sicherungsmittel anzuerkennen [2]. In dieser Lage befindet sich jede Spezialpräventionstheorie, mag sie nun als Theorie der Strafe oder als Theorie der sichernden Maßnahme auftreten. Wie oft wurde nicht in den letzten Jahren der Lisztschen Strafauffassung Inkonsequenz vorgeworfen. Alles was in dieser Richtung gegen die spezialprävenierende Strafe vorgebracht wurde, gilt mutatis mutandis auch gegenüber der sichernden Maßnahme. Es muß darum hier erörtert werden. Da sagt nun z. B. Birkmeyer: „Die Sicherungsstrafe ist unmöglich aus politischen Gründen, denn sie ist unverträglich mit der staatsbürgerlichen Freiheit.“ Der Satz nämlich, daß die Gefährlichkeit Strafgrund sei, „hat

---

Unglaublich ist nur, daß gerade Beling ein derartiges Beispiel bringt, der auf der vorangehenden Seite (S. 100) treffend bemerkt, der Gesetzgeber müsse Sorge tragen, daß im künftigen Sicherungsrecht nicht „krause und abenteuerliche Gefährlichkeitsbehauptungen ihr Unwesen treiben.“

[1]) Tesar a. a. O. 266 f.

[2]) Garçon, Mitt. der IKV. 17, 191, sagt von der Durchbrechung des Grundsatzes nulla poena sine lege „les nations qui vivent sous un régime d'arbitraire comprendront sans peine les dangers qu'il présente; mais celles qui jouissent depuis longtemps des garanties tutélaires de la liberté individuelle ne pourraient certainement pas y renoncer sans péril". — Charakteristisch ist es darum, daß der Russe Nabokoff es mit jenem Grundsatz in der Tat sehr ernst nimmt. (Vgl. ebenda 335.)

— konsequent durchgedacht — zu seiner letzten Folge die, daß jeder, der sich irgendwie, auch ohne Begehung eines Verbrechens, als der Gesellschaft und ihrer Rechtsordnung gefährlich erwiesen hat, gestraft und durch Strafe unschädlich gemacht werden müßte". Damit wäre der einzelne „der schrankenlosen Willkür der Verwaltung" überantwortet [1]). Das ist freilich „konsequent durchdacht". Allein, warum will Birkmeyer seine eigene Lehre von den Sicherungsmitteln nicht ebenso konsequent durchdenken? Das Sicherungsrecht führt nach seiner und der allein richtigen Auffassung notwendig zur symptomatischen Verbrechensauffassung. Auch hier kommt es, will man streng folgerichtig sein, nur darauf an, daß sich das Individuum irgendwie eventuell ohne Begehung eines Verbrechens als gefährlich enthüllt hat. Das bedeutet aber soviel wie Überantwortung des einzelnen an „die schrankenlose Willkür der Verwaltung". Vielleicht wird erwidert: Die sichernde Maßnahme ist eben keine Strafe; sie soll kein Übel sein, wie die Strafe; was also im Strafrecht unmöglich ist, könnte wohl im Sicherungsrecht möglich sein. Allein das geht denn doch nicht an. Es stünde schlecht um die bürgerliche Freiheit, wenn sie zwar gegen willkürlich verhängte Strafen, und seien es auch kurze Haftstrafen, aufs beste geschützt wäre, gegen willkürlich verhängte Sicherungsmittel aber nicht, und bestünden sie auch in langjähriger Haft. Begeht man also nicht die „Inkonsequenz", auch für die sichernden Maßnahmen das Taterfordernis einzuführen, so ist die ganze Lehre von den Sicherungsmitteln — auch die Birkmeyers — „aus politischen Gründen unmöglich, denn sie ist unverträglich mit der staatsbürgerlichen Freiheit".

Man darf eben, will man Kriminalpolitiker sein, nicht einen einzigen Grundsatz auf das Piedestal erheben, um dann planlos seine Konsequenzen zu ziehen! Eben wegen des Freiheitsinteresses hat kein ernst zu nehmender Vertreter der Spezialprävention je eine Strafe ohne Tat verlangt. Und aus dem gleichen Grunde kann die Theorie der sichernden Maßnahmen die Fol-

[1]) Birkmeyer, Gold. Arch. 48, 73 f.

gerungen der einen Prämisse, der Idee des Gesellschaftsschutzes, nur so weit ziehen, als sie mit der anderen, der Idee der Freiheit, vereinbar sind. Die beiden Prämissen (und noch andere mit ihnen) bilden eben ein unteilbares Ganzes; die Folgerungen ihrer einzelnen Teilsätze zu ziehen, ohne der anderen zu gedenken, ist falsch, nicht aber konsequent, wofern man nicht auch den Arzt konsequent nennt, der dem Darmkranken so viel Opium eingibt, daß er stirbt.

Wenn also z. B. Nagler[1]) meint: „Die Garantien der Bürgerfreiheit lassen sich von Sicherungs wegen nicht aufrecht erhalten. Sie stellen sich dem vollen Ernst des Gesellschaftsschutzes entgegen und müssen ihm weichen", so ist die Antinomie zwar richtig gesehen, aber unrichtig gelöst. Es liegt keineswegs im Wesen der Sicherung, daß sie bis zur Vernichtung der bürgerlichen Freiheit, also ad absurdum durchgeführt werde. Die Gesellschaft will nicht nur vor der Willkür ihrer Verbrecher, sie will auch vor der Willkür ihrer Beamten geschützt sein. Muß sie an der Scilla zerschellen, um der Charybdis zu entgehen?

Schließlich steht es ja auch im Vergeltungsstrafrecht nicht anders. Das Vergeltungsprinzip fordert strenge Individualisierung und somit Ungebundenheit des Richters in Bemessung der Schuld und Strafe, das Freiheitsinteresse dagegen Anerkennung des „nulla poena sine lege" und peinlichste Beschränkung des richterlichen Ermessens[2]). Konsequent, d. h. einseitig vorgehend, gelangt man von dem einen Satze zu absolut unbestimmten, von dem anderen zu absolut bestimmten Strafen. Dort wird der Richter zum Rechtsschöpfer, hier zum Urteilsautomaten. Die Durchführung des einen Prinzips macht das andere illusorisch. Auch hier muß der Gesetzgeber den richtigen Mittelweg finden, Konsequenz kann ihm dabei nicht helfen. Das alles ist längst erkannt und heute selbstverständlich, merkwürdig bleibt nur, daß die Klassiker so gerne auf diese wunde Stelle bei ihren Gegnern hindeuten, während sie doch die gleiche

---

[1]) a. a. O. 102.

[2]) Über diesen Gegensatz: Birkmeyer GS. 77, 356 ff.

Sorge im eigenen Hause haben [1]. — Ganz ebenso wie wir im Interesse der Freiheit eine gesetzliche Formulierung der strafwürdigen Handlungen und Feststellung der Strafbarkeitsbedingungen fordern, so müssen wir auch Voraussetzungen und Umfang der Sicherung gesetzlich festlegen. Dazu aber gehört vor allem, daß bei Feststellung der Gefährlichkeit jedesmal das wichtigste und untrüglichste Symptom — die strafgesetzwidrige Handlung — nicht mangle, daß also jener psychische Zustand, der erfahrungsgemäß generell gefährlich ist, in spezie wenigstens schon einmal tatsächlich zu einem Verbrechen geführt hat.

Doch streng genommen genügt auch dies noch nicht: Nach dem bisher Gesagten und nach den üblichen Darstellungen könnte man zur Auffassung gelangen, es genüge ein beliebiges Symptom, etwa eine Drohung, um das Sicherungsmittel auszulösen, wofern sich nur schon vorher einmal die Gefährlichkeit in einem Verbrechen gezeigt hat. So wäre es bei einem Arbeitsscheuen, der bereits wegen Landstreicherei oder Diebstahls vorbestraft ist, genügender Anstoß für die Sicherung, wenn er seinen liederlichen Lebenswandel fortgesetzt oder etwa gedroht hätte, noch einmal zu stehlen. Allein obgleich hier das Taterfordernis formell erfüllt ist, der gefährliche Zustand sich schon einmal verbrecherisch enthüllt hat, so würde doch eine derartige Regelung dem Freiheitsinteresse entschieden widersprechen. Wenn seinerzeit, als der Diebstahl verhandelt wurde, dieses Delikt nicht genügender Grund zur Ergreifung eines Sicherungsmittels gewesen ist, so kann er es auch jetzt nicht sein, selbst nicht im Verein mit einem später hinzugetretenen Symptom, wofern dies nicht abermals ein Verbrechen ist. Sonst wäre das Endergebnis doch wieder so, daß auf Grund eines untergeordneten Symptomes über die

[1] Es ist also wohl richtig, wenn Beling a. a. O. 93 als grundlegenden Rechtssatz der Spezialprävention den Satz bezeichnet: „Gegen solche Personen, von denen ein Angriff auf ein rechtlich geschütztes Interesse droht, ist durch die und die Staatsbehörde mit solchen Maßregeln vorzugehen, die physisch oder psychisch geeignet sind, den Angriff zu verhüten." Aber ganz ebenso könnte das ganze Vergeltungsstrafrecht in einen Satz aufgelöst werden: „alle Schurken werden nach der Schwere ihrer Tat bestraft". Vgl. Oertmann, Gesetzeszwang und Richterfreiheit 1908, S. 3. Beides ist aus gleichem Grunde unmöglich.

Gefährlichkeit entschieden würde. Doch es wäre mit dem Freiheitsinteresse in keiner Weise vereinbar, wollte man den, der einmal delinquiert und seine Strafe verbüßt hat, nunmehr jener Willkür aussetzen, vor der wir den Unbescholtenen mit allen Mitteln zu schützen trachten. Also: nicht nur irgendein Symptom, sondern das praktisch maßgebende, dasjenige also, welches Anlaß des ganzen Verfahrens ist, muß eine strafgesetzwidrige Handlung sein.

II. Das Freiheitsinteresse fordert allerdings nicht schlechtweg immer eine Tat als Voraussetzung der Sicherung. Es gibt Ausnahmen.

Eine Ausnahme kann zunächst dort gemacht werden, wo die Forderungen des gesellschaftlichen Schutzes mit den Forderungen der gesellschaftlichen Fürsorge zusammentreffen, wo Kriminalpolitik und Sozialpolitik sich die Hände reichen. Das Freiheitsinteresse bedarf der schärfsten Kautel, wenn eine Freiheitsbeschränkung in Rede steht, die dem unmittelbaren Interesse des Individuums zuwider ist. Bei Vorkehrungen aber, die ebensosehr zum Wohle des einzelnen, als zum Wohle der Gesamtheit getroffen werden, kann jene Kautele fallen. Sie soll ja dem Individuum ein Schutz sein. Das Individuum aber braucht nicht geschützt werden gegen Maßregeln, die selbst seinem Schutze dienen.

Dies ist nun freilich ein Gedanke, der seinerzeit dem Wohlfahrtsstaat als Deckmantel für all seine Bevormundungstätigkeit gedient hat. Zwang bleibt Zwang, auch die aufgezwungene Wohltat ist Zwang. Und wo sie als Zwang fühlbar, wo die „mesure d'assistance" zur „assistance forcée"[1]) wird, da hört sie auf, als Wohltat empfunden zu werden. Dennoch spricht sich auch der moderne Staat das Recht zu, in bestimmten Fällen seine Untertanen zum Glücke zu zwingen und zwar insbesondere dann, wenn sie außerstande sind, ihr eigenes Interesse richtig zu

[1]) Vgl. Garçon, Mitt. 17, 194.

erkennen. Zwei Fälle sind es, die uns hier angehen. Wenn Krankheit oder Unreife des Geistes das Urteil über das eigene Wohl und Wehe trübt, übernimmt der Staat als Obervormund die Sorge für das Interesse des Individuums, da entfaltet er auch als Rechtsstaat jene bevormundende Tätigkeit, die ihn als Polizeistaat gekennzeichnet hat. Wahnsinnige und verwahrloste Jugendliche werden vom Staate auch gegen ihren und ihrer Angehörigen Willen zwangsweise so behandelt, wie es ihr Zustand erfordert. Ist dies möglich, wenn auch kein schädliches Verhalten von der Person zu erwarten ist, so kann es um so mehr dann geschehen, wenn diese Gefahr besteht, wenn also nicht nur das individuelle, sondern auch das soziale Interesse die Behandlung notwendig macht. Als Beispiel diene die Behandlung der Jugendlichen im preußischen Fürsorgegesetz: Die Fürsorgeerziehung kann eintreten, wenn der Jugendliche eine strafbare Handlung begangen hat, und die Fürsorgeerziehung „zur Verhütung weiterer sittlicher Verwahrlosung" nötig ist, sie kann aber auch dann eintreten, wenn der Vater „das Recht der Sorge für das Kind mißbraucht." [1]) Die gleiche Maßregel trifft also den Gefährlichen und derzeit noch Ungefährlichen. Im ersten Fall verfolgt sie ein kriminal- und sozialpolitisches, im zweiten lediglich ein sozialpolitisches Ziel [2]). Daraus folgt: der staatsrechtliche Gedanke der Freiheit kann hier zurücktreten. Die kriminalpolitische Maßregel kann ohne Verletzung des Freiheitsinteresses gegen den Gefährlichen auch dann verhängt werden, wenn sich die Gefährlichkeit noch nicht in einer Tat geäußert hat; denn die inhaltlich gleiche Maß-

---

[1]) § 1 des preuß. FürsErzGes. und § 1666 BGB.

[2]) Ein anderes sehr bezeichnendes Beispiel wäre die Verwahrung und Versorgung Unzurechnungsfähiger etwa nach dem schweizerischen Entwurf in seiner Fassung vom September 1913:

Art. 15ter: „Gefährdet der unzurechnungsfähige Täter die öffentliche Sicherheit oder Ordnung, und ist es notwendig, ihn in einer Heil- oder Pflegeanstalt zu verwahren, so ordnet der Richter die Verwahrung an. — Erfordert der Zustand des unzurechnungsfähigen Täters aus anderen Gründen seine Behandlung oder Versorgung in einer Heil- oder Pflegeanstalt, so ordnet der Richter die Behandlung oder Versorgung an." — Die zweite Maßregel ist rein sozialpolitischer Natur, aber im wesentlichen inhaltsgleich der ersten, kriminalpolitischen.

regel tritt ja in gleicher Weise dann ein, wenn die Gefährlichkeit noch gar nicht behauptet wird.

So wäre gegen „Sicherungsmittel vor der Tat" bei verwahrlosten Jugendlichen und gefährlichen Geistigdefekten [1]) vom Standpunkt des Freiheitsinteresses nichts einzuwenden [2]), ja sie müssen vom Standpunkt des sozialen Interesses dringend gefordert werden. Unser geltender Rechtszustand freilich liegt hier im argen, insbesondere bezüglich der Geisteskranken, wie oft genug hervorgehoben worden [3]).

Aber auch unsere Strafgesetzentwürfe, deren Verfasser die Reformbedürftigkeit wohl anerkennen, bringen in dieser Hinsicht nichts. Das hat seine Berechtigung. Sollen auch jene gefährlichen Personen unabhängig von einem Verbrechen der staatlichen Behandlung unterzogen werden, unbeachtlich ist die Tat darum nicht. Nicht die politische, sondern die organisatorische Bedeutung des Taterfordernisses macht sich hier geltend. Mag nämlich immerhin das Sicherungsbedürfnis in gleicher Weise bestehen, es ist nicht Sache des Strafgerichts, in solchen Fällen die sichernde Maßregel zu verhängen. Denn die Gründe, welche uns veranlassen, die Anordnung persönlicher Sicherungsmittel an das Strafverfahren anzuschließen, treffen, wie noch

---

[1]) Garçon will das nur für den Wahnsinnigen anerkennen, weil nur hier der Zustand unabhängig von seinen Äußerungen objektiv feststellbar ist.

[2]) Vgl. u. a. v. Liszt, Archiv f. Rechts- u. Wirtschaftsph. III, 618. — Noch in anderen Fällen sind Maßnahmen, die dem Schutze vor gefährlichen Personen dienen, unabhängig von einer kriminellen Tat möglich, ja schon jetzt in Übung. So kennen die Gewerbeordnungen eine Entziehung der Gewerbeberechtigung wegen Gefährlichkeit des Gewerbetreibenden auch unabhängig von einer strafgesetzwidrigen Handlung (§ 138 österr. GO.). Der gefährliche Ausländer kann, obgleich er noch nicht mit den Strafgesetzen in Konflikt gekommen ist, als „lästiger Ausländer" des Landes verwiesen werden. — Über die Sicherung „vor der Tat" vgl. Prins la défense sociale (1910) 141 ff.

[3]) England — obwohl es, oder vielleicht weil es das Land der Freiheit ist, geht hier neuerdings mit vorbildlicher Energie vor. Im Mai 1913 fand die erste Lesung über die von der Regierung vorgelegte Mental-Deficiency Bill und zwei andere Privatentwürfe statt, die sehr weitgehende — vom Verbrechen unabhängige — Maßnahmen gegen gefährliche Geistesdefekte vorsehen; siehe die Mitteilung von Hentig, Monatsschr. f. Krimps. IX, 277 ff.

zu zeigen sein wird, nur für jene Fälle zu, in welchen ein Verbrechen oder wenigstens sein objektiver Tatbestand vorliegt. Es hat keinen Sinn, den Verbrechensrichter mit Sachen zu befassen, die mit einem Verbrechen nichts zu tun haben. Wo also ausnahmsweise ein derartiges Sicherungsmittel unabhängig von einem Verbrechen verhängt wird, ist es nicht Gegenstand des Strafverfahrens, sondern des verwaltungsrechtlichen, bzw. des zivilgerichtlichen Verfahrens. Solange wir also nur von jenen Sicherungsmitteln sprechen, die gegen chronische Gefährlichkeit gerichtet und in die Hand des Strafrichters gelegt sind, so bleibt es bei dem Ergebnisse: keine sichernde Maßnahme ohne Verbrechen.

Wahre Ausnahmen vom Taterfordernis finden wir in unseren Entwürfen nur bei den Sicherungsmitteln gegen akute Gefährlichkeit und gegen Sachgefährlichkeit.

1. Bei Bekämpfung der akuten Gefährlichkeit kann von einem Anknüpfen an die vollbrachte Tat keine Rede sein. Dies ist ja selbstverständlich. Das Schutzmittel soll hier das eben bevorstehende Verbrechen abwenden. Diese Gefahr aber kann nur in den seltensten Fällen aus einem vorangehenden verbrecherischen Verhalten, sie muß aus anderen Äußerungen des Individuums erschlossen werden. Hier ist nun allerdings willkürlichen Vermutungen und Wahrscheinlichkeitsbehauptungen Tür und Tor geöffnet. Darum wären erhebliche Freiheitsbeschränkungen zum Zwecke der Bekämpfung akuter Gefahr m. E. abzulehnen [1]).

In der Einführung der mehrfach erwähnten Friedensbürgschaft freilich könnte eine derartige Beeinträchtigung des Freiheitsinteresses nicht erblickt werden, weil diese Maßregel nicht mit Freiheitsverlust verbunden ist, sondern lediglich in der Androhung eines Übels besteht. So wenigstens

---

[1]) A. M. Kitzinger, a. a. O. 215; er will die zu kurz befristete polizeiliche Präventivhaft durch Ausgestaltung der in den Entwürfen vorgeschlagenen richterlichen Sicherheitsverwahrung reformieren, indem diese nicht auf den Fall strafgerichtlicher Verurteilung wegen begangener Tat beschränkt, sondern — allerdings nur zur Verhütung schwerer Verbrechen — als Sicherung vor der Tat ausgebaut würde.

nach dem Gegenentwurf. Die Kautele der bürgerlichen Freiheit darf entfallen, weil es ja von dem Verhalten des Individuums abhängt, ob es durch die Maßregel eine Einbuße an Freiheit oder Vermögen erleidet oder nicht [1]).

Faßt man aber, wie dies oben geschah, die Untersuchungshaft wegen Repetitionsgefahr als ein hierhergehöriges Schutzmittel, so ändert sich die Sachlage. Hier ist — nach der Regelung der österreichischen Strafprozeßordnung — in der Tat eine empfindliche, sogar zeitlich unbegrenzte Freiheitsbeschränkung gegeben; und dies, obwohl die Gefährlichkeit nicht durch ein Verbrechen, wenigstens nicht durch ein gerichtsordnungsmäßig festgestelltes Verbrechen bewiesen ist. Die Maßregel knüpft nur an den Verdacht eines Verbrechens an und ist in dieser Hinsicht die Nachfolgerin der sichernden Maßnahmen des 18. Jahrhunderts, die ja in aller Regel über den nur Verdächtigten verhängt worden sind. Unseren heutigen Anschauungen freilich dürfte eine solche Bestimmung nicht mehr entsprechen. Wenn wir im Interesse der bürgerlichen Freiheit daran festhalten, daß die Gefährlichkeit sich durch eine Tat enthüllt haben muß, so kann die unbewiesene Tat ebensowenig Anlaß zur Sicherung sein, wie sie heute nicht mehr Gegenstand der Strafe ist. Ein nicht erwiesenes Ereignis ist für das Gericht nicht vorhanden. Freilich, so ließe sich einwenden, arbeitet das Sicherungsrecht vorzüglich mit Wahrscheinlichkeitsurteilen. Allein man darf die aus Tatsachen erschlossene Wahrscheinlichkeit nicht mit der Wahrscheinlichkeit dieser Tatsachen verwechseln. Das wäre ein Denkfehler, der schon in der Theorie der Verdachtsstrafe sein Unwesen getrieben hat. — Ebenso wie eine langdauernde polizeiliche Präventivhaft [2]) dürfte daher auch eine langdauernde Anhaltung in Untersuchungshaft aus-

[1]) Der schw. VE. geht allerdings weiter:

Art. 46. „Verweigert er das Versprechen oder leistet er die Sicherheit innerhalb der bestimmten Frist böswillig nicht, so kann ihn der Richter durch Sicherungshaft dazu anhalten, jedoch nicht länger als sechs Monate.“ In dem Erfordernis der Böswilligkeit liegt wohl auch ein genügender Schutz.

[2]) Die deutschen Landesgesetze begrenzen die Dauer der polizeilichen Präventivhaft sehr knapp: in der Regel bis zu drei Tagen; vgl. Kitzinger, a. a. O. 213.

schließlich aus dem Grunde der Wiederholungsgefahr abzulehnen sein. Die deutsche Strafprozeßordnung enthält sie in der Tat nicht und wird sie künftig um so eher entbehren können, wenn etwa in der Form der Friedensbürgschaft ein Schutzmittel gegen akute Gefährlichkeit eingeführt wird.

2. Die Anordnung sachlicher Sicherungsmittel ist nicht notwendig durch ein vorangehendes Verbrechen bedingt. Der schweizerische und die deutschen Entwürfe kennen allerdings nur die sachliche Sicherung im Anschluß an ein Delikt oder mindestens dessen objektiven Tatbestand. Der österreichische Entwurf geht weiter, er kennt auch eine bedingungslose Sicherung [1]). Das bedarf der Erläuterung.

Die Sachgefährlichkeit ist, wie bereits dargestellt, nur dann kriminalpolitisch beachtlich, wenn der Gegenstand, solange er „in der Gewalt des Inhabers oder im Verkehre" steht [2]), entweder 1. die Begehung eines Verbrechens oder 2. die güterverletzenden Nachwirkungen eines Verbrechens zu fördern geeignet ist. [3])

Im zweiten Falle ist selbstverständlich eine verbrecherische Tat Voraussetzung des Eingriffes. Nicht so im ersten Falle. Hier ist abermals zu unterscheiden: Eine Sache ist zunächst dann einer künftigen Deliktsbegehung günstig, wenn sie „ihrer Beschaffenheit nach nur zur Begehung einer strafbaren Handlung bestimmt" ist (ÖE.) — man denke an Höllenmaschinen, an eine zur Münzfälschung dienliche Stanze usw. Solange diese Sachen sich überhaupt im Verkehr befinden, sind sie kriminell gefährlich. Doch auch jene Sachen gehören hierher, die, solange sie in der Gewalt ihres bisherigen Inhabers sind, die Begehung eines Verbrechens seitens dieses Inhabers begünstigen, etwa das Jagdgewehr im Besitze eines Wilddiebes. Es ist zwar nicht in concreto gefährlich, wie die zuerst genannten Gegenstände, doch es ist in abstracto gefährlich; und vorliegenden Falles begünstigt es deshalb die Verbrechensbegehung, weil es eben ein Wilddieb ist, dem es zur Verfügung steht. Darum

[1]) § 54 ff. DVE. dazu, Begründung I 184 ff. — § 80 GE. dazu, Begründung zum GE. 112. — Art. 47 schw. VE. — § 41 f. ÖE.

[2]) § 80 GE.

[3]) Vgl. oben Seite 57f.

ist es in diesem Falle wohl begründet, die Sicherung an die Tat anzuknüpfen; denn nur, wenn der Inhaber die Sache verbrecherisch verwendet hat, läßt sich behaupten, daß eine ähnliche Verwendung für die Zukunft zu befürchten, daß die Sache eine gefährliche ist.[1]) Die Tat ist hier ein notwendiges Symptom für die Gefährlichkeit der Sache.[2]) Die konkrete Gefährlichkeit dagegen gibt immer bedingungslos Anlaß zu einer sichernden Vorkehrung. Es ist gleichgültig, in wessen Besitz sich die Sache befindet, es ist insbesondere gleichgültig, ob sie schon einmal zur Begehung eines Verbrechens gedient hat. Denn wenn ihre Verwendung überhaupt nur eine kriminelle sein kann, so muß diese Verwendung unter allen Umständen verhütet werden. Trotzdem kennen der schweizerische und die deutschen Entwürfe jene sichernde Vorkehrung nur im Anschlusse an ein Verbrechen.

Freilich, auch das gilt von allen sachlichen Sicherungsmitteln und ist von allen Entwürfen anerkannt: Ein Verbrechen im technischen Sinne ist nie erforderlich. Ob der Täter bestraft wurde, ob er wegen Unzurechnungsfähigkeit freigesprochen oder aus einem anderen Grunde nicht verfolgbar ist, das ändert nichts an der Gefährlichkeit des Gegenstandes, an der Notwendigkeit der Sicherung[3]).

b) Die schuldhafte Tat als Symptom der Gefährlichkeit.

Unter all den Symptomen, die im Einzelfall die Gefährlichkeit des Individuums anzeigen, ist die Tat das materiell wichtigste

[1]) Erl. Bem. S. 88.

[2]) Freilich nicht immer, wenn diese Bedingung erfüllt ist, muß notwendig Gefährlichkeit vorliegen: Das Jagdgewehr im Besitze des Totschlägers muß nicht immer ein gefährlicher Gegenstand sein, das Jagdgewehr im Besitze des Wilddiebes wird es stets sein.

[3]) Aschaffenburg (Monatsschr. f. Krimps. VII, 506) erzählt einen drastischen Fall, der alle weiteren Argumente überflüssig macht. Er erhielt eines Tages von der Staatsanwaltschaft eine Ledertasche zugesendet mit dem Ersuchen, die darin befindlichen Gegenstände dem J. „gegen hierunter zu setzende Empfangsbestätigung auszuhändigen". J. war ein schwerer Einbrecher, der wegen Geistesstörung freigesprochen, sich nun in der Klinik befand. Die Tasche enthielt: 1 Dolch, 1 Revolver, 5 Messer, 1 Feile, 1 elektrische Taschenlampe, 1 Bund Schlüssel, Dietriche, 1 Schachtel Patronen, 3 Brecheisen!!

und das formell einzig notwendige. Allein, sie ist doch nur immer „un symptôme parmi les autres" (Ferri), ein äußeres Anzeichen der Sicherungsbedürftigkeit, und ihre Bedeutung erschöpft sich hierin. Nur weil und nur wenn sie für ihren Urheber symptomatisch ist, spielt sie im Sicherungsrecht eine Rolle. Es fragt sich darum, unter welchen Bedingungen einer Tat diese Eigenschaft beizulegen ist; denn weder ist jedes Verbrechen notwendig ein Gefährlichkeitssymptom, noch muß das geforderte Gefährlichkeitssymptom notwendig ein Verbrechen sein.

Die Tat kann nur dann Anlaß zur Ergreifung sichernder Maßnahmen sein, wenn sie gewisse objektive und subjektive Voraussetzungen erfüllt.

I. Objektive Voraussetzung ist aus den bereits erörterten Gründen zunächst die Strafgesetzwidrigkeit der Handlung. Allein unsere Gesetzgeber begnügen sich nicht immer mit der einfachen Tat. Sie fordern in manchen Fällen ein plus, sei es in qualitativer Hinsicht: ein Verbrechen von bestimmter Art und Schwere, sei es in quantitativer Hinsicht: eine Mehrzahl von verbrecherischen Handlungen. Nur vom ersten Fall ist zunächst die Rede.

a) Für gewisse Formen der Gefährlichkeit können nur verbrecherische Handlungen ganz bestimmter Art als symptomatisch gelten. Denn nach der Verschiedenheit der verbrecherischen Disposition ist ihre tätliche Äußerung eine verschiedene. Dies wird praktisch dort wichtig, wo der Gesetzgeber gegen eine bestimmte Gefährlichkeitsursache ankämpfen will. So etwa bei der Arbeitsscheu: durch die Hervorhebung dieser Deliktsquelle scheiden von selbst viele Deliktsarten als mögliche Symptome aus. Hochverrat, Meineid, Majestätsbeleidigung, Verleumdung usw. können nicht Anlaß für die Einweisung in das Arbeitshaus sein. Dabei ist es ohne prinzipielle Bedeutung, ob der Gesetzgeber dies ausdrücklich hervorhebt, wie der deutsche Entwurf, der nur gewisse taxativ aufgezählte, erfahrungsgemäß auf Arbeitsscheu beruhende Delikte als Voraussetzung des Arbeitshauses anerkennt oder diese Entscheidung, wie der schweizerische und der Gegenentwurf, dem Richter überläßt[1]). — Analoge Erwägungen haben den österreichischen Entwurf bei Regelung der Verwahrungsanstalt dazu geführt, nur bestimmte Deliktsgattungen als Symptome der Gefährlichkeit anzuerkennen. Ausgeschlossen sind insbesondere Verbrechen aus politischer oder religiöser Überzeugung: man wollte eben prinzipiell nur den „gemeinen Verbrecher" mit dieser Maßregel treffen.

b) Gewisse, schwer in die Rechte der Person eingreifende Schutzmaßregeln sind nach der Auffassung unserer Entwürfe nur bei erhöhter Gefährlichkeit anwendbar. So insbesondere die Mittel der absoluten Unschädlichmachung in Form der Verwahrung gewohnheitsmäßiger Verbrecher und die Ausweisung. Die besondere Intensität der Gefahr muß hier auch in den Symptomen zum Ausdrucke kommen. Wenn nun der Grad der Gefahr von der Schwere des drohenden Angriffs und der Wahrscheinlichkeit seines Eintrittes abhängt, so sind Symptome erhöhter Gefahr: einerseits Verbrechen besonderer Schwere, die wiederum ähnlich schwere Verletzungen erwarten lassen, und anderseits Verbrechen in größerer Anzahl, die weitere Verletzungen besonders wahrscheinlich machen. In diesem Sinne haben die Entwürfe durchwegs qualifizierte Delikte zur Voraussetzung obgenannter Schutzmittel gemacht. — Bei Besserungsmitteln trifft dieser Gedanke nicht zu, es hat keinen Sinn, sie nur dann anzuwenden, wenn die Gefahr eine erhöhte, die Hoffnung auf Besserung darum schon eine geringere ist; unrichtig ist es daher, wenn der deutsche Entwurf das Arbeits- und Trinkerhaus nur im Anschluß an qualifizierte Delikte anordnen will.

Eine besondere Stellung nimmt der österreichische Entwurf in dieser Frage ein. Er hat seine Sicherungsmittel gegen Erwachsene durchwegs an Delikte besonderer Schwere geknüpft. Eine Ausnahme macht nur die Arbeitsanstalt, weil sie speziell auf die kleine Kriminalität berechnet ist. Alle anderen setzen

[1]) Andere Erwägungen haben den österreichischen Entwurf veranlaßt, die Zwangsarbeitsanstalt nur an die Übertretungen des Bettels, der Landstreicherei usw. anzuknüpfen: Die Maßregel gilt hier nicht zur Bekämpfung der Arbeitsscheu schlechtweg, sondern soll in ihrer Anwendung auf die kleine Kriminalität beschränkt bleiben.

ein Verbrechen voraus, das mit mehr als sechs Monaten Freiheitsstrafe bedroht ist. Auffallend und fast durchwegs getadelt [1]) ist dies insbesondere für die Verwahrung Geisteskranker. Doch haben die erläuternden Bemerkungen hierfür eine feine Begründung gegeben [2]). Es ist nämlich allerdings richtig, daß die Gefährlichkeit des Geisteskranken auch aus einem geringfügigen Delikte erkennbar ist, allein in einem solchen Falle wird die Tat gegenüber anderen Symptomen kein wesentliches Kriterium der Gemeingefährlichkeit sein. Und da ohnedies das Taterfordernis hier nur die Bedeutung hat, daß beim Vorliegen eines Verbrechens die Strafgerichte mit der Maßregel befaßt werden, während beim Fehlen dieses Momentes die Verwaltungsbehörden zur Anordnung zuständig sind, bedeutet die Aufstellung dieser Voraussetzung nicht eine Grenze für die Anwendung der Sicherung überhaupt, sondern lediglich eine Grenze für die Zuständigkeit des Strafgerichts; und die Grenze wird an diesem Punkte gezogen, weil die geringeren Delikte den Bezirksgerichten zugeteilt sind, und die Anordnung einer so schwerwiegenden Maßregel dem Einzelrichter nicht überlassen werden darf. Diese Argumentation setzt freilich voraus, daß durch ein zweites Gesetz für die Sicherung jener gemeingefährlichen Kranken gesorgt werde, die noch kein Delikt der genannten Höhe begangen haben. Der Einführungsgesetzentwurf läßt leider eine derartige Novelle vermissen, während er verwaltungsrechtliche Bestimmungen anderen Inhaltes, z. B. das Berufsverbot [3]), allerdings enthält.

---

[1]) Vgl. Kriegsmann, Monatsschr. f. Krimps. VI, 559 f. — Aschaffenburg, Z. 32, 739. — Löffler, Gutachten, 793 u. a.

[2]) Erl. Bem. S. 74. — Vgl. auch Graf Gleispach, Der österr. Strafgesetzentwurf 54.

[3]) Auch das Berufsverbot, die Konzessionsentziehung usw. setzt nach dem ÖE. ein Verbrechen voraus, das mit mehr als 6 Monaten Freiheitsstrafe bedroht ist. Hier trifft die oben erwähnte Argumentation nicht zu, da nach der Bestimmung des Entwurfes hier unter allen Umständen die Verwaltungsbehörde einschreitet, also von einer Kompetenzbegrenzung nicht die Rede sein kann. Sachlich ist die Aufstellung dieses Erfordernisses entschieden bedenklich, da sie die Anwendung der Maßregel auf die allerschwersten Fälle beschränkt. Ein Arzt z. B., der wiederholt jemanden durch grobe Fahrlässigkeit schwer am Körper beschädigt

II. Die objektiv rechtswidrige Tat ist an sich nie Symptom der Gefährlichkeit. Sie kann nur dann Anlaß zur Sicherung sein, wenn sich aus ihr ergibt, daß der Täter für die Gesellschaft auch weiterhin gefährlich sein wird. Das heißt: Es muß eine Beziehung zwischen Subjekt und äußerem Geschehen vorliegen, die einen Rückschluß zuläßt vom Wesen der Tat auf das Wesen des Täters. Diese Beziehung darf nie fehlen, wenn sie auch in den einzelnen Fällen der Gefährlichkeit sehr verschieden gestaltet ist.

Es gibt nun, wie oben gezeigt wurde, zwei Quellen der Gefährlichkeit. Das Individuum kann der menschlichen Gesellschaft gefährlich werden infolge seiner rechtswidrigen Gesinnung oder infolge seiner Unfähigkeit zu rechtmäßigem Verhalten. Im ersten Fall, und allein von diesem ist zunächst die Rede, kommt der schädlichen Handlung nur dann symptomatische Bedeutung zu, wenn sie Ausfluß des rechtswidrigen Willens ist. Hier ist also eine Beziehung zwischen Tat und Täter vorausgesetzt, auf Grund deren die rechtswidrige Tat für den rechtswidrigen Willen charakteristisch erscheint. Es ist dies die Schuldbeziehung: nur wenn der Täter vorsätzlich oder fahrlässig gehandelt hat, kann sein Verhalten als Symptom rechtswidrigen Willens in Betracht kommen. Die Begründung dieses Satzes, die eine Entwicklung der Schuldlehre voraussetzt, muß hier entfallen. Die Entwürfe haben ihn anerkannt: nur schuldhafte Handlungen sind Symptome des gefährlichen Willens. Was hier jedoch besonders interessiert, ist ein anderes: die Schuldhaftigkeit allein begründet noch nicht die Verwertung der Tat als Symptom.

Es muß ein Grund vorliegen, der uns berechtigt, die Tat nicht nur als Ausfluß eines augenblicklichen Willensentschlusses, sondern als das Ergebnis einer dauernd gefährlichen Willens-

(§ 311, 1 ÖE.), ja sogar ein Arzt, der vorsätzlich unterläßt, einen anderen aus offenbarer Lebensgefahr zu retten, obwohl er „zur Obsorge für den Verunglückten verpflichtet ist" (§ 314, 2), kann nach dieser Bestimmung in der Ausübung seines Berufes nicht beschränkt werden.

richtung zu betrachten. Nicht immer wenn ein Jugendlicher ein Verbrechen begeht, läßt es auf gefährliche Verwahrlosung schließen, nicht immer wenn ein Trunksüchtiger, Arbeitsscheuer oder geistig Minderwertiger kriminell wird, handelt es sich um gefährliche Trunksucht und gefährliche Arbeitsscheu usw. Nur wenn die Tat „als Folge mangelhafter Erziehung erscheint" (69 DVE., 179 GE.), nur wenn der Täter wegen seiner Trunkensucht, wegen seiner Arbeitsscheu das Verbrechen begangen hat, ist dieser Schluß zulässig.

Der schweizerische Entwurf hat hierfür einen besonders glücklichen Ausdruck gefunden: Ist der Täter, der wegen eines Verbrechens verurteilt wird, arbeitsscheu „und steht sein Verbrechen damit im Zusammenhang", oder ist er ein Gewohnheitstrinker „und steht sein Verbrechen damit im Zusammenhang", dann und nur dann hat die Sicherung stattzufinden. Nicht der Schuldzusammenhang, der bei jeder Verurteilung vorliegt, genügt, es muß auch noch dieser weitere, psychische Kausalzusammenhang festgestellt werden. Das heißt: der Richter hat auf die Entstehungsgründe der Tat zurückzugehen und erkennt er, daß sie mit einer Disposition im ursächlichen Zusammenhang steht, welche wie etwa die Trunksucht in abstracto als gefährlich gilt, dann kann er in dem Verbrechen ein Anzeichen chronischer Gefährlichkeit erblicken. Denn ist diese Voraussetzung erfüllt, so ist er berechtigt, aus der Tat auf die (konkrete) Gefährlichkeit der Disposition, aus der Konstanz der Disposition auf die Konstanz der Gefährlichkeit zu schließen. Man wende nicht ein, es sei kein Grund zu dieser Beschränkung, der Richter könne und solle auch dann z. B. auf Trinkerheilanstalt erkennen, wenn er nur überhaupt Trunksucht bei dem Angeklagten feststellt, mag die ihm vorgeworfene Tat auch nicht mit jenem Laster zusammenhängen. Das wäre unrichtig, da sich eben der Staat nur bei gefährlicher Trunksucht ein Recht auf derartige Eingriffe vindiziert, dieses Recht also dahin fällt, wo kein Grund vorliegt, den Zustand für gefährlich zu halten. Nimmt man es ernst mit dem Taterfordernis, so kann nur eine symptomatische Tat Anlaß zur Sicherung sein.

Die Verwertung der Tat als Symptom setzt also ein doppeltes Zurechnungsurteil voraus:

1. Die Zurechnung zur Schuld; sie ist im Schuldspruch enthalten und bedeutet: die Handlung ist dem Willen des Täters entsprungen.

2. Die Zurechnung zur Gefährlichkeit. Sie bedeutet: die Handlung ist einer dauernd gefährlichen Anlage entsprungen. Sie ist nicht nur Entäußerung eines augenblicklichen rechtswidrigen Wollens, sondern Entäußerung eines psychischen Zustandes, der ähnliche Willensbildungen erwarten läßt[1]).

---

[1]) Nur eine derartige, aber auch jede derartige Handlung ist Symptom der Gefährlichkeit. Die Entwürfe haben nicht immer die Konsequenzen daraus gezogen. Ich erwähne nur den Fall der Trunksucht.

Die Trunksucht kann in strafrechtlich zurechenbaren und strafrechtlich unzurechenbaren Handlungen zum Ausdruck kommen. Ersteres ist der Fall, wenn der Täter im Zustand der Halbtrunkenheit Ausschreitungen begeht, oder wenn er zwar nicht unter unmittelbarem psychischen Einfluß des Alkohols, als Trunkener, sondern unter mittelbaren Einfluß des Lasters, etwa wegen der damit verbundenen Zerrüttung seiner wirtschaftlichen Verhältnisse, zum Verbrechen getrieben wird. So kann also sowohl eine im volltrunkenen, halbtrunkenen, als auch im nüchternen Zustande begangene Handlung Symptom gefährlicher Trunksucht und Voraussetzung der Sicherung sein. Dies wird von den Entwürfen in mehrfacher Weise verkannt:

a) Daß die Handlung eines Nüchternen Anlaß zu einer Vorkehrung gegen den Trinker sein kann, wird zunächst bei der Regelung des Wirtshausverbotes übersehen und zwar von allen drei Entwürfen, die dieses Institut kennen. Sie alle machen zur Voraussetzung dieses Schutzmittels eine Handlung, die auf (akute) Trunkenheit bzw. auf übermäßigen Alkoholgenuß zurückzuführen ist. Das ist verfehlt. Wenn man die Maßregel überhaupt für wirksam hält, so soll man sie dann anwenden, wenn ein Mensch in Gasthäusern sein Geld vertrinkt, dadurch seine Familie ins Verderben und sich selbst auf die Bahn des Verbrechens treibt.

b) Daß überhaupt eine strafrechtlich zurechenbare Handlung, mag sie nun einem nüchternen oder halbtrunkenen Zustande entspringen, Symptom der Gefährlichkeit eines Trinkers sein kann, wird vom österreichischen Entwurf übersehen. Er macht die Anwendung seines Schutzmittels von einer Tat abhängig, die in Unzurechnungsfähigkeit begangen wurde (242f.), obwohl gewiß das Individuum gefährlich sein kann, ohne daß sich diese Gefahr gerade in Volltrunkenheitsexzessen äußern müßte. — Eine Abhilfe ist wohl manchmal möglich durch Heranziehung der Bestimmung über gemindert Zurechnungsfähige (vgl. Graf Gleispach,

Es ist klar, daß die Unterscheidung dieser zwei Zurechnungsurteile nur dann Sinn hat, wenn Schuldhaftigkeit und Gefährlichkeit nicht identisch sind. Darin liegt wohl der Grund, weshalb Tesar in seinem Buch über die symptomatische Bedeutung des verbrecherischen Verhaltens diese „Zurechnung zur Gefährlichkeit" unerwähnt läßt. Das Verbrechen ist ihm an sich schon das Symptom eines relativ dauernden psychischen Mangels, jede schuldhafte Handlung ein Symptom sozialer Gefährlichkeit [1]). Und dies ist vollkommen erklärlich; wenn man den streng spezialpräventionistischen Standpunkt mit der Bestrafung jedes Verbrechens, auch des Augenblicksverbrechens in Einklang bringen will, so muß eben gezeigt oder zu zeigen versucht werden, daß die Schuld der Einzeltat stets an sich schon Gefährlichkeit pro futuro und daher Sicherungsbedürftigkeit anzeigt. Aber merkwürdig bleibt dieser Irrtum dennoch: Ist es ja gerade das Verdienst v. Liszts und seiner Nachfolger, streng zwischen Gelegenheits- und Gewohnheitsverbrecher, zwischen Augenblicks- und Zustandsverbrecher unterschieden und klar bewiesen zu haben, daß die eine Tat, als Entäußerung des „Augenblicks", über die Zukunft des Subjekts nichts

---

Der österreichische Strafgesetzentwurf, S. 55). — Auch nach dem DVE. ist die Verwahrung eines gemeingefährlichen, aber nur im Zustand der Halbtrunkenheit handelnden Trinkers ausgeschlossen (§ 63, 2. Abs. a. E. und 65, 1 DVE.).

c) Endlich haben, wie noch bemerkt werden mag, die Entwürfe sonderbarerweise auch der Tatsache nicht voll Rechnung getragen, daß die Gefährlichkeit eines Trinkers sich im Zustand der Volltrunkenheit zeigen kann. So kann der Trinker, der einen Totschlag in Volltrunkenheit begangen hat, daher nach § 64 DVE. wegen fahrlässiger Tötung bestraft wird, gemäß § 65 trotz Gemeingefahr nicht verwahrt werden, da die Bestimmung Freispruch voraussetzt. Auch nach den Beschlüssen der deutschen Strafrechtskommission scheint eine Verwahrung in einem solchen Fall ausgeschlossen zu sein (vgl. Ebermayer 17 und 90). — Ferner macht der deutsche und schweizerische Entwurf eine strafbare Handlung zur Voraussetzung des Wirtshausverbotes. Im Falle der Unzurechnungsfähigkeit ist also diese Maßregel unanwendbar. Für den schw. VE. hängt dies damit zusammen, daß er das Wirtshausverbot als Nebenstrafe ansieht. Im DVE., für den diese Erklärung nicht zutrifft, liegt wohl eine Entgleisung vor; der Gegenentwurf hat sie berichtigt, indem er auch im Falle des Freispruchs die Anordnung dieses Sicherungsmittels zuläßt.

[1]) A. a. O. 230 ff.

aussagt, während die andere, als Entäußerung eines „Zustandes" ein grelles Licht auf sein weiteres Verhalten wirft. Das bedeutet aber doch nichts anderes als: Nicht jede schuldhafte Handlung kann als Symptom dauernder Gefährlichkeit aufgefaßt werden. — In diesem Sinne haben denn auch die Entwürfe entschieden: Die regelmäßige Verbrechensfolge ist die Strafe, nur wenn das Verbrechen eine mittels Strafe nicht behebbare Gefahr enthüllt, tritt sichernde Behandlung ein.

Die Hervorhebung dieses Zusammenhangs zwischen der Tat und der gefährlichen Disposition im Täter, ist in jenen Fällen von besonderer Bedeutung, in welchen der Gesetzgeber mit seiner Maßregel gegen eine bestimmte Form der Gefährlichkeit ankämpfen will. Dies gilt, wie aus den gebrachten Beispielen hervorgeht, vor allem von den Besserungsmitteln. Jedes einzelne derselben wendet sich gegen eine bestimmte gefährliche Disposition, nach welcher der Vollzug der Maßregel eingerichtet werden muß. Es kann darum nur an ein Delikt anknüpfen, das Symptom gerade dieser Gefährlichkeitsursache ist. Analoges gilt auch von einzelnen Schutzmitteln, z. B. von der Verwahrung geistig minderwertiger Personen [1]).

Eine Ausnahme muß natürlich dort gemacht werden, wo wir eine bestimmte Gefährlichkeitsursache nicht anzugeben vermögen, weil wir sie nicht kennen. Das gilt insbesondere für Schutzmittel gegen gewohnheitsmäßige Verbrecher. Bei den anderen sichernden Maßnahmen ist mit der Feststellung des speziellen gefährlichen Zu-

[1]) Bei manchen Schutzmitteln ist nicht die Beziehung zur inneren Ursache der Gefährlichkeit Voraussetzung der Anordnung, sondern die Beziehung der Tat zu bestimmten äußeren Bedingungen der Gefährlichkeit, jenen Bedingungen nämlich, die durch das betreffende Schutzmittel modifiziert werden sollen. Die Aufenthaltsbeschränkung z. B. hat nur dann Sinn, wenn aus der Tat des Verurteilten erhellt, daß „dessen Aufenthalt an bestimmten Orten mit einer besonderen Gefahr für die Sicherheit verbunden ist" (DVE.). Die Entziehung der väterlichen Gewalt nur dann, wenn der Täter durch Mißbrauch dieser Gewalt sich gefährlich zeigt usw. Überall gilt der Grundsatz: Die Tat kann nur dann als Symptom verwertet, als Anlaß zur Sicherung betrachtet werden, wenn sie auf ganz bestimmte künftige Angriffsmöglichkeiten des Täters hinweist.

standes einerseits und des daraus entspringenden Verbrechens andererseits, die Gefährlichkeit des Individuums außer Zweifel gesetzt. Die Verwahrung aber bekämpft keine bestimmte Gefährlichkeitsursache, die durch besondere Anzeichen feststellbar wäre. Der Gesetzgeber kann aber auch, wie gesagt, nicht alle Ursachen des verbrecherischen Hanges aufzählen, da sie uns nicht durchwegs bekannt, jedenfalls nicht in Typen faßbar sind, und so lautet das Ergebnis: Die Gefahr ist hier schlechterdings nur aus den begangenen verbrecherischen Handlungen und aus der Fruchtlosigkeit der bisher angewandten Strafen und Besserungsmittel erkennbar. Die Entwürfe haben die Konsequenz daraus gezogen. So verschieden auch die einzelnen Regelungen sind, sie stimmen darin überein: bei der Verwahrungsanstalt und nur hier ist mehrfacher Rückfall Voraussetzung der Anordnung.

Daraus ergibt sich nun eine interessante Folgerung für die Beurteilung des künftigen Sicherungsrechtes. Das Präventivsystem unserer Entwürfe enthält eine Lücke und muß sie enthalten. Wenn nämlich die Besserungsmittel grundsätzlich Besserungsfähigkeit, die Maßregeln gegen Unverbesserliche grundsätzlich eine bestimmte Anzahl von Vorstrafen voraussetzen, dann fehlt die Möglichkeit der Sicherung in jenen Fällen, wo der Richter ein Besserungsmittel für aussichtslos hält, die Verwahrung aber mangels der zur Bedingung gemachten „drei", „fünf" oder „vielen" Vorstrafen nicht anwenden kann. Diese Lücke hat jedoch nicht allzu große praktische Bedeutung. Der Jugendliche soll immer als noch verbesserlich präsumiert werden. Einer besonderen Maßregel für unverbesserliche Jugendliche bedarf es nicht. Der unverbesserliche Trunksüchtige andererseits wird in den meisten Fällen als gemindert Zurechnungsfähiger gelten und unter diesem Titel verwahrt werden können [1]. Nur beim unverbesserlichen Arbeitsscheuen [2] wird die Lücke emp-

[1]) Dagegen wurde vorgeschlagen, neben den Trinkerheilanstalten Asyle für unheilbare Trinker zu gründen. Vgl. Maier, Schw. Z. 22, 317 f. und den Antrag Weber in den Protokollen der zweiten schweizerischen Expertenkommission I, 264.

[2]) Vgl. v. Liszt, Mitt. d. IKV. 19, 544.

findlich, er kann mangels Besserungsfähigkeit nicht in die Arbeitsanstalt [1]), mangels gehörig qualifizierter Gemeingefährlichkeit nicht in die Verwahrungsanstalt verwiesen werden. Es bleibt nichts übrig, als ihn so lange in Freiheit zu lassen, bis die Voraussetzungen der Verwahrung gegeben sind [2]). Die Praxis wird wohl, wie anzunehmen ist, sich auf anderem Wege aus dem Dilemma helfen. Mancher Richter dürfte — freilich in unrichtiger Auffassung der Sicherungsidee — es unbillig finden, den Unverbesserlichen „milder" zu behandeln als den Verbesserlichen, wird die Besserungsfähigkeit präsumieren und ihn in die Arbeitsanstalt einweisen. Eine derartige Praxis wäre freilich verfehlt, wie die heutige Sachlage zur Genüge beweist, denn eine Belastung der Arbeitshäuser mit unverbesserlichen Elementen muß, ohne den Rettungslosen zu helfen, die Rettung der übrigen erschweren.

c) Die schuldlose Tat als Symptom der Gefährlichkeit.

Auch wenn die Gefährlichkeit des Individuums nicht auf bösem Willen gegründet ist, sondern in der Unfähigkeit besteht sich rechtmäßig zu verhalten, auch dann ist sie an ihren Früchten, an den dieser Unfähigkeit entspringenden Handlungen erkennbar. Nur sind es hier nicht schuldhafte Handlungen — dem Täter kann ja strafrechtlich kein Vorwurf gemacht werden —, sondern schuldlose Handlungen, Verbrechen im objektiven Sinne.

Allein auch hier gilt der Grundsatz und verdient ganz besondere Beachtung: der objektive Tatbestand a n s i c h ist nie ein Symptom für die Gefährlichkeit seines Urhebers. Auch hier muß ein bestimmtes Verhältnis zwischen Subjekt und äußerem Geschehen vorliegen, das einen R ü c k s c h l u ß z u l ä ß t vom Wesen der Tat auf das Wesen des Täters. Nicht jeder Wahnsinnige, der tötet, nicht jeder Alkoholiker, der volltrunken

---

[1]) Allerdings nicht nach dem ÖE., der das Arbeitshaus nicht als Besserungsmittel betrachtet, also Besserungsfähigkeit hier nicht zur Voraussetzung macht.

[2]) Der GE. hat bereits einen Schritt zur Schließung dieser Lücke getan, indem er unter den Voraussetzungen der Verwahranstalt die Einweisung in die Arbeitsanstalt einer Vorstrafe gleichsetzt.

fremdes Gut beschädigt, ist eine gefährliche Person. Es könnte die Verletzung auch auf „Zufall" beruhen.

Damit ist ein Problem gestellt, das die heikelsten Punkte der strafrechtlichen Schuldlehre berührt. Wir sind gewohnt, Schuld und Zufall in kontradiktorischen Gegensatz zu stellen. Jeder unverschuldet angerichtete Schaden, mag er auf einen Unzurechnungsfähigen oder auf die entschuldbare Unwissenheit eines Zurechnungsfähigen zurückzuführen sein, ist im Sinne des Strafrechts ein zufälliger. Die strafrechtliche Schuldlehre kann sich dabei beruhigen, denn wenn die Schuldfähigkeit des Täters oder die Voraussehbarkeit des Erfolges mangelt, dann entfällt ja die Strafe, und auf diese allein kommt es hier an.

Im Sicherungsrecht aber steht es anders. Hier gibt es auch Maßregeln gegen unschuldige Personen. Das Sicherungsrecht kann die Frage nicht umgehen: Unter welchen Voraussetzungen ist eine schuldlose Handlung Anzeichen für die Gefährlichkeit ihres Urhebers?

Und in der Tat sind wir genötigt, innerhalb der unverschuldeten Verletzungen zwischen zufälligen und nichtzufälligen zu unterscheiden, zwischen solchen nämlich, die in keinerlei Beziehung zum Subjekte stehen und darum auch keinen Rückschluß auf seine Gefährlichkeit zulassen, und solchen, die zu dem Zustand des Individuums in Beziehung stehen, ihm adäquat sind und darum eine Handhabe bieten zur Prognose seines weiteren Verhaltens.

Auch unsere Entwürfe freilich stellen nur das Problem, lösen es aber nicht. So viel ist nämlich gewiß, daß auch sie nicht jede objektiv rechtswidrige Handlung als Symptom der Gefährlichkeit aufgefaßt wissen wollen. In dem österreichischen Entwurf z. B. ist dies klar erkennbar: die verbrecherische Tat eines Geisteskranken oder Trunksüchtigen ist nur dann Anlaß zur Sicherung, wenn er „mit Rücksicht auf die Eigenart seiner Tat" gefährlich erscheint. Nach dem schweizerischen Entwurf kann der Trunksüchtige nur dann in die Trinkerheilanstalt verwiesen werden, wenn er ein Gewohnheitstrinker ist und seine Tat „damit in Zusammenhang steht“ [1]). Allein unter welchen Bedingungen man zu sagen berechtigt ist, daß die Tat den Täter als gefährlich erscheinen läßt, daß sie mit seinem Zustand in Zusammenhang steht, dies zu entscheiden, bleibt Rechtsprechung und Wissenschaft überlassen.

Ein Fall aus der österreichischen Rechtsprechung möge dazu dienen, das Problem ins Licht zu rücken. Ein Knecht kehrt in einem Wirtshause ein und führt seine Kuh in den Wirtsstall, er berauscht sich und beim Fortgehen verwechselt er im volltrunkenen Zustande seine Kuh mit der weit wertvolleren des Wirtes und führt diese nach Hause [2]). — Nach geltendem österreichischen Recht wird die Trunkenheit als Übertretung bestraft, wenn der Volltrunkene eine Handlung begeht, die ihm außer diesem Zustand als Verbrechen zurechenbar wäre [3]). Der Kassationshof nimmt an, daß Voraussetzung der Bestrafung lediglich der objektive Tatbestand eines Verbrechens sei; da nun im gegebenen Falle zweifellos der objektive Tatbestand des Diebstahls vorliegt, hat er die Strafbarkeit des Knechtes bejaht. Bei gleicher Rechtsansicht könnte nach § 243 ÖE., wofern Trunksucht festgestellt ist, die Tat dieses Knechtes Anlaß zu seiner sichernden Verwahrung sein. — Nehmen wir nun an, die beiden Kühe seien sich zum Verwechseln ähnlich gewesen, die Nacht dunkel, so daß der Knecht die eben erst erstandene Kuh auch im nüchternen Zustand verwechselt hätte: der objektive Tatbestand liegt trotzdem vor. Der Mann ist also nach jener Rechtsansicht trotzdem zu bestrafen. Allein wie dem auch sei, hier interessiert uns nur: Kann diese Handlung irgendwie Anlaß zur Sicherung wegen gefährlicher Trunksucht sein, läßt sich aus ihr schließen, daß der Trunksüchtige auch künftig sich ähnlich verhalten wird, kann er „mit Rücksicht auf die Eigenart seiner Tat“ als gemeingefährlich erklärt werden? — Oder angenommen: Ein Wahnsinniger vergiftet einen Menschen, doch nur

---

[1]) Für den DVE. gilt Analoges; vgl. unten S. 140 Anm. 1.

[2]) ÖR. Nr. 47, dazu die Bemerkungen Löfflers S. 110; Stooß, Lehrbuch S. 474.

[3]) § 523 ÖStG. — ganz analog § 242 ÖE.

infolge einer Verkettung von unglücklichen Umständen, deren Eintritt auch ein Geistesgesunder nicht hätte voraussehen können. Er hat den objektiven Tatbestand des Mordes gesetzt, doch ist dies ein Symptom seiner Gefährlichkeit? Nein. Eine Handlung, die in einer auch dem Normalmenschen völlig unvoraussehbaren Weise fremde Güter verletzt, kann nie Symptom der Gefährlichkeit eines Unzurechnungsfähigen sein. Die Ursache der Verletzung liegt nicht in seinem Zustand. Sie wäre ja auch von dem Normalmenschen nicht vermieden worden. Die Ursache liegt vielmehr in der Unzulänglichkeit des menschlichen Geistes überhaupt: kein Sterblicher ist davor gefeit, daß er nicht zufällige, unvoraussehbare Verletzungen begeht. Jedermann ist solcher Handlungen fähig, auch der bonus pater familias ist dauernd gefährlich, wenn solche Schädigungen Symptome der Gefährlichkeit sind.

Wie ein Verbrechen nur dann als Anzeichen eines gefährlichen Willens betrachtet werden kann, wenn es schuldhaft begangen ist, so gilt also Analoges auch hier. Freilich von Schuld ist keine Rede. Doch die Tat kann nur dann als Symptom der Gefährlichkeit verwertet werden, wenn sie in besonderer Beziehung zu ihrem Urheber steht, wenn sie seinem Zustande adäquat ist.

Dieses Verhältnis kann ebenso wie das Schuldverhältnis ein zweifaches sein.

1. Es kann analog dem Vorsatz sein und in einem Wollen bestehen. Wenn der Wahnsinnige töten will, dann spricht diese Tat ganz offenbar für die Gefährlichkeit seines geistigen Defektes.

2. Es kann ein der Fahrlässigkeit analoges Verhältnis sein, ein Verhältnis zum Erfolg nämlich, dadurch charakterisiert, daß unter gleichen Umständen ein Normalmensch den Schaden vorausgesehen und vermieden hätte.

Eine einfache Überlegung zeigt die Richtigkeit des Gesagten. Die Tat ist nur dann Erkenntnisgrund der sozialen

Unfähigkeit, wenn die Unfähigkeit Realgrund der Tat ist. Die Unfähigkeit zu sozialem Verhalten besteht nun entweder in einem intellektuellen oder in einem emotionellen Mangel, entweder darin, daß der Täter außerstande ist, „das Unrecht seiner Tat einzusehen" oder außerstande ist, „dieser Einsicht gemäß zu handeln". Im ersten Falle zeigt sich die Unfähigkeit darin, daß er die Schädlichkeit seiner Handlung, die ein Normaler erkennen würde, nicht erkennt, im zweiten Falle darin, daß er die Handlung dennoch will, obwohl er ihre Schädlichkeit erkennt. Für den emotionellen Defekt ist also das Wollen der Rechtswidrigkeit, für den intellektuellen das Nichtvoraussehen der voraussehbaren Rechtswidrigkeit symptomatisch. — Nie aber kann die Herbeiführung eines absolut unvoraussehbaren Schadens ein Symptom der Gefährlichkeit sein.

Der erste Fall ist — rein psychologisch betrachtet — dem Vorsatz gleich, nicht aber ist der zweite Fall der Fahrlässigkeit gleich. Die strafrechtliche culpa verlangt Voraussehbarkeit in subjektiver Beziehung, hier aber genügt Voraussehbarkeit in objektiver Beziehung: es genügt das Nichtvoraussehen eines für den Normalmenschen voraussehbaren Schadens. Dies wird interessanterweise von den Entwürfen in einer ihrer Bestimmungen offensichtlich übersehen und mag daher näher ausgeführt werden.

Die Unfähigkeit zu sozialem Verhalten kann u. a. auf dem Mangel derjenigen Kenntnisse beruhen, welche zur Ausübung bestimmter gefährlicher Berufe nötig sind. Schutzmittel gegen diese letzte Form der Gefährlichkeit sind, wie bereits dargestellt, Berufsverbot, Konzessionsverlust usw. Anlaß zur Ergreifung dieser Schutzmittel kann jede Handlung sein, welche die Berufsunfähigkeit des Täters enthüllt. Dabei kommen vor allem fahrlässige Delikte in Betracht. Allein auch eine Handlung, die dem Täter strafrechtlich nicht zurechenbar ist, weil er nach dem Stande seines Wissens ihre Schädlichkeit nicht zu erkennen vermochte, kann Symptom der Gefährlichkeit sein, und zwar ist sie es dann, wenn der Erfolg objektiv voraussehbar war, wenn er also bei normalem Wissen und Können wohl wäre vermieden worden. So kann die Gefährlichkeit des Arztes oder Baumeisters gerade darin gelegen sein, daß er Handlungen, die sein fähiger Kollege nie ausführen würde, als bedenklich gar nicht zu erkennen vermag. Culpa darf ihm nicht zugerechnet werden, weil die subjektive Voraussehbarkeit fehlt, aber der Mann ist doch gefährlich, und seine Handlung ein Symptom dieser Gefährlichkeit. Die Entwürfe übersehen das, indem sie nur strafbare Handlungen zum Anlaß des Berufsverbots nehmen, also mindestens Fahrlässigkeit voraussetzen. Beim schweizerischen Entwurf ist dies dadurch erklärt, daß er das Berufsverbot als Strafe auffaßt. Die deutschen Entwürfe, insbesondere der Gegenentwurf, der sich mit dieser Materie näher befaßt, wollte vielleicht die Anordnung der Maßregel in solchen Fällen der Verwaltungsbehörde überlassen — ein triftiger Grund zu dieser Kompetenzverschiebung ist wohl nicht vorhanden, da ja auch sonst Sicherungsmittel an einen Freispruch geknüpft werden. Für den österreichischen Entwurf, der im übrigen das Berufsverbot am feinsten geregelt hat [1]), kann dies jedenfalls nicht zutreffen, denn hier ist ohnedies die Verwaltungsbehörde in allen Fällen zuständig; und obwohl er sehr richtig nicht nur Mißbrauch der Berufspflicht, sondern auch die Unfähigkeit zu ihrer Ausübung als Grund der Sicherung betrachtet, will er doch nur schuldhafte Handlungen als Symptom dieser Unfähigkeit anerkennen. — Dagegen hat z. B. § 356 des geltenden ÖStGB. den richtigen Gedanken ausgesprochen: Jeder „Heilarzt, der bei Behandlung eines Kranken solche Fehler begangen hat, aus welcher Unwissenheit am Tage liegt", soll (wofern ein schwerer Schaden eingetreten ist) vom Berufsverbot getroffen werden.

Wie dem auch sei, hier galt es nur zu zeigen: Auch die schuldlose Handlung muß in einem gewissen subjektiven Verhältnis zum Täter stehen, wenn sie als Symptom seiner Gefährlichkeit verwertet werden soll. Sie muß entweder gewollt oder objektiv voraussehbar gewesen. Erst dann

[1]) Vgl. oben S. 101.

ist sein Wahnsinn, seine Trunksucht Realgrund der Verletzung, und diese Verletzung daher Erkenntnisgrund seiner Gefährlichkeit. Denn im ersten Falle zeugt die Handlungsweise von Unfähigkeit zu normalem Wollen, im zweiten von Unfähigkeit zu normaler Voraussicht. War ihre Schädlichkeit aber auch einem Normalmenschen nicht erkennbar, dann läßt sich aus der Tat nicht auf die Gefährlichkeit ihres Urhebers schließen. Und wäre er immerhin gefährlich, er wäre es nicht mit „Rücksicht auf diese Tat", sie stünde nicht „im Zusammenhang" mit seinem Zustand [1]).

Jene Schriftsteller — wie z. B. Radbruch —, welche Schuld als rein tatsächliche Beziehung auffassen, ohne diesem Begriff ein ethisches Werturteil beizumengen, könnten auch hier von Schuld sprechen. Jedenfalls ist offenbar, daß die Zurechnungsformen hier ganz analog sind, wie im Strafrecht, nur handelt es sich nicht um Zurechnung zur Schuld, sondern um Zurechnung zur Gefährlichkeit.

---

[1]) Gleiches gilt wohl auch von den beiden deutschen Entwürfen. Ein Trunksüchtiger oder Wahnsinniger kann nur verwahrt werden, wenn er „auf Grund" seiner Unzurechnungsfähigkeit freigesprochen wird. Das mag wohl so zu deuten sein: Wenn die Sachlage derartig ist, daß auch ein Zurechnungsfähiger unter gleichen Verhältnissen den schädlichen Erfolg schuldlos herbeigeführt hätte, so wäre der Trunksüchtige schon darum, also nicht erst „auf Grund" seiner Unzurechnungsfähigkeit freizusprechen. Dieser Freispruch kann daher nicht Anlaß zur Sicherung sein.

IV. Kapitel.

Die Bemessung des Sicherungsmittels.

Das Mittel wird durch den Zweck, der Inhalt einer kriminalpolitischen Maßregel durch ihr kriminalpolitisches Ziel bestimmt. — Der Zweck der sichernden Maßnahme ist, die im Individuum liegende soziale Gefahr zu beheben. Wenn wir diese Idee rein erfassen und zunächst alle sie etwa durchkreuzenden fremden Gedanken fernhalten, so ergibt sich für die Inhaltsbestimmung der Sicherungsmittel folgender Leitsatz: Sie sind so zu vollziehen, wie der besondere Zustand des Individuums es erfordert und haben *so lange zu dauern, als die Gefährlichkeit andauert.*

Wollte man freilich nach bekannten Mustern blind alle Konsequenzen dieses Satzes ziehen, so käme man allerdings zu unmöglichen Ergebnissen. Zunächst würde aus diesem Prinzip folgen, daß bei Vollzug und Bemessung der Sicherungsmittel niemals die Größe, sondern ausschließlich die Ursache und Dauer der Gefahr zu berücksichtigen wäre. Nach der *Ursache* der Gefahr wäre die *Art der Behandlung*, nach ihrer *Dauer* die *Dauer der Behandlung* einzurichten. Die Sicherung hätte also ausnahmslos einzutreten, wenn schädliche Angriffe auf die Gesellschaft zu erwarten sind, möchte es sich auch um relativ harmlose Taten handeln; und sie hätte ausnahmslos bis zur erreichten Ungefährlichkeit anzudauern, möchte es auch erst der Tod sein, der das Individuum unschädlich macht. Einer derartigen Regelung stehen Interessen entgegen, die nicht weniger schwer wiegen als Rechtssicherheit und Verbrechensvorbeuge. Es ist hier nicht anders als bei der Strafbemessung: die Idee der Generalprävention an sich drängt zur *Maßlosigkeit* der Strafe. Erst die Abwägung der durch die Strafe zu schützenden und der durch die Strafe verletzten Güter errichtet die Schranken des Strafmaßes. Darüber wurde schon in der Einleitung gesprochen: die angewandten Mittel müssen im Verhältnis zum erreichten Erfolg stehen. Nur jene Maßregeln sind als Sicherung überhaupt anwendbar, die dem Individuum und der Gesellschaft eine geringere Last auferlegen, als ihre Anordnung dem einzelnen und der Gesellschaft erspart. Und je empfindlicher die Einbuße ist, die das Sicherungsmittel mit sich bringt, desto größer muß die Gefahr sein, welche die Anwendung der sichernden Maßnahme zu rechtfertigen vermag.

Ebenso wie bei Bemessung der Strafe, so ist bei der sichernden Maßnahme Art und Dauer der Vorkehrungen auseinanderzuhalten, und ebenso wie dort ist auch hier sogar das Hauptgewicht auf die Artwahl zu legen.

Es war Gegenstand des dritten Kapitels, zu zeigen, inwiefern die Art der Gefährlichkeit die Art der anzuwendenden Gegenmittel bestimmt. Hier ist nur ergänzungsweise des Falles zu gedenken, daß der gegebene Sachverhalt eine Wahl zwischen mehreren Sicherungsmitteln zuläßt. Dafür hat bereits Eisenhart den richtigen Grundsatz formuliert: „Unter mehreren Sicherheitsmitteln, durch welche die Abwendung der Gefahr bewirkt werden kann, ist dasjenige zu wählen, welches am wenigsten die Freiheit der Person dessen, gegen welchen es gebraucht werden muß, eingeschränkt werden muß [1]." So wäre jeweils an Stelle der Trinkerheilanstalt auf Wirtshausverbot zu erkennen, wenn dieses genügt; so muß ferner getrachtet werden, die tiefeingreifende Maßregel der Verwahrung bei Geisteskranken, wo irgend möglich, durch Schutz- und Bewachungsmaßregeln zu ersetzen; im Kreise der sachlichen Sicherungsmittel hat die Einziehung und Vernichtung gegenüber der Unbrauchbarmachung immer nur eine subsidäre Stelle einzunehmen usw. Da eben die sichernde Maßnahme nicht wie die Strafe durch Übelszufügung wirken soll, sondern durch andere Eigenschaften, muß jenes Mittel stets den Vorzug haben,

---

[1]) Eisenhart, a. A. III, 2 St., 27. — Seine und Kleins Abhandlungen über die Sicherungsmittel und „außerordentliche Strafe" im a. Arch. sind heute noch lesenswert.

das bei Gleichheit des Erfolges die geringeren Leiden in sich schließt.

Nach dieser ergänzenden Bemerkung über die Wahl der Sicherungsart haben wir es nunmehr lediglich mit der Bemessung der sichernden Maßnahme im Sinne der Bestimmung ihrer Vollzugsdauer zu tun. Doch ebenso wie dort, ist auch hier der Zustand des Individuums die Bemessungsgrundlage. Daraus folgt unmittelbar, daß der Tat, welche die Maßnahme auslöst, kein Einfluß auf ihre Dauer eingeräumt ist. Die Tat ist nicht Bemessungsgrundlage der Sicherung. Es scheint allerdings widerspruchsvoll, daß ein Faktum, welches Anlaß und conditio sine qua non für die Ergreifung der Maßregel ist, keine Bedeutung für den Vollzug dieser Maßregel haben sollte. Allein man darf nicht übersehen: Die Tat steht außer Zusammenhang mit dem Zwecke der Maßregel, sie ist lediglich Bedingung der Sicherung, und ebenso wie die objektive Bedingung der Strafbarkeit zwar Voraussetzung der Strafe, aber nicht Regulativ der Strafe ist, da sie die Schwere der Schuld nicht beeinflußt, so ist die Tat zwar notwendige Voraussetzung der sichernden Maßnahme, aber ohne Einfluß auf ihren Vollzug. Von vornherein abzuweisen ist also die Bestimmung des norwegischen Strafgesetzbuches, wonach der gemeingefährliche Verbrecher „so lange es erforderlich erscheint, im Gefängnis zurückbehalten werden kann, jedoch nach Verbüßung der festgesetzten Strafzeit nicht über das Dreifache dieser Zeit hinaus ..."[1]). Ebenso zeugt es von wenig Verständnis für die Idee der Sicherung, wenn die Begründung zum deutschen Entwurf die Prinzipien der Strafbemessung auf die Sicherungsmittel angewandt wissen will, also die Prinzipien des § 81 DVE., der u. a. den „Folgen der Tat" Einfluß auf das Maß der Strafe zuspricht [2]).

---

[1]) § 65 Norweg. StGB. — Auch nach M. E. Mayer soll bei gewerbs- und gewohnheitsmäßigen Verbrechern die Behandlungsdauer (bei ihm: Strafe) nach einem „Vielfachen der für die einfache Begehung angedrohten Strafen" bestimmt werden (Gutachten S. 200).

[2]) Begründung I, 314, Anm. 6; dagegen treffend Birkmeyer, Beiträge I, 55; II, 51.

Abermals mündet hier die Theorie der sichernden Maßnahmen in einen Gedankengang ein, den schon die älteren Vertreter der Spezialprävention, z. B. Röder bereits vor vielen Dezennien, und neuerdings v. Liszt für die Strafe entwickelt haben: Nicht die Schwere der Tat, sondern die Eigenart des Täters ist der Bemessung zugrunde zu legen. Und wie es dort folgerichtig für die Strafe geschieht, so muß auch hier für die sichernde Maßnahme eine Forderung aufgestellt werden, welcher der Idee der Spezialprävention charakteristisch ist: die Forderung nach unbestimmter Verurteilung.

Die unbestimmte Verurteilung — ob relativ oder absolut unbestimmt, ist damit noch nicht gesagt — hat, wenn auch nicht ausnahmslos, so doch als Regel zu gelten. Denn nur ihr Erfolg kann über Fortgang und Ende der Maßnahme entscheiden [1]). Quaestio facti aber ist es, in welcher Zeit die Besserung des Täters zu erwarten ist, quaestio facti, ob er etwa sonst wie unschädlich werden dürfte. Und diese Umstände, die danach die Bemessung regeln, sind dem Richter im Augenblick seiner Entscheidung nicht oder jedenfalls nicht durchwegs erkennbar. Darum ist ein Urteil über die Wirkung der Behandlung nicht vor, sondern nur während und nach der Behandlung möglich. Vergegenwärtigt man sich nun, daß die zweckwidrig kurze Anhaltung ebenso dem Schutzinteresse widerspricht, wie die zweckwidrig lange dem Freiheitsinteresse, so ergibt sich von selbst die Forderung, daß die Bemessung der Maßregel von der Hauptverhandlung ins Stadium der Vollstreckung vorgeschoben werde.

Dieser Grundsatz ist jetzt nahezu allgemein anerkannt. Freilich schießt man damit in zweifacher Richtung über das Ziel. I. Ist die Anordnung auf unbestimmte Zeit nicht auf alle Maßregeln anwendbar. II. Darf diese Anordnung nur in den seltensten Fällen eine absolut unbestimmte sein.

---

[1]) Röder, Besserungsstrafen und Besserungsanstalten 1864, 22, sagt schon: „Wo man nun Besserung als das Hauptziel der Strafe und Strafanstalt erkannt hat, gerät man in offenen Widerspruch mit sich selbst, sobald man dem während der Strafzeit, wenn auch noch so unzweifelhaft, erreichten oder verfehlten Erfolg der darauf gerichteten Behandlung keinerlei Einfluß auf diese selbst und auf ihre Beendigung oder Fortdauer einräumt."

I. Ausnahmslos gilt das Postulat der unbestimmten Verurteilung nur für sichernde Maßnahmen, die in einer Freiheitsentziehung bestehen. Hier hat die Bemessung während des Vollzuges der Maßregel zu geschehen, denn erst auf Grund seiner Ergebnisse soll entschieden werden, ob das Individuum zur Entlassung reif ist. Freilich wird eingewendet, daß aus dem Verhalten in der Gefangenschaft nicht auf das Verhalten in der Freiheit geschlossen werden könne. Doch sicherlich wird diese Entscheidung nach monate- und jahrelanger Kenntnis des Individuums eher möglich sein, als vorher und ohne das neugesammelte Material. Trotzdem behält der Einwand seinen richtigen Kern und führt dazu, die endgültige Entscheidung in einem Zeitpunkte zu treffen, in dem auch Erfahrungen über das Verhalten des Individuums in der Freiheit vorliegen. Mit anderen Worten: Die Entlassung soll stets eine vorläufige und erst, wenn der Entlassene die ihm gestellte Prognose bewahrheitet, zu einer endgültigen werden.

Dies alles aber ist anders — was meist übersehen wird — bei Sicherungsmitteln, die nicht in einer Freiheitsentziehung bestehen. Während nämlich dort das Individuum unter fortdauernder Aufsicht steht, man also während des Vollzuges Erfahrungen macht, die bei der Beurteilung seiner Gefährlichkeit von Wert sind, ist bei Ausweisung, Aufenthaltsbeschränkung, Wirtshausverbot usw. von einer derartigen Beobachtung der Persönlichkeit keine Rede. Der Vollzug der Maßregel schafft kein neues Beweismaterial zutage, und wohl oder übel muß darum schon in der Hauptverhandlung über die Dauer entschieden werden. Die ratio einer unbestimmten Bemessung trifft nicht zu.

Die Regel also ist: Bei Freiheitsentziehungen unbestimmte, bei den anderen Maßregeln bestimmte Verurteilung. Unsere Entwürfe haben diese Folgerung im großen und ganzen richtig gezogen. Insbesondere sieht der schweizerische und der österreichische Entwurf für alle Sicherungsmittel, die in einer Freiheitsentziehung bestehen, unbestimmte Verurteilung vor. Sowohl bei den drei Verwahrungsarten als auch bei den Besserungsmitteln gegen Jugendliche, Arbeitsscheue und Trinker wird die Dauer nicht im Urteil, sondern erst später im Verlauf des Vollzuges bestimmt. Dagegen kennen der deutsche Vorentwurf und Gegenentwurf für das Arbeitshaus nur ein Erkenntnis bestimmten Inhaltes und wollen damit den gegenwärtigen Rechtszustand verschlechtern. Freilich darf nicht übersehen werden, daß hier vorläufige Entlassung möglich ist. Irrt sich also der Richter zuungunsten des Täters, so kann der Gebesserte mit gewissen Beschränkungen auch vor Ablauf der bestimmten Zeit entlassen werden. Irrt er sich aber im entgegengesetzten Sinne, so muß er freigelassen werden, obwohl er noch ungebessert ist und vielleicht bei andauernder Behandlung gebessert werden könnte.

Für die Sicherungsmittel, die nicht in einer Freiheitsentziehung bestehen, gilt nach den Entwürfen in der Regel die Verurteilung auf bestimmte Zeit.

Eine Ausnahme hiervon machen, und mit Recht, nur drei Maßregeln. Bei der Schutzaufsicht und Polizeiaufsicht zunächst steht das Individuum, obwohl auf freiem Fuße, unter behördlicher Kontrolle. Man kann sich also während des Vollzugs der Maßregel über die Notwendigkeit ihrer Fortdauer ein Urteil bilden. Eine unbestimmte Verurteilung ist hier nützlich und berechtigt. In der Tat hat der österreichische Entwurf, der einzige, der die Polizeiaufsicht noch kennt, hier unbestimmte Verurteilung vorgesehen [1]) und der Gegenentwurf, der einzige, der sich mit der Schutzaufsicht näher befaßt, für diesen Fall die gleiche Anordnung getroffen (§ 60). — Eine andere Erwägung spricht für die unbestimmte Verurteilung beim Berufsverbot, wofern es wegen Berufsunfähigkeit ausgesprochen wird. Eine dauernde Kontrolle zwar gibt es hier nicht, doch kann der Verurteilte in besonderer Form seine Ungefährlichkeit dartun, indem er nämlich den Nachweis seiner Befähigung erbringt. Das Berufsverbot soll also hier auf unbestimmte Zeit — bis zur Erbringung des Befähigungsnachweises —

[1]) Nach § 544 StPO.-E. hebt der Gerichtshof zweiter Instanz auf Antrag den Ausspruch über die Zulässigkeit der Polizeiaufsicht auf, „wenn die Gründe für den Ausspruch weggefallen sind". — Die Bestimmung gilt auch für Landesverweisung.

andauern. Der österreichische Entwurf hat dies mit Recht so bestimmt [1]).

So findet die Forderung der Spezialpräventionisten nach Abschaffung des Strafmaßes im Kreise der Sicherungsmittel ihre Erfüllung. Auch die Klassiker, die von dem unbestimmten Strafurteil die schwersten Gefahren befürchten, sind mit der unbestimmten Bemessung im Sicherungsrecht völlig einverstanden [2]). Ob dies allerdings folgerichtig ist, ist eine andere Frage. Ich kann es nicht für zutreffend halten, einerseits das unbestimmte Strafurteil als Vernichtung der bürgerlichen Freiheit abzulehnen, anderseits die Sicherung von unbestimmter Dauer anstandslos für zulässig zu erklären. Freilich wird eingewendet, was für die Strafe gelte, gelte nicht auch für das Sicherungsmittel; auch Torp und v. Liszt [3]) scheinen diese Argumentation für schlüssig zu halten: Wenn die sichernde Maßnahme etwas wesentlich anderes ist, als die Strafe, kann aus der Verwerflichkeit des unbestimmten Strafurteils nicht auf die Verwerflichkeit der unbestimmten Sicherung geschlossen werden. — Dies aber ist nicht zwingend; denn da Sicherungsmittel und Strafe trotz sonstiger Ungleichheit etwas sehr Bedeutsames, nämlich die zwangsweise Freiheitsentziehung, gemein haben, können wohl hier und dort die wesentlich gleichen Argumente zutreffen. In der Tat, ob die Freiheitsentziehung zu dem einen oder zu dem anderen Zweck verhängt wird, sie bedeutet, auf absolut unbestimmte Zeit bemessen, eine Auslieferung des Individuums an „die behördliche Willkür“. Wenn es also richtig wäre, was Birkmeyer [4]) sagt, daß nicht nur richterliche, sondern auch gesetzliche Zumessung mit dem Wesen und Zweck der sichernden Maßnahme unverträglich seien, dann müßten gegen die Einführung der sichernden Maßnahme die größten Bedenken erhoben werden.

[1]) Art. 49 Ö.Einfges.-Entw.

[2]) Vgl. Schoetensack, Die unbestimmte Verurteilung (in den „Kritischen Beiträgen“) 58. — Nagler, a. a. O. 246 ff. — Birkmeyer, Strafe und sichernde Maßnahmen (1910) 29 ff. — Beling, a. a. O. 95

[3]) Mitt. d. IKV. 20, 441.

[4]) Birkmeyer, a. a. O. 29.

Doch das ist falsch: die Anordnung der Maßregel braucht nur in den seltensten Fällen eine absolut unbestimmte zu sein. Eine richterliche Bemessung ist freilich in der Regel ausgeschlossen, dagegen ist eine gesetzliche Begrenzung in der Regel möglich. Von diesen gesetzlichen Maßen ist nun zu sprechen.

II. Wenn der Richter gerade in den wichtigsten Fällen außerstande ist, im Augenblick des Urteils die Dauer der Behandlung richtig zu begrenzen, so könnte es freilich vollends unmöglich scheinen, gesetzgeberisch im vorhinein für alle diese Einzelfälle das richtige Maß zu bestimmen[1]. Das Ergebnis wäre dann, daß auch der Gesetzgeber auf die Bemessung verzichten und sie ebenso wie der Richter dem Vollzugsbeamten überlassen müßte. Allein das trifft nicht zu. Wenn man nämlich in concreto allerdings außerstande ist, dem Individuum eine bestimmte Prognose zu stellen, so ist doch nicht ausgeschlossen, auf Grund der Erfahrungen mannigfacher Fälle in abstracto den frühesten und spätesten Zeitpunkt festzusetzen, innerhalb welcher Grenzen die sichernde Behandlung ihr Ende finden kann. So gelangt der Gesetzgeber dazu, wie bei der Strafe, auch bei den meisten Sicherungsmitteln ein Maximum und Minimum des Freiheitsverlustes zu bestimmen. Diese Grenzen sind nach Art und Zweck der Maßregel jeweils verschieden.

1. Die Besserungsmittel. Als gesetzliches Minimum hat jener Zeitraum der Freiheitsbeschränkung zu gelten, der im allergünstigsten Falle nötig ist, um den Besserungsbedürftigen zu heilen. Es ist ja klar, daß ein Jugendlicher nicht in wenigen Tagen erzogen, ein Trunksüchtiger oder Arbeitsscheuer nicht unmittelbar gebessert werden kann. Im einzelnen gehen die Auffassungen stark auseinander, so z. B. kennt der schweizerische Entwurf die Entlassung aus der Arbeitsanstalt erst nach einem Jahre, der deutsche bereits nach drei Monaten. Doch spielt diese Verschiedenheit im praxi kaum eine Rolle, da man schwerlich je das gefährliche Individuum in so kurzer

[1] Auch Hafter, Schw. Z. 17, 222, hält eine Bemessung der Dauer nach von vornherein feststehenden Regeln für unmöglich — vgl. auch Nagler a. a. O. 246.

Zeit wird entlassen können. Aus diesem Grunde sehen die Entwürfe z. B. bei der Trinkerheilanstalt von einer Festsetzung des Minimums ab.

Schwieriger ist die Bestimmung der gesetzlichen Maxima bei Besserungsmitteln. Das Individuum soll so lange behandelt werden, bis es gebessert oder seine Unverbesserlichkeit dargetan ist [1]. In beiden Fällen wäre eine Fortsetzung der Behandlung sinnlos, im ersten, weil der Zweck erreicht, im zweiten, weil er nicht erreichbar ist. Als Maximum erscheint danach jener Zeitraum, innerhalb welchem der typische Zustand im allgemeinen behoben werden kann, wofern er überhaupt durch das angewandte Mittel zu beheben ist. Wenn also z. B. die Entwürfe übereinstimmend für die Anhaltung in der Trinkerheilanstalt als Höchstmaß die Dauer von zwei Jahren bestimmen, so ist dies berechtigt, da ein Trunksüchtiger, der in dieser Zeit nicht geheilt werden konnte, durch diese Art der Behandlung erfahrungsgemäß überhaupt nicht geheilt werden kann [2].

Analog steht es mit dem Arbeitsscheuen. Er wird nach drei Jahren oder im Sinne des österreichischen Entwurfes nach fünf Jahren freigegeben. Ist er nach Ablauf dieser Frist an ein gesetzmäßiges Leben noch nicht gewöhnt, so hat es jedenfalls keinen Sinn, die Behandlung fortzusetzen, es kann allenfalls die sichernde Verwahrung des Schädlings in Betracht kommen.

Im Prinzip gilt auch für den Jugendlichen nichts anderes. Freilich soll hier die Hoffnung auf Besserung nie aufgegeben werden. Die Beschränkung der Erziehung auf zwei bis drei Jahre wäre daher verfehlt. Doch alle Pädagogik findet ihre natürliche Grenze in der Erreichung jener Altersstufe, welche Erziehungsmaßregeln nicht mehr zugänglich ist. Das Maximum bestimmt sich hier also nicht nach einer Anzahl von Jahren, sondern nach dem Alter des Jugendlichen [3].

2. Schutzmittel. Das Minimum wird hier ganz wie bei den Besserungsmitteln gebildet durch den Zeitpunkt,

---

[1]) v. Liszt, Arch. f. Rechts- u. Wirtschaftsphil. III, 615.

[2]) Unrichtig allerdings die Motivierung dieser Bestimmung des DVE. in der Begründung I, 161.

[3]) Eine Besonderheit enthält nur der schw. Entw. Art. 11, 2.

vor welchem eine Änderung im gefährlichen Zustande des Individuums unter keinen Umständen zu erwarten ist. Auch hier wird diese Frist bei den einzelnen Maßregeln sehr variieren. Für den geistig Kranken, bei dem auch mit einer unmittelbaren Besserung gerechnet werden muß, sinkt sie auf Null herab: die untere Grenze entfällt. So auch die Entwürfe. Bei dem gewohnheitsmäßigen Verbrecher dagegen, der, wenn überhaupt, so erst nach langer Zeit eine Änderung erhoffen läßt, ist die dreijährige Minimalfrist des österreichischen Entwurfes jedenfalls nicht zu gering angesetzt. Der schweizerische Entwurf bestimmt fünf Jahre, doch in diese Frist ist die Strafzeit einzurechnen. Der Gegenentwurf hat kein Mindestmaß [1]), was verfehlt ist.

Interessanter ist auch hier die Frage der Maxima. Während nämlich das Besserungsmittel durch die Erfahrung über die Dauer der Besserungsprozedur ihre natürliche Begrenzung findet, handelt es sich beim Schutzmittel nicht um Besserung, sondern um Schutz der Gesellschaft, und dieser Schutz muß so lange dauern, als die Gefährlichkeit währt. Wenn also trotz mehrjähriger Behandlung des Individuums sein Zustand noch immer unverändert ist, so folgt daraus für das Besserungsmittel die Zwecklosigkeit, für das Schutzmittel die Notwendigkeit fortgesetzter Haft. Es scheint daher, und dies wird auch meist behauptet, eine Begrenzung hier nicht möglich zu sein.

Nun muß zunächst bedacht werden, daß keineswegs alle Schutzmittel gegen Unverbesserliche gerichtet sind. Landesverweisung, Aufenthaltsbeschränkung, Polizeiaufsicht, Wirtshausverbot usw. werden verhängt, ganz unabhängig von der Verbesserlichkeit und Unverbesserlichkeit. Und wenn diese Maßregel auch nicht in einer Behandlung besteht, so versetzt sie das Individuum doch in andere äußere Verhältnisse, die einen Wandel in seinem Verhalten wohl zur Folge haben können. Im Laufe des Vollzuges ist der Eintritt einer derartigen Besserung nicht feststellbar. Der Richter muß also, wie schon hervor-

[1]) Doch ist die Entlassung stets eine vorläufige.

gehoben, im Urteil die Maßregel bemessen, und der Gesetzgeber muß diesem richterlichen Ermessen bestimmte Schranken setzen. So auch die Entwürfe.

Anders freilich steht es bei den in einer Freiheitsentziehung bestehenden Schutzmitteln, also bei der Verwahrung Geisteskranker, Minderwertiger und gemeingefährlicher Verbrecher.

Den unverbesserlichen Verbrecher zunächst, der gleichzeitig hochgradig gefährlich ist, muß man notwendig so lange unschädlich machen, als seine Gefährlichkeit andauert. Jede obligatorische Beschränkung der Verwahrungsdauer erscheint hier als eine Schädigung der Gesellschaft. Darum hat auch Stooß, als er zuerst mit dem Vorschlag einer Verwahrung hervorgetreten ist, zugegeben, daß der Forderung der Lebenslänglichkeit „eine gewisse Folgerichtigkeit nicht abgesprochen werden kann" [1]). Trotzdem hat nur der Gegenentwurf die Kühnheit gehabt, eine Verwahrung vorzuschlagen, die absolut unbestimmte Zeit, also allenfalls lebenslänglich dauert. Und dieser Vorschlag hat bedeutsame Nachfolge gefunden. Nicht nur die zweite schweizerische Expertenkommission, sondern auch die deutsche Strafrechtskommission haben Beschlüsse gleichen Inhaltes gefaßt [2]). Der österreichische Entwurf dagegen schreibt eine Höchstdauer von zehn, der schweizerische Entwurf von zwanzig Jahren vor. Auch in Amerika, dem Heimatlande der indeterminate sentence, gibt es keine absolut unbestimmten Sicherungsmittel [3]); und ebenso wurde in England die prevention bill, die absolut unbestimmte Dauer der preventive detention vorgesehen hatte, vom Parlament im Sinne relativer Unbestimmtheit (Höchstdauer 10 Jahre) abgeändert. — Dem Gedanken der Sicherung entspricht es freilich nicht, einem gefährlichen Menschen lediglich wegen Ablauf der Zeit zum Schaden der Gesellschaft die Freiheit wieder zu geben. Dennoch läßt sich die Vorsicht jener Gesetze und Entwürfe wohl verteidigen.

---

[1]) Stooß, Schw. Z. 9, 281.

[2]) Art. 31 des schw. Entw. von Sept. 1913. — Ebermayer S. 27. — Auch der serbische Strafgesetzentwurf sieht absolute Unbestimmtheit vor.

[3]) Freudenthal, Vergleichende Darstellung, A. T. III. 253.

Es sollen hier nicht die alten abgebrauchten Argumente neuerdings wiederholt werden; nur jener Punkt, der mir der maßgebende scheint, sei hervorgehoben. Wo derart lange Zeiträume in Frage stehen, da fällt schon allein die Tatsache des „Älterwerdens“ schwer ins Gewicht. Man braucht sich nur den aus der Statistik bekannten Unterschied zwischen der Kriminalität der zwanziger und dreißiger Jahre oder gar den Unterschied der dreißiger und vierziger Jahre zu vergegenwärtigen. Es spricht gewissermaßen eine Vermutung dafür, daß der Mensch, der während der zehnjährigen Frist physiologisch völlig regeneriert, auch in seinem Geist nicht derselbe geblieben ist. Ob die Vermutung im Einzelfalle zutrifft, das ist während der Haft nicht mit völliger, alle Zweifel ausschließenden Sicherheit feststellbar; und darauf kommt es hier an. Es scheint gerechtfertigt, nach Ablauf einer gewissen Zeit einen Versuch zu riskieren. Eine endgültige Entlassung freilich sollte es nicht sein.

Damit komme ich auf einen Vorschlag, der, so nahe er liegt, soviel ich sehe, noch nicht gemacht wurde [1]). Es scheint mir ein gesunder Gedanke, den Mittelweg zu betreten und nach bestimmter Frist die vorläufige Entlassung obligatorisch festzusetzen. Die Maßregel ist also insofern eine absolut unbestimmte, als es vom Verhalten des Verbrechers abhängt, ob sie kürzer oder länger, ob sie vielleicht lebenslang dauert. Doch sie ist insofern eine bestimmte, als er nach Ablauf einer gewissen Frist auf die Probe gestellt, also in die Freiheit gesetzt werden muß. Durch die bindend vorgeschriebene Entlassung wäre dem Interesse des Individuums, durch ihre Widerruflichkeit dem Interesse der Allgemeinheit soweit als möglich Rechnung getragen. Die Bestimmung über die Höchstgrenze hätte danach etwa zu lauten:

„Nach zehnjähriger Haft wird der Verwahrte auf jeden Fall entlassen. Die Entlassung ist stets eine vorläufige. Erfolgt kein Widerruf, so ist sie, sobald drei Jahre verstrichen sind, eine endgültige. Erfolgt der Widerruf, so beginnt die zehn-

[1]) Eine Andeutung bei Thyrén, Prinzipien 145 f.

jährige Frist mit dem Tage der Verhaftung abermals zu laufen." [1])

Unrichtig wäre es, den gleichen Gedanken auch bei den Wahnsinnigen und gemindert Zurechnungsfähigen zur Geltung zu bringen. Diese sind Kranke. Es wird durch ärztliche Diagnose festgestellt, daß ein geistiger Defekt vorliegt. Es ist auch durch ärztliche Diagnose feststellbar, daß dieser Defekt noch andauert. Und diese Feststellung ist anders als beim gewohnheitsmäßigen Verbrecher in der Regel auch dann mit Sicherheit möglich, wenn das Individuum sich noch in der Anstalt befindet. Die Anordnung auf unbestimmte Dauer ist hier darum mit Recht von den Entwürfen durchwegs vorgesehen.

Dies also ist der *einzige Fall absoluter Unbestimmtheit*, die angeblich den Maßregeln des Sicherungsrechts durchwegs charakteristisch sein soll.

V. Kapitel.

Der Vollzug des Sicherungsmittels.

Das Problem des Vollzuges ist für das ganze Sicherungsrecht von höchster praktischer und theoretischer Bedeutung. Von *praktischer* Bedeutung deshalb, weil von der Gestaltung des Vollzuges der Wert des Sicherungsmittels abhängig, in gewissem Sinne noch mehr abhängig ist, als der Wert der Strafe von der Art der Strafvollstreckung. Denn im Strafrecht kommt schon der Androhung und der Verhängung des Übels eine hervorragende präventive Wirkung zu und ein unzweckmäßig eingerichteter Vollzug kann — wofern er nicht den Übelsgehalt der Strafe verkümmert — nur die günstigen spezialpräventiven Wirkungen auf den Täter selbst vereiteln, nicht aber die Erreichung des wesentlichsten Zieles, die Generalprävention in Frage stellen. Die sichernde Maßnahme dagegen empfängt ihre Bedeutung eben erst durch ihre Wirkung auf den einzelnen, und ein Besserungsmittel, das nicht wirklich bessert, ein Schutzmittel, das

[1]) Natürlich wäre auch während dieser zweiten Haftfrist eine vorzeitige Entlassung auf Widerruf zuzulassen.

nicht wirklich künftigen Verletzungen vorbeugt, ist nichts als ein schädlicher Eingriff in die Freiheit des einzelnen, und besser wäre es, ihn ganz zu unterlassen. Von ihrer zweckentsprechenden Vollziehbarkeit hängt der kriminalpolitische Wert der sichernden Maßnahme und damit ihre Existenzberechtigung ab.

Die theoretische Bedeutung des Vollzugsproblems liegt darin, daß von seiner Lösung die Dichotomie von Strafe und Sicherungsmittel abhängig ist. Manche Theoretiker erklären, wie noch darzustellen sein wird, die sichernde Maßnahme sei mit der Strafe in praxi wesensgleich, ihre Trennung in der Theorie daher falsch. Und in der Tat, wenn die Wirklichkeit jenen Obersatz bestätigte, so müßte die Schlußfolgerung unbedenklich gezogen werden. Denn dann stünde hinter jenen beiden Worten dieselbe Sache, wir hätten es mit einer Maßregel zu tun, und v. Liszt hätte recht, wenn er es als Wortstreit bezeichnet, ob man diese einheitliche Maßregel nun Strafe nennt oder nicht. Die Wirklichkeit nun, die diesen Streit zu entscheiden hat, — das ist der Vollzug. Im Vollzug, d. h. richtiger in Bemessung und Vollzug, muß es sich zeigen, ob jener Unterschied im praktischen Leben oder nur in den Köpfen der Theoretiker eine Rolle spielt, ob er fallen oder aufrechtbleiben muß.

Kritisch wird diese Frage bei der sicherungsweisen Freiheitsentziehung; da diese mit der heute wichtigsten Strafart ein wesentliches Moment, den Freiheitsverlust, gemeinsam hat, also mindestens äußerlich der Strafe ähnelt. Dennoch wird sich zeigen, daß bei klarer Durchführung des Sicherungsgedankens auch hier ein Auseinanderhalten wohl möglich ist. Freilich gilt dies nicht für alle Freiheitsentziehungen in gleicher Weise.

Was zunächst jene Maßregeln betrifft, die auch über Unschuldige und auch im Anschluß an nichtverbrecherische Handlungen verhängt werden können, wie Fürsorgeerziehung und Irrenanstalt, so wird schwerlich Gesetzgeber oder Vollzugsbeamter in die Versuchung fallen, dem Vollzug einen Anstrich zu geben, der diese Maßregeln für die Empfindungen des Individuums der Strafe annähert; denn wollte der Gesetzgeber sie irgendwie strafähnlich ausgestalten, so würde er mit dieser Pseudostrafe auch den Unschuldigen treffen, der ja im Punkte der Sicherung nicht anders behandelt wird als der Schuldige. Und das Volk wird gerade bei diesen Maßnahmen kaum in Gefahr sein, sie mit der Strafe zu verwechseln, müßte es ja doch sonst auch an die Strafbarkeit des Kindes und des Wahnsinnigen glauben [1]).

[1]) Voraussetzung dieser Nichtverwechslung ist freilich, daß der gefährliche Schuldige und der gefährliche Unschuldige, was die Sicherung betrifft, gleich behandelt werden, daß also der verbrecherische Trunksüchtige, wie jeder andere Trunksüchtige, der verbrecherische Irre ebenso wie der nicht verbrecherische behandelt wird usw. Da fällt nun auf, daß der ÖE., der einzige, der den Vollzug der sichernden Maßnahme näher geregelt, besondere Anstalten für „verbrecherische Irre", für „geistig Minderwertige" einrichten will, die mit den gewöhnlichen Irrenanstalten in keinerlei Beziehung stehen. Hört man nun, daß diese Anstalten nur zur Aufnahme der gerichtlich überwiesenen Personen dienen und daß mit ihrer Oberaufsicht die Staatsanwälte und die Oberstaatsanwälte betraut sind, also Personen, die Psychiatrie und Krankenpflege gewiß nicht zu ihrem eigensten Gebiete rechnen, so liegt — für den Laien wenigstens — der Verdacht nahe, daß die Kranken hier mehr als „Verbrecher", denn als „Irre" behandelt werden. Die Trennung dieser Irrenanstalten ist m. E. überflüssig. In jeder Irrenanstalt gibt es gemeingefährliche Kranke; und es hängt ja oft vom Zufall ab, ob der Wahnsinnige vor der Tat, nach der Tat, vor der Anzeige oder nach der Anzeige in seiner Gefährlichkeit erkannt wird. Eine Verschiedenheit der prozessualen Behandlung mag in diesen Fällen gerechtfertigt sein, eine Verschiedenheit der materiellen gewiß nicht. (Vgl. auch Löffler, Gutachten 795.) — Bedenklich ist auch die Bestimmung des § 4 des österreichischen Fürsorgegesetzentwurfes, wonach „in der Regel" ein Unterschied zu machen ist in dem Vollzug der Fürsorgeerziehung, die vom Vormundschaftsrichter und der Fürsorgeerziehung, die vom Strafrichter angeordnet wird. Denn die tatsächlichen Unterlagen können die gleichen sein: die Fürsorgeerziehung kann möglicherweise nur deshalb vom Vormundschaftsrichter und nicht vom Strafrichter angeordnet sein, weil die Ergebnisse des Strafverfahrens zur Beurteilung ihrer Zweckmäßigkeit nicht ausreichten. Auch hier wieder ist ein Unterschied nur in der formalen Behandlung gerechtfertigt.

Darum ist auch der Ort, an welchem die sichernde Maßnahme vollzogen wird — scheinbar eine Äußerlichkeit —, von nicht untergeordneter Bedeutung. Will man einen äußerlich erkennbaren Unterschied zwischen Strafe und sichernder Maßnahme machen, so ist auch die Trennung der Lokale anzuordnen. Auch hier gilt der Satz Gautiers (schw. Z. VII, 62): „Deux peines, différentes de par le côde, mais subies entre les mêmes murailles, n'enfont qu'une pour le gros public". Man sollte insbesondere nicht Sicherungsmittel in Strafanstalten vollziehen, wie dies für die Verwahrung nach dem österreichischen Entwurf ermöglicht ist; denn „an der Anstalt haftet auch der Makel der Strafe"

Dagegen ist freilich die Analogie mit der Strafe bei jenen Maßregeln in die Augen springend, welche den Freiheitsverlust stets an eine verbrecherische Handlung eines straffähigen Individuums anknüpfen: die Arbeitsanstalt und sichernde Verwahrung gemeingefährlicher Verbrecher. Diese sind in der Tat „strafähnlich", sie haben mit der Freiheitsstrafe nicht nur den Freiheitsverlust gemein, sondern sie erhalten, die eine durch den strengen Arbeitszwang, die andere durch die lange Dauer einen der Zuchthausstrafe sich annähernden Übelsgehalt.

1. Zunächst das Arbeitshaus. Es wird wegen seines obligatorisch strengen Arbeitszwanges stets dem Kerker und Zuchthaus am nächsten stehen, und je mehr sich der Strafvollzug auf seinen spezialpräventiven Zweck besinnt, je mehr er den Gedanken zur Tat werden läßt, den Sträfling zu einem arbeitssamen und ordentlichen Staatsbürger zu erziehen, desto mehr muß der Vollzug der länger dauernden Freiheitsstrafe einer zwangsweisen Arbeitserziehung ähneln, desto mehr wird das Zuchthaus die Charakterzüge seines Urahnen, der Arbeitsanstalt, annehmen. Darum wäre es sehr zu erwägen, ob nicht denen recht zu geben ist, welche die Zwangsarbeitsanstalt zu einem Strafmittel ausgestalten wollen. Hält man jedoch, wie alle unsere Entwürfe, an dem Sicherungscharakter fest, so sollte dies nicht nur auf dem Papier stehen. Aus amerikanischen Vorbildern kann man wohl lernen, daß die systematische Erziehung zur Arbeit nicht notwendig in der Form des heutigen Zuchthausbetriebes erscheinen muß. Doch abgesehen davon, gilt hier noch ein weiterer Unterschied gegenüber der Strafe: Die Dauer der Freiheitsentziehung und damit die Schwere des Übels, das der Verbrecher im Arbeitshaus erleidet, ist von ihm selbst abhängig: während bei der Strafe der Gesichtspunkt der Generalprävention das Minimum der Internierung bestimmt, entscheidet hier die Eigenart des Individuums und der Erfolg der Besserungsprozedur über das Ende der Haft. Man kann

(Stooß, Lehrbuch 207). Der Sicherungsbedürftige ist nicht als Verbrecher zu behandeln, denn entweder war er nie ein Verbrecher oder er ist kein Verbrecher mehr, sondern hat seine Tat schon abgebüßt.

sagen, der Täter hat nur so viel zu leiden, als er sich selbst zu leiden vorschreibt. Freilich auch dieser Gegensatz wird abgeschwächt durch die Zulässigkeit der vorläufigen Strafentlassung und er würde völlig verwischt, falls wir einmal das unbestimmte Strafurteil einführen sollten.

2. Das Arbeitshaus ist eine überkommene Einrichtung, die Verwahrungsanstalt dagegen etwas gänzlich Neues. Darum werden hier die Vorschriften über den Vollzug von entscheidender Bedeutung sein für die Auffassung, die man im allgemeinen diesem Schutzmittel entgegenbringen wird. Charakteristisch ist, daß, als die Verwahrungsanstalt zum erstenmal in der Schweiz vorgeschlagen wurde, die einen in ihr eine künftige „Bundeshölle", die anderen ein „Verbrechersanatorium" erblickten. v. Liszt seinerseits meint, die Verwahrungsanstalt und das Zuchthaus werden sich praktisch nicht unterscheiden.[1]) In der Tat scheint der österreichische Entwurf der einzige, der das Verdienst hat, genaue Vorschläge über den Vollzug der Sicherungsmittel gebracht zu haben, in diesem Punkte v. Liszt recht zu geben. Nach den Bestimmungen des Entwurfes wird wahrhaftig der Vollzug dieser beiden Formen der Freiheitsentziehung nahezu der gleiche sein. Dies zu zeigen, ist der Zweck der Tabelle A. Auf ihrer linken Seite sind sämtliche Bestimmungen über den Vollzug der Verwahrungshaft wörtlich abgedruckt, auf der rechten Seite sind auszugsweise die entsprechenden Normen über die langdauernde Kerkerstrafe (in Gemeinschaftshaft) danebengestellt.

A. Bestimmungen

des österreichischen Entwurfes über die Abänderung der Strafprozeßordnung.

1. Für den Vollzug der Verwahrung gemeingefährlicher Verbrecher.	2. Für den Vollzug der Kerkerstrafe.
(Absonderung der Häftlinge.)	
§ 597. Die Verwahrten sind bei Nacht stets und während der	Sträflinge der Gemeinschaftshaft sind bei Nacht stets und

[1]) v. Liszt, Zeitschr. f. Rechts- u. Wirtschaftsphil. III, 616.

arbeitsfreien Zeit soviel als möglich voneinander abzusondern; erfordert der Gesundheitszustand eines Verwahrten die ständige Gegenwart einer zweiten Person, so kann er zusammen mit anderen angehalten werden.	während der arbeitsfreien Zeit soviel als möglich abgesondert voneinander zu verwahren;... Erfordert der Gesundheitszustand eines Sträflings die ständige Gegenwart einer zweiten Person, so kann er zusammen mit anderen vertrauenswürdigen Sträflingen angehalten werden. (§ 563.)

(Kost und Kleidung.)

§ 598. Die Verwahrten tragen die vorgeschriebene Kleidung und erhalten ausschließlich die vorgeschriebene Kost.	Sträflinge, die eine Kerkerstrafe oder Gefängnisstrafe verbüßen, tragen die vorgeschriebenen gleichförmigen Sträflingskleider und erhalten ausschließlich die vorgeschriebene Sträflingskost. (§ 567.)

(Arbeitspflicht.)

§ 599. 1. Den Verwahrten sind Arbeiten zuzuweisen, zu deren Verrichtung sie verpflichtet sind.	§ 567. Es sind ihnen Arbeiten zuzuweisen, die sie zu verichten haben.

(Auswahl der Arbeit.)

Bei der Auswahl der Arbeit für den einzelnen ist auf seinen Gesundheitszustand, seine Fähigkeiten und sein Fortkommen in der Freiheit Rücksicht zu nehmen.	Gleichlautend (§ 569).

(Arbeitsprämie.)

§ 599. 2. Der Ertrag der Arbeit kommt dem Staate zu; doch wird den Verwahrten eine Arbeitsprämie in dem Ausmaße gutgeschrieben, wie sie Kerkersträflingen der ersten Klasse gewährt wird.	§ 570. Der Ertrag der den Sträflingen zugewiesenen Arbeit kommt dem Staate zu. Den Arbeitspflichtigen wird eine Arbeitsprämie gutgeschrieben; bei wiederholt rückfälligen Sträflingen kann sie im geringeren Umfange bemessen werden.

(Verfügung über die Arbeitsprämie.)

Über einen Teil der gutgeschriebenen Beträge darf der Verwahrte mit Genehmigung des Vorstehers der Anstalt während der Verwahrung verfügen, um seine Angehörigen zu unterstützen oder den Verletzten zu entschädigen, nützliche Gegenstände zu erwerben, seine Kost zu verbessern oder für sein Fortkommen in der Freiheit vorzusorgen. Der andere Teil fällt dem Verwahrten bei der Entlassung zu.

Gleichlautend (§ 570).

§ 599. 3. Wenn der Verwahrte vorsätzlich Sachen, die im Staatseigentume stehen, beschädigt, kann die ihm gutgeschriebene Arbeitsprämie zum Ersatze des Schadens verwendet werden.

Gleichlautend (§ 570).

(Gottesdienst.)

§ 600. Soweit es die Verhältnisse gestatten, ist für die Verwahrten jedes Bekenntnisses ein regelmäßiger Gottesdienst einzurichten und ihnen der Zuspruch eines Seelsorgers ihres Bekenntnisses zu ermöglichen.

Gleichlautend (§ 572).

(Besuche und Briefe.)

§ 601. Das Ausmaß der Besuche, des brieflichen Verkehrs und der Lektüre wird durch Verordnung festgesetzt.

Gleichlautend (§ 573).

(Spaziergänge.)

§ 602. Jeder Verwahrte hat sich täglich durch mindestens eine Stunde in freier Luft zu bewegen, soferne nicht sein Gesund-

Gleichlautend (§ 574).

heitszustand darunter leiden würde.

(Zuchtmittel.)

§ 603. 1. Als Zuchtmittel dienen:

Verweis,

Zuweisung einer schwereren Arbeit,

Entziehung von Begünstigungen,

zeitweise Entziehung des warmen Frühstücks,

Fasten bei Brot und Wasser,

hartes Lager,

Anhaltung in dunkler Zelle oder in besonders dazu bestimmten Zellen, allenfalls geschärft durch Entziehung der Arbeit.

§ 575. Als Zuchtmittel für Kerkersträflinge und Gefängnissträflinge dienen:

Verweis,

Zuweisung einer schwereren Arbeit,

Entziehung von Begünstigungen, die dem Sträflinge nach den für den Strafvollzug bestehenden Vorschriften eingeräumt werden, Versetzung in eine niedrigere Klasse,

zeitweise Entziehung des warmen Frühstücks,

Fasten bei Brot und Wasser,

hartes Lager,

Anhaltung in dunkler Zelle oder in besonders dazu bestimmten Zellen, allenfalls geschärft durch Entziehung der Arbeit.

§ 603. 2. Fasten und hartes Lager dürfen nur an zwei Tagen in einer Woche, Anhaltung in dunkler Zelle ununterbrochen nicht länger als durch drei Tage und dann erst wieder nach einer Woche angewendet werden.

Gleichlautend (§ 575).

§ 603. 3. Verwahrte, die sich gewalttätig benehmen, andere aufreizen, zu flüchten versuchen oder die Flucht vorbereiten, können zur Sicherung gefesselt werden.

Gleichlautend (§ 577, 1).

(Geisteskrankheit.)

§ 604. Wird ein Verwahrter geisteskrank, so ist er für die Dauer der noch zulässigen An-

§ 582. Sträflinge, die geisteskrank werden, sind in eine staatliche Anstalt für verbrecherische

haltung in eine Anstalt für verbrecherische Irre abzugeben.	Irre abzugeben, wenn ihre Erkrankung andauernd ist. Andernfalls können sie in einer besonderen Abteilung der Strafanstalt oder des Gefangenhauses nach den für verbrecherische Irre geltenden Vorschriften verwahrt werden.

Die Durchsicht dieser Tabelle führt zu einem bemerkenswerten Ergebnis: *Es ist kein einziger Punkt von Bedeutung, in dem sich der Vollzug der Kerkerstrafe und der Verwahrung unterschiede.* Ein inhaltlicher Gegensatz zwischen Strafe und Schutzmittel besteht hier nicht. Die Einzelbestimmungen sind fast wörtlich dieselben und fügt man hinzu, daß die Verwahrung nach dem österreichischen Entwurf (§ 605 StPOE.) auch „in einer besonderen Abteilung der Strafanstalt" vollzogen werden kann, so läßt sich daraus schon heute mit Bestimmtheit voraussagen: In diesen Abteilungen wird es nicht anders aussehen als in den Abteilungen der strafweisen Gemeinschaftshaft. Diese Verwahrung ist nichts als eine Fortsetzung der Kerkerstrafe, und es ist mehr eine Frage des Namens oder, wenn man will, der Ehrlichkeit, ob man sie wie der österreichische Entwurf und der Gegenentwurf als *Verwahrung* oder wie der deutsche Entwurf und das norwegische Strafgesetzbuch, als *weitere Anhaltung im Zuchthaus* bezeichnet.

Diese Stellung des österreichischen Entwurfes zum Vollzugsproblem ist um so mehr bemerkenswert, als die erläuternden Bemerkungen von dem vollkommen richtigen Standpunkt ausgehend mit aller Schärfe betonen, daß „*der Verwahrung jeder Charakter einer Strafe fehlen*" müsse[1]). Dieser Grundsatz ist gewiß der einzig wahre; die Leute, die nach dem Entwurf in Verwahrung kommen, haben ja ihr Verbrechen durchwegs schon abgebüßt — und man will sie doch nicht zweimal bestrafen!

[1]) Erl. Bem. zum ÖStPOE. 138.

Die Frage kann also nur die sein: Ist es praktisch überhaupt möglich, den Vollzug der Verwahrung so zu gestalten, daß sie sich vom Zuchthaus wesentlich, d. h. für das Individuum empfindlich und für die Allgemeinheit erkennbar unterscheide.

Eine Hauptschwierigkeit in dieser Richtung bildet die Frage des Arbeitszwanges. Die Einführung des obligatorischen Arbeitszwanges bei jedem Verwahrten muß dieser Haftart ein zuchthausmäßiges Gepräge geben. Der österreichische Entwurf, wie aus der Tabelle ersichtlich, hat ihn vorgeschrieben, der schweizerische steht auf gleichem Standpunkt [1]). Sein Art. 31 bestimmt: „Der Verwahrte wird zur Arbeit angehalten. Er soll womöglich mit Arbeiten beschäftigt werden, die seinen Fähigkeiten entsprechen und die ihm in den Stand setzen, in der Freiheit seinen Unterhalt zu erwerben.“ Und diese Bestimmung gilt wörtlich gleichlautend auch für das Zuchthaus (Art. 30, 2 schw. E.). Wir sehen also prinzipielle Gleichstellung von Verwahrungsanstalt und Zuchthaus im Punkte des Arbeitszwanges. Das entspricht nicht der Idee dieser sichernden Maßnahme. Sie will lediglich unschädlich machen, und dieses Ziel ist im Gegensatz zu dem des Arbeitshauses auch erreichbar, ohne Arbeitspflicht. Freilich ginge es nicht an, es dem Belieben des einzelnen zu überlassen, ob er arbeiten will oder nicht; denn abgesehen von pädagogischen Rücksichten, die auch diesen Verbrechern gegenüber nicht verstummen dürfen, abgesehen ferner von fiskalischen Gesichtspunkten darf man die Verwahrungsanstalt nicht zu einem für viele erstrebenswerten Aufenthalt machen, der dem Verbrecher ein Benefiz zukommen läßt, das sonst nur Krüppel und arbeitsunfähige Greise genießen. Will man den Gedanken der Sicherung rein durchführen, so muß man — ebenso wie das französische Relegationsgesetz — unterscheiden zwischen denen, die ihre Verpflegung aus eigenem zu tragen imstande sind, und solchen, die der Staat erhält. Für die letzteren gälte der Arbeitszwang, soweit er nötig ist, um die Kosten der Unter-

[1]) Der DVE. kommt hier nicht in Betracht, da er an Stelle der Verwahrung Zuchthaus vorschreibt. Der Gegenentwurf äußert sich nicht über den Vollzug der Verwahrung.

haltung zu decken, für die anderen dagegen lediglich „Beschäftigungspflicht“ [1]), wie ja auch Untersuchungshäftlinge denen gegenüber von Übelszufügung nicht die Rede sein kann, zur regelmäßigen Beschäftigung angehalten werden. Eine Ungerechtigkeit könnte in dieser verschiedenen Behandlung nicht gefunden werden; denn der Mittellose ist auch in der Freiheit, um leben zu können, zur Arbeit gezwungen, der andere nicht; für diesen wäre das Gegenteil ein besonderes malum, für jenen ein besonderes bonum, und weder das eine noch das andere soll die Verwahrungshaft zum Inhalt haben. — Indessen bliebe diese Unterscheidung doch wohl nur eine theoretische, da die Verwahrung eines Bemittelten zu den größten Seltenheiten gehören wird. Worauf es ankommt, ist, daß man den Arbeitszwang unter allen Umständen nicht notwendig zuchthausmäßig betreiben müßte. Sowohl was die Wahl der Arbeit als auch was ihre Dauer betrifft, wäre dem Verwahrten größere Freiheit zu gönnen. Ich möchte mich etwa der These Torps anschließen: „Der Verwahrte wird zur Arbeit unter Bedingungen angehalten, die sich bei seiner guten Führung, soweit es die Aufrechterhaltung von Ordnung oder Sicherheit gestattet, tunlichst den Verhältnissen des freien Arbeiters nähern“ [2]). Dieses Ideal läßt sich sehr wohl — insbesondere in der Form landwirtschaftlicher Anstalten — verwirklicht denken.

Wie dem auch sei, macht man damit Ernst, daß den Verwahrten nur jenes Übel treffen solle, daß zur Erreichung des Haftzweckes unbedingt nötig ist, so dürfte es allerdings möglich sein, einen sinnfälligen Unterschied zwischen Verwahrungshaft

---

[1]) Vgl. die scharfe Scheidung in § 142 der Dienstordnung für die dem preuß. Ministerium des Innern unterstellten Strafanstalten (v. 14. Nov. 1902):

„1. Allen Strafgefangenen mit Arbeitszwang (Zuchthaus-, Gefängnissträflinge und Gefangene mit geschärfter Haft) ist eine ihre körperlichen und geistigen Kräfte voll in Anspruch nehmende Arbeit zuzuweisen, zu deren Ausführung während der vorgeschriebenen Arbeitszeit sie anzuhalten sind.

„2. Es ist darauf hinzuwirken, daß auch Gefangene ohne Arbeitszwang (Gefangene mit einfacher Haft, Zivilhaftgefangene, Untersuchungsgefangene), sofern die Dauer der Haft 2 Wochen übersteigt, entweder sich selbst Arbeit verschaffen oder an den im Gefängnis eingeführten Arbeiten sich beteiligen.“

[2]) Torp, Mitt. der IKV. 20, 445.

und Kerkerhaft zu machen. Wir haben bereits sehr weitgehende Unterschiede im Vollzuge der einzelnen Arten der Freiheitsstrafe, um so mehr muß es gelingen, den Unterschied zwischen der schwersten Strafart und einer Maßregel zu machen, die überhaupt nicht Strafe sein soll. Abgesehen vom Arbeitszwang wird sich der Vollzug der Verwahrung im allgemeinen dem der einfachen Strafhaft, ja noch mehr dem Vollzuge der Untersuchungshaft anzunähern haben. Auch diese hat ja nur den Zweck, das Individuum in sicherem Gewahrsam zu halten, auch sie erschöpft sich inhaltlich wie jene in der Tatsache der Detention. Dazu können bei der Verwahrung jene Kautelen wegfallen, welche bei Behandlung der Untersuchungshäftlinge durch die Gefahr der Zeugenkollusion geboten sind.

In der Tat stellen die Verfasser des österreichischen Entwurfes in den erläuternden Bemerkungen für den Vollzug der Verwahrung einen Grundsatz fest, der im wesentlichen dem Grundsatz über den Vollzug der Untersuchungshaft gleich ist:

> Kann auch die Sicherung der Gesellschaft nur durch die Anhaltung in einer geschlossenen Anstalt erreicht werden, so können die Verwahrten dennoch alle Freiheiten genießen, welche sich mit dem Sicherungszweck vereinen lassen [1]).

Man vergleiche hiermit den Grundsatz, den die preußische Dienstordnung an die Spitze ihrer Bestimmungen über die Untersuchungshaft stellt:

> Bei Behandlung der Häftlinge ist zu berücksichtigen, daß sie nicht eine Strafe verbüßen, und ihre Freiheit daher nicht weiter beschränkt werden darf, als es der Zweck der Haft und die Ordnung der Anstalt erfordern [2]).

Das Prinzip müßte also lauten: Der Vollzug der Verwahrung ist nicht der Kerkerstrafe, sondern der Untersuchungshaft anzunähern. Ähnliche Zwecke — ähnliche Mittel!

Um dies beiläufig zu veranschaulichen, habe ich im folgenden eine vergleichende Tabelle B der hauptsächlich in Betracht kommenden Bestimmungen der preußischen Dienstordnung zu-

[1]) Erl. Bem. zum StPE. S. 138.

[2]) § 70 der S. 163 zit. Dienstordnung.

sammengestellt, und zwar stehen (auszugsweise) auf der linken Seite die Normen, welche den Inhalt der Zuchthausstrafe charakterisieren, auf der rechten die analogen Normen über den Vollzug der Untersuchungs- bzw. Zivilhaft, bzw. einfachen Strafhaft. Man erkennt daraus, wie empfindbar die Unterschiede sind, die das positive Recht zwischen den einzelnen Freiheitsentziehungen macht.

B. Bestimmungen

der Dienstordnung für die dem preußischen Ministerium des Innern unterstellten Strafanstalten und größeren Gefängnisse (vom 14. November 1902) über den Vollzug

der Zuchthausstrafe	der Straf-, Zivil- bzw. Untersuchungshaft:
(Arbeitszwang.)	
Zuchthaussträflinge sind zu den in der Strafanstalt eingeführten Arbeiten anzuhalten. Es ist ihnen eine ihre körperliche und geistigen Kräfte voll in Anspruch nehmende Arbeit zuzuweisen. (§ 66, 1; 142, 1.)	Die Häftlinge dürfen zur Arbeit nicht gezwungen werden. Doch ist darauf hinzuwirken, daß auch sie entweder sich Arbeit verschaffen oder an den im Gefängnis eingeführten Arbeiten sich beteiligen. (§§ 68, 1; 142, 2.)
(Arbeitsertrag.)	
Aus dem Arbeitsertrage kann eine Arbeitsbelohnung bis zu 20 Pfg. für den Arbeitstag gewährt werden. (§ 66, 2.)	Der Ertrag der Selbstbeschäftigung (soweit er nicht als Entschädigung für ihren Unterhalt angerechnet wird) verbleibt den Gefangenen. (§ 146, 2.)
(Kleidung und Haartracht.)	
Die Sträflinge tragen die Anstaltskleidung... (§ 66, 3.)	Den Häftlingen wird der Gebrauch eigener Kleidung und Wäsche sowie eigener Bettstücke gestattet, sofern die Sachen ausreichend, ordentlich und schicklich sind.
Den männlichen Sträflingen wird das Haar kurz geschoren und der Bart abgenommen. (§ 66, 3.)	Haar- und Barttracht wird nur soweit verändert, als es Reinlichkeit und Schicklichkeit erfordern. (§ 68.)

(Briefe und Besuche.)

Zuchthausgefangene dürfen in der Regel alle drei Monate einen Besuch und Brief von ihren Angehörigen empfangen und einen Brief an dieselben absenden. (§ 66, 4.) Der Gefangene wird vom Besuchenden durch ein Drahtgitter getrennt. Ein Beamter überwacht das Gespräch. (§ 166, 1.) Der Besuchs- und Briefverkehr soll in der Regel nur mit den Angehörigen stattfinden. (§ 166, 1; 167.)

Der briefliche Verkehr ist unbeschränkt, solange damit kein Mißbrauch getrieben wird. (§ 167, 3.)

(Kost.)

Die Gefangenen erhalten die durch die Kostordnung vorgeschriebene Kost. (§ 134.)

Der Ankauf von Zusatznahrungsmitteln ist nicht gestattet. (§ 136, 1.)

Den Häftlingen ist auf Antrag Selbstbeköstigung zu gestatten.

Der Ankauf von Zusatznahrungsmitteln und Tabak aus eigenen Mitteln ist gestattet. (§§ 68, 3; 136, 3.)

(Allgemeine Bestimmung.)

Alle Gefangenen sind nach den Bestimmungen der Gesetze und dieser Dienstordnung streng, gerecht und mit sittlichem Ernst zu behandeln... (§ 127.)

Bei der Behandlung der Häftlinge ist zu berücksichtigen, daß sie nicht eine Strafe verbüßen und ihre Freiheit daher nicht weiter beschränkt werden darf, als die Zwecke der Haft und die Ordnung in der Anstalt es erfordern. Bequemlichkeiten und Beschäftigungen, die dem Stande und den Vermögensverhältnissen des Verhafteten entsprechen, dürfen sie sich auf ihre Kosten verschaffen, soweit sie mit dem Zwecke der Haft vereinbar sind und weder die Ordnung im Gefängnis stören noch die Sicherheit gefährden. (§ 70.)

Es soll nun selbstverständlich keineswegs behauptet werden, daß der Vollzug der Verwahrung genau nach den Regeln der Haft einzurichten wäre, dennoch scheint mir eines aus diesem Vergleiche hervorzugehen: Unsere heutigen Strafen, insbesondere die langjährige Freiheitsstrafe, sind versehen mit mannigfachen Dornen und Leiden für das Individuum, die ihre Existenzberechtigung ausschließlich daherleiten, daß die Strafe ein Übel sein soll, das dem Verbrecher zugefügt werden muß. Man betrachte die Bestimmungen über die Art der zu verrichtenden Arbeit, über Kost und Kleidung, über den Verkehr mit der Außenwelt usw. Hier finden wir jene großen und kleinen Leiden, die nebst dem Freiheitsverlust den Übelsgehalt der Strafe ausmachen, die aber wegzufallen haben oder nach Möglichkeit abzuschwächen sind, wenn die Freiheitsentziehung keine Übelszufügung mehr sein soll. Denn wozu dies alles dort, wo ihr Zweck, die Unschädlichmachung, auch ohne dies Leiden erfüllt werden kann, wo es keiner Strafe mehr bedarf: not a punishment but a home.

Zum Schluß noch eins: Es ist nicht nur ein kriminalpolitisches Prinzip, das uns zwingen soll, mit den geringsten Opfern die Unschädlichmachung zu erreichen, sondern es spricht noch ein taktischer Grund mit. Wir sollten uns an anderen Ländern ein Beispiel nehmen: Das französische Rezidivistengesetz hat Fiasko gemacht, weil die Richter seine Maßregel zu hart fanden und sie daher nur bei den allergefährlichsten Verbrechern, im Anschluß an die allerschwersten Verbrechen anwenden wollten. Die norwegische Bestimmung über die Unschädlichmachung Gemeingefährlicher ist nun nach zehnjähriger Geltung des Gesetzbuches noch nicht ein einziges Mal angewendet worden; sie hat also auch Fiasko gemacht, und zwar offenbar deshalb, weil die Geschworenen vor der Brutalität zurückschrecken, einen Verbrecher nach Abbüßung der Strafe, nach Befriedigung der Generalprävention, noch jahrelang in Strafhaft zurückzuhalten. Wollen wir uns dies zum Vorbild nehmen und auch harte und strenge Maßregeln anwenden — aber dafür nur auf dem Papier? Da folgen wir lieber den Engländern! Ihnen kann man gewiß nicht theoretische Tüftelei vorwerfen; sie halten aber trotzdem an dem Unterschied zwischen Strafe und Sicherung fest, setzen ihn in die Praxis um, und scheuen sich dann auch nicht ihre Sicherungsmittel wirklich anzuwenden [1]).

VI. Kapitel.

Die Aufhebung des Sicherungsmittels.

1. Die Verjährung.

Es ist in der jüngsten Zeit wiederholt erörtert, wenn auch nie genauer untersucht worden, ob der Grundsatz der Verjährbarkeit auch auf sichernde Maßnahmen anzuwenden ist. Man ist sich wohl darüber einig, daß die strafrechtlichen Prinzipien der Verjährung nicht einfach in das Sicherungsrecht hinübergenommen werden können, doch wird dies meist mit der Erklärung abgetan, ein Verbrechen verjähre zwar, ein Zustand aber nicht, die Strafbarkeit einer Handlung werde allerdings durch Zeitablauf aufgehoben, nicht aber die Sicherungsbedürftigkeit einer Person. Von Verjährung könne im Sicherungsrecht keine Rede sein [2]).

---

[1]) Anderson, Criminals and crime (London 1907) 25 f., 58 sowie der dort p 39 zitierte Brief Sir Alfred Wills an die „Times", der s. Z. viel Aufsehen erregt hat. — Über die praktische Durchführung Behrend, Monatsschr. f. Krimps. VIII, 295 f. und v. Hentig, der schw. Z. 26, 403 einen Besuch in Camp Hill beschreibt. Bezeichnend der Satz: „Mit deutlichem Stolz wird der Besucher immer wieder darauf hingewiesen, daß er sich in keiner Strafanstalt befindet, daß überhaupt in diesen hellen, nüchtern-freundlichen Räumen ein Gedanke nach Ausgestaltung ringt, der bisher noch in keinem Staat des alten Europa sich Verwirklichung erkämpft hat."

[2]) Vgl. Beling, a. a. O. 112. — Stooß, Monatsschr. f. Krimps. 8, 373. — Vgl. dazu ferner Wüst, Die sichernden Maßnahmen im schw. E. (1905) 184 ff. — v. Redwitz, Die polizeilichen Maßregeln des Reichsstrafgesetzbuchs (Breslau 1909) 178 ff. — Oetker, Reform I 325. — Nagler, a. a. O. 252. — Die Verfolgungsverjährung bleibt meist unberücksichtigt.

Allein uns handelt es sich nicht um die Anwendbarkeit oder Nichtanwendbarkeit des Verjährungs begriffes, sondern darum, ob der diesem Begriff zugrunde liegende Gedanke auch im Sicherungsrecht Geltung hat. Es sind zwei Fragen zu beantworten: kann eine zeitlich weit zurückliegende Tat Anlaß zur Sicherung sein? (Verfolgungsverjährung) und: kann das auf Sicherung lautende Erkenntnis, ungeachtet es zeitlich weit zurückliegt, vollzogen werden? (Vollstreckungsverjährung). Und da zeigt sich, daß Gedanken, die im Strafrecht zur Einführung des Instituts der Verjährung geführt haben, mutatis mutandis auch im Sicherungsrecht Anerkennung fordern.

a) Die Verfolgungsverjährung.

Freilich ist man sich nicht im klaren, welche Gründe es sind, die den Straf anspruch durch Zeitablauf untergehen lassen. Von den mannigfachen Verjährungstheorien seien hier nur die zwei wichtigsten erörtert.

1. Nach einer weit verbreiteten, insbesondere von Binding vertretenen Auffassung, beruht die Verfolgungsverjährung auf der Vergänglichkeit unserer Beweismittel. Durch den Ablauf der Zeit werden die Erinnerungsbilder der Tatzeugen verblaßt, ihre Aussagen unverläßlich, andere Beweismittel vernichtet; eine sichere Beweisführung ist nicht mehr möglich, die Strafverfolgung würde daher nur zu ungerechten Verurteilungen oder falschen unwürdigen Freisprüchen führen. Es ist besser, sie unterbleibt gänzlich. Legt man diese Theorie den Strafbestimmungen des Gesetzes zugrunde, wie neuerdings der österreichische Entwurf [1]), so gelangt man dazu, die Verfolgungsverjährung lediglich vom Ablauf einer bestimmten Frist abhängig zu machen, auf die Besserung des Täters keine Rücksicht zu nehmen, endlich dazu, die Vollstreckungsverjährung gänzlich zu verneinen; denn ist die Tat einmal festgestellt, so spielt die Vergänglichkeit der Beweismittel keine Rolle mehr. So auch der österreichische Entwurf.

---

[1]) Erläut. Bem. S. 130.

Ich halte diese Theorie für unrichtig [1]), nimmt man sie aber an, so muß man folgerichtig die Verjährung auch bei den Sicherungsmitteln zulassen. Die Anordnung des Sicherungsmittels setzt eine bestimmte Tat als Symptom der Gefährlichkeit voraus. Kann nun die Tat nicht mit der nötigen Sicherheit bewiesen werden, so ist es unmöglich, die Gefährlichkeit des Individuums in der vom Gesetze vorgeschriebenen Form darzutun. Ist es also richtig, daß die Beweismittel durch Ablauf der Zeit zugrunde gehen, so kann von einer Feststellung des Symptoms, daher auch von einer ordnungsmäßigen Feststellung der Gefährlichkeit nicht mehr die Rede sein. Diese „Verfolgungsverjährung“ gilt auch im Sicherungsrecht.

2. Gegenüber dieser prozessualen Begründung der Verjährung steht eine materiellrechtliche. Nach Ablauf einer längeren Zeitdauer fällt der Grund, die Tat zu ahnden,

---

[1]) Aus zweierlei Gründen. Diese Theorie vermag zunächst die Verschiedenheit der Verjährungsfristen nicht zu erklären. Das wurde wiederholt — so schon von Dambach, Goltd. Arch. IX, 33 — geltend gemacht. Wenn Binding, Handbuch S. 830, dagegen einwendet, die Verschiedenheit sei begründet, weil die Erinnerung an wichtige und schwere Angriffe länger im Gedächtnis hafte als die Erinnerung an unbedeutende, leicht verschmerzte Ereignisse, so beruft er sich allerdings auf eine richtig beobachtete psychologische Tatsache. Allein das gilt nicht für Indizien, deren Haften im Gedächtnis von der Art der zu beweisenden Tat meist unabhängig ist (Loening, Vergleichende Darstellung, Allg. T. I, 406, Anm.). Es gilt insbesondere nicht für den Unschuldigen, für den die Tat, der er ja ferne steht, kein eindrucksvolles Ereignis ist; er wird sich an die Umstände, die etwa einen Alibibeweis begründen würden, darum nicht eher erinnern, weil die Tat, die ein anderer beging und von der er vielleicht gar nichts gehört hat, ein schweres Verbrechen war.

Ferner ist diese Theorie — und das wird durchwegs unbeachtet gelassen — außerstande, das Ruhen und die Unterbrechung der Verjährung zu begründen. Wenn der Ablauf einer bestimmten Zeit die Möglichkeit des Beweises zerstört, so geschieht dies auch dann, wenn der Täter während dieses Zeitabschnittes ins Ausland geflüchtet oder etwa wegen Immunität nicht verfolgbar ist. Ebenso steht es mit der Unterbrechung durch Verfolgungsakte. Von den wenigsten gilt, was die Erläuternden Bemerkungen S. 133 ganz allgemein sagen, daß sie „die Beweise besser und lebendiger erhalten“. Was hat das Erinnerungsvermögen der Zeugen mit der Ladung des Beschuldigten, der Erlassung eines Steckbriefes oder dergleichen zu tun, durchwegs Handlungen, die den Zeugen nicht berühren, von denen er nichts erfahren haben muß?

weg; das Strafbedürfnis schwindet. Und zwar je nach der Art des angenommenen Strafzweckes wird dies verschieden erklärt: Das Vergeltungsbedürfnis des Volkes verflüchtigt sich, wenn die Tat seinem Gedächtnis entschwindet, eine generalprävenierende Einwirkung auf die Allgemeinheit wird überflüssig, wenn die Zeit ihr Andenken getilgt hat; der Eintritt der Besserung beim Täter kann vermutet werden, wenn lange Zeit seit der Tat verflossen und er sich seither wohlverhalten hat, usw. In den Gedankengang des Sicherungsrechtes übersetzt, bedeutet dies: Das Sicherungsmittel wird wegen der Gefährlichkeit des Menschen verhängt; es ist nun aber sehr wohl möglich, daß die Person, die zur Zeit der Tat höchst gefährlich war, nach Ablauf einer längeren Frist sich völlig verändert hat, nicht mehr die ist, die sie war. Unter Umständen etwa bei tadellosem Verhalten in der Zwischenzeit, wird man einen Wandel ihres Zustandes sogar mit Wahrscheinlichkeit anzunehmen berechtigt sein. Jedenfalls aber ist die Jahre zurückliegende Tat nur immer ein Symptom der einstigen Gefahr; ein Anzeichen gegenwärtiger Gefährlichkeit ist sie nicht. Man kann kurz sagen: Die Zeit tilgt die symptomatische Bedeutung des Verbrechens.

Diese Erwägung würde nun freilich noch nicht die Einführung der Verjährung nötig machen. Denn der Richter muß ja unter allen Umständen den Zustand des Individuums prüfen und zwar ex nunc, nicht ex tunc; erfordert also der Zustand des Täters zur Zeit der Prüfung keine sichernde Maßnahme, ist die Gefährlichkeit in der Zwischenzeit geschwunden, so kann die Maßregel ohnehin nicht angeordnet werden[1]. Danach wäre das Institut der Verjährung hier gänzlich überflüssig. — Das scheint vollkommen schlüssig. Etwas aber ist dennoch übersehen. Wie steht es, wenn der Richter den Täter für noch immer gefährlich hält und nun die längst vergangene Tat als Anlaß zur Ergreifung eines Sicherungsmittels nehmen will? Er verurteilt z. B. den Beschuldigten wegen eines vor fünf Jahren begangenen Diebstahls und weist

---

[1]) Stooß a. a. O.

ihn gleichzeitig wegen Arbeitsscheu in eine Arbeitsanstalt ein. Ohne Einführung der Verjährung wäre ein derartiges Erkenntnis zweifellos zulässig. Allein worauf stützt es sich? Der Richter bejaht hier die Gefährlichkeit nicht auf Grund der Tat, der ja keinerlei symptomatische Bedeutung für den gegenwärtigen Zustand zukommt, sondern auf Grund anderer Symptome, welche ihn die derzeitige Gefährlichkeit des seinerzeitigen Verbrechers zu enthüllen scheinen. Eine solche Regelung würde aber aufs schärfste dem Gedanken widersprechen, der zur Aufstellung des Taterfordernisses geführt hat. Es soll ja doch gerade vermieden werden, daß jemand auf Grund von willkürlichen Anzeichen als gefährliche Person behandelt wird.

Es liegt also nahe, die gesetzliche Vermutung aufzustellen, ein Verbrecher, der sich durch längere Zeit wohl verhalten hat, habe sich soweit geändert, daß ein Sicherungsbedürfnis nicht mehr vorliegt. Es wäre zu bestimmen, daß eine sichernde Maßnahme nur verhängt werden darf, wenn die Fortdauer der Gefährlichkeit durch ein neues Delikt erwiesen ist. Also auch nach dieser Theorie gelangen wir zur Einführung der Verjährung.

Freilich müßte eine so begründete Verjährung an andere Voraussetzungen geknüpft werden, als oben ad 1. dargestellt wurde. Neben dem Ablauf einer bestimmten Zeit müßte die Bedingung gestellt werden, daß der Verbrecher nicht durch ein neues Delikt die Vermutung der Besserung zunichte gemacht hätte: ein Delikt unterbricht die Verjährung. In dieser Weise regelt das geltende österreichische Recht die strafrechtliche Verjährung. Auch die Verjährungsfristen müßten für die Sicherungsmittel nach gänzlich anderen Gesichtspunkten bemessen werden. Der Strafanspruch verjährt, weil das Andenken an die Tat durch die Zeit getilgt wird; nach der Schwere der Tat sind darum die Fristen abzustufen. Der Sicherungsanspruch „verjährt", weil der Zustand des Menschen durch die Zeit gewandelt wird. Nicht nach der Art der Tat, die nur ein Symptom des Zustandes, sondern nach der Art dieses Zustandes ist die Frist zu berechnen; sie kann bei Trunksucht und Arbeitsscheu, bei geistiger Minderwertigkeit oder beim deliktischen

Hang eines Gewerbsmäßigen sehr verschieden sein. In dem einen Fall wird man schon nach kurzem, im anderen erst nach langjährigem Wohlverhalten den Eintritt eines inneren Wandels zu vermuten berechtigt sein.

Wie stellen sich nun die Entwürfe zu diesen Erwägungen? Der österreichische Entwurf schließt sich, wie die erläuternden Bemerkungen mit Schärfe und Klarheit dartun, der oben unter 1. genannten Verjährungstheorie an. Die Konsequenz dieses Standpunktes für die Sicherungsmittel ist, daß ein strafrechtlich verjährtes — d. h. also nicht mehr sicher beweisbares — Verbrechen auch nicht Anlaß zu sichernden Maßnahmen sein kann. Der Entwurf erkennt dies an: Voraussetzung jedes einzelnen Sicherungsmittels ist ein noch strafbares, also unverjährtes Verbrechen; und in jenen Fällen, in denen die Maßregel lediglich an den objektiven Tatbestand eines Deliktes geknüpft ist, gilt das Analoge, denn nur wenn die Bestrafung der Tat aus Gründen der Unzurechnungsfähigkeit des Täters — also nicht wegen Eintritt der Verjährung — ausgeschlossen ist, kann sie Anlaß zur Ergreifung eines Sicherungsmittels sein. Gleiches gilt vom deutschen und schweizerischen Entwurf [1]).

Allein auch den Grundgedanken der ad 2. genannten Theorie konnten die Entwürfe nicht gänzlich unberücksichtigt lassen. Was zunächst die Strafe betrifft, haben der deutsche und schweizerische Entwurf — wie sich aus der Aufnahme der Vollstreckungsverjährung ergibt — anerkannt, daß das Strafbedürfnis durch Zeitablauf untergeht. Wie steht es aber mit dem Sicherungsbedürfnis? Gewiß ist, daß von sichernden Maßnahmen keine Rede sein kann, wenn der Verbrecher zur Zeit der richterlichen Prüfung nicht mehr gefährlich ist. Es fragt sich also nur, ob bei gegenwärtig noch bestehender Gefahr ein

---

[1]) Eine praktisch wohl bedeutungslose Ausnahme macht nur das Berufsverbot und die Entziehung des Gewerberechtes nach Art. 49 des österreichischen Einführungsges.-Entwurfes. Diese Maßregel wird von der Verwaltungsbehörde also nicht im Anschluß an das Strafverfahren verhängt; und da sie nur die Begehung eines Verbrechens, nicht die Verurteilung zur Voraussetzung hat, wäre sie wohl auch nach Eintritt der Verjährung zulässig.

zeitlich weit zurückliegendes Verbrechen die Anordnung eines Sicherungsmittels veranlassen darf.

Es wurde oben der Satz aufgestellt: die symptomatische Bedeutung einer Tat geht durch den Ablauf der Zeit verloren; und die Bestimmungen der Entwürfe über die Rückfallsverjährung geben ihm recht: liegt die Vortat eine gewisse Anzahl von Jahren zurück, so ist sie, weil nicht mehr symptomatisch für die Gegenwart, kein Anlaß zur Rückfallsverschärfung. Weitere Konsequenzen dieser Erkenntnis wurden aber nicht gezogen. Insbesondere können Sicherungsmittel ausgesprochen werden bei jedem Verbrechen, das noch nicht strafrechtlich verjährt ist, — auch bei einem Verbrechen, das vor fünf oder zehn Jahren begangen worden ist, das für den gegenwärtigen Zustand also nicht die geringste symptomatische Bedeutung hat. So wäre es nach den Bestimmungen unserer Entwürfe theoretisch möglich, daß jemand nach zehnjährigem Wohlverhalten als Gewohnheitsverbrecher in die Verwahrungshaft gesandt wird. — Freilich wird man auch hier wieder einwenden, es sei dies praktisch unmöglich, da kein Richter nach vernünftigem Ermessen in einem solchen Falle die Gemeingefährlichkeit annehmen wird. Dies ist wahrscheinlich, allein man will ja eben die Annahme der Gefährlichkeit und die Anordnung der Sicherung nicht dem „vernünftigen Ermessen" des Richters überlassen. Die gesamte gesetzliche Symptomatologie, das gesetzlich festgelegte Taterfordernis hat ja den Zweck, das richterliche Ermessen zu beschränken, Willkür auszuschließen. Nun aber überläßt man die Entscheidung wieder völlig arbiträren Überlegungen: die formell geforderte Tat ist in Wahrheit kein Symptom, und die Gefährlichkeit kann bejaht werden, obwohl kein die gegenwärtige Sachlage kennzeichnendes Verbrechen vorliegt, und dieses Urteil kann sich auf Tatsachen stützen, die lediglich nach Ansicht des Richters symptomatisch sind, auf Schlußfolgerungen, die lediglich nach Ansicht des Richters eine Gefahr erweisen.

Interessanterweise haben der österreichische Entwurf und der deutsche Gegenentwurf bei Regelung der Verwahrungsanstalt — gerade hier mit Recht besonders vorsichtig — diesem

Gedankengang in gewisser Richtung Rechnung getragen. Sie fordern als Symptom der Gemeingefährlichkeit mehrere Vordelikte und führen für das letzte die Rückfallsverjährung ein. Die Vorstrafe wird nur dann bei Beurteilung der Gefährlichkeit mitberücksichtigt, wenn seit ihrer Verbüßung nicht mehr als drei bzw. fünf Jahre verstrichen sind. Eine analoge Bestimmung für das l e t z t e Verbrechen fehlt aber, so daß dieses als Symptom in Betracht kommt, wofern es nur noch nicht strafrechtlich verjährt ist (was nach dem ÖE. einen Zeitablauf von 2 bis 25 Jahren voraussetzt). Das ergibt fürwahr ein merkwürdiges Ergebnis: Der A., der vor 12 und vor 10 Jahren je ein Verbrechen begangen hat, kann verwahrt werden, der B., der vor 6 bzw. vor 1/2 Jahre Verbrechen begangen hat, n i c h t , weil die zwischen den Delikten liegende Frist dort unter, hier über drei Jahre beträgt.

Man darf also nicht auf halbem Wege stehenbleiben. Wer die Rückfallsverjährung anerkennt, der anerkennt schon — was übrigens an sich kaum einen Zweifel zuläßt — die Verjährbarkeit der Symptome, d. h. die Tatsache, daß ein Verbrechen seine symptomatische Bedeutung durch Zeitablauf verliert. Damit gelangt man aber notwendig zu einer Verbrechensverjährung bei Sicherungsmitteln, zu einer Verjährung, die mit Beweisschwierigkeiten nichts zu tun hat, von den Fristen der strafrechtlichen Verjährung also gänzlich unabhängig zu stellen ist. Gewiß ist, daß die Fristen von 10, 15, 20 Jahren hier zu lange sind, sie hätten sich m. E. eher den Fristen der Rückfallsverjährung anzunähern [1]).

b) Die Vollstreckungsverjährung.

Ganz analog ist der Gedankengang, der zu einer Vollstreckungsverjährung für Sicherungsmittel führt.

Der österreichische Entwurf erblickt den einzigen Grund

[1]) Der schw. E. v. Sept. 1913 hat eine Art Verfolgungsverjährung für einen Fall der Sicherung eingeführt. Art. 10 bestimmt für die Erziehungsmaßregeln bei Unmündigen: „D i e z u s t ä n d i g e B e h ö r d e k a n n v o n M a ß n a h m e n a b s e h e n , w e n n s e i t d e r T a t s e c h s M o n a t e v e r s t r i c h e n s i n d."

der Verjährung in den Beweisschwierigkeiten, hat daher ganz folgerichtig von der Einführung einer Vollstreckungsverjährung überhaupt abgesehen. Die beiden anderen Entwürfe kennen eine Verjährung des Strafurteils. Allein man kann über dieses strafrechtliche Problem denken wie man will, die Vollstreckungsverjährung bei sichernden Maßnahmen oder wenigstens ein Surrogat derselben, bleibt ganz offensichtlich eine Notwendigkeit.

Die Sicherungsmittel zielen darauf ab, die in einer Person liegende gesellschaftliche Gefahr zu beheben: Der Vollzug der Maßregel hat darum nur dann Sinn, wenn diese Gefahr zur Zeit des Vollzuges noch besteht. Die Sicherung eines nicht mehr Sicherungsbedürftigen wäre sinnlos. Jede dieser Maßregeln wird daher ihrem Geiste nach stets angeordnet unter der stillschweigenden Klausel „rebus sic stantibus“ [1]). Nach längerem Zeitablauf aber wird es ungewiß, ob die Gefahr noch besteht, ob die Person noch dieselbe ist, wie zur Zeit, als das Urteil gesprochen wurde, ja, unter Umständen wird man das Gegenteil zu vermuten berechtigt sein. Ein Sicherungsbeschluß, der lange nicht vollzogen worden und möglicherweise der Gegenwart nicht mehr entsprechend ist, kann also — soviel ist gewiß — nicht ohne weiteres in die Tat umgesetzt werden. Es ist eine Frage technischer Natur, in welcher Form das Gesetz ein Korrektiv einschieben soll, um die Vollstreckung antiquierter Beschlüsse zu verhindern.

a) Der einfachste Weg ist wohl die Einführung einer „Vollstreckungsverjährung“. Der deutsche Entwurf hat dies versucht: Er setzt eine dreijährige Verjährungsfrist fest: für die Unterbringung in ein Arbeitshaus (bzw. Besserungsanstalt nach § 310 DVE.), die Unterbringung in eine Trinkerheilanstalt sowie für die Verwahrung in einer Heil- und Pflegeanstalt (§ 97 Abs. 2 DVE., analog § 107 GE.) [2]). Oetker [3]) hält diese Gleichstellung der Sicherungsmittel mit der Strafe für unnatürlich: Wenn während des Zeitlaufes der Zustand des Gefährlichen sich ändert,

[1]) Oetker, a. a. O. 327.

[2]) Die Vollstreckung der Sicherungsverwahrung ist nach den Beschlüssen der deutschen Strafrechtskommission unverjährbar. Ebermayer S. 30.

[3]) A. a. O.

so hat freilich die Maßregel zu entfallen, der Grund des Wegfalles ist aber immer der Wechsel der Umstände, während es daneben auf den Ablauf der Zeit nicht ankommt. Allein wesentlich ebenso steht es bei der strafrechtlichen Verjährung: mit dem Ablauf der Zeit schwindet die Erinnerung an das Verbrechen und damit in aller Regel das Bedürfnis nach Strafe, so daß das Gesetz die Vollstreckung entfallen läßt, wenn auch in einem Einzelfall diese Vermutung nicht zutrifft; ähnlich hier: Wenn sich der einstige Verbrecher durch längere Zeit wohlverhalten hat, so ist zu vermuten, daß er nicht mehr gefährlich ist, daß ein Schutzbedürfnis der Gesellschaft ihm gegenüber nicht mehr besteht. Freilich auch hier trifft diese Vermutung nicht immer zu [1]. Will also der Gesetzgeber völlig sicher gehen, so wird er nicht den Wegfall der Maßregel obligatorisch festlegen, sondern ihn von einer neuerlichen Überprüfung der Persönlichkeit abhängig machen.

b) Diese Regelung hat implicite der österreichische Entwurf angenommen: Bei der Verwahrung gemeingefährlicher Verbrecher, bei der Einweisung in die Arbeitsanstalt, bei der Polizeiaufsicht und Einweisung eines gemindert Zurechnungsfähigen in eine Heilanstalt spricht das Gericht lediglich die Zulässigkeit der Maßregel aus. Wenn nun der Fall gegeben ist, daß sie erst nach Jahren zum Vollzuge käme, so muß die Behörde ja ohnedies, wie immer, durch eine neuerliche Prüfung die Notwendigkeit der Maßregel feststellen. Zu einer Sicherung eines nicht mehr Sicherungsbedürftigen kann es also — trotz Mangels einer „Vollstreckungsverjährung" — nicht kommen. Eine Ausnahme gilt nur für die Landesverweisung und für die Einweisung eines Unzurechnungsfähigen in eine Heilanstalt, Maßregeln, die unmittelbar vom urteilenden Gericht im Anschluß an das Verfahren angeordnet werden. Doch dürfte sich der Mangel einer Vollstreckungsverjährung bzw. eines Surrogates derselben hier kaum bemerkbar machen. Denn einerseits kann

[1]) Es sollte darum unter Umständen eine Unterbrechung bzw. Verlängerung der Verjährungsfrist stattfinden. Dies wird abgelehnt durch die Beschlüsse der deutschen Strafrechtskommission. Ebermayer S. 30.

der Ausspruch der Landesverweisung nach § 544 ÖStPE. jederzeit vom Gerichtshof zweiter Instanz aufgehoben werden „wenn die Gründe für den Ausspruch weggefallen sind“, anderseits kann der ehemals gemeingefährliche Wahnsinnige, wenn er gesund wird, ehe er in die Heilanstalt gebracht werden konnte, sofort wieder entlassen werden. Das ist hier — aber nur hier! — möglich, da eine Minimalzeit der Verwahrung nicht festgestellt ist: Für die Einführung einer Verjährung fehlt das Bedürfnis. Nach der Natur der Sache fehlt es auch bei den Erziehungsmaßregeln für jugendliche Verbrecher, da bei Erreichung eines bestimmten Alters die Möglichkeit des Vollzuges von selbst entfällt.

c) Endlich hat auch der schweizerische Entwurf für Sicherungsmittel ein Surrogat der Vollstreckungsverjährung eingeführt. Für die Verwahrung der Gewohnheitsverbrecher gilt der Grundsatz: „Wird das Urteil fünfundzwanzig Jahre lang nicht vollzogen, so ist es unwirksam“ (Art. 31). Bei Anordnung der Arbeits- und Trinkerheilanstalt tritt die Unwirksamkeit schon nach fünf Jahren ein (Art. 32, 33 a. E.). Zürcher spricht in seinen Erläuterungen zum Entwurf hier ausdrücklich von Vollstreckungsverjährung[1]). Der Verfasser des Entwurfes selbst aber will eine Verjährung bei Sicherungsmitteln nicht anerkennen. Er sagt: Das Urteil wird unwirksam, aber „der Sicherungsanspruch selbst verjährt nicht. Es kann also unter den gesetzlichen Voraussetzungen ein neues Verfahren eingeleitet werden. Es fragt sich dann, ob der Zustand der Person zur Zeit der neuen Entscheidung eine sichernde Maßnahme erfordert“ [2]). Praktisch scheint mir dies einer Vollstreckungsverjährung gleichzukommen. Wenn das neue Verfahren nur unter den gesetzlichen Voraussetzungen eingeleitet werden kann, so bedeutet dies: Nur wenn der Verurteilte ein neues Delikt begeht und durch diese Handlung gezeigt hat, daß seine Gefährlichkeit noch besteht, so ist eine Sicherung möglich. Diese Sicherung tritt also im Anschluß an ein neues Verbrechen ein, es handelt sich in der Tat um eine neue Maßregel. Der Vollzug der früheren ist „verjährt“.

[1]) Zürcher, Erläuterungen zum schw. VE. (1911) S. 68.

[2]) Stooß, a. a. O. 373.

Aus all dem geht hervor: der Gedanke, der dem Institut der Strafverjährung zugrunde liegt, spielt auch im Sicherungsrecht eine nicht zu unterschätzende Rolle. Nenne man sie nun „Verjährung" oder nicht, der Sache nach hat sie hier die gleiche Existenzberechtigung wie im Strafrecht. Wenn also gesagt wird, ein Verbrechen verjähre zwar, aber ein Zustand nicht, so ist dem entgegenzuhalten: Auch das Verbrechen, als historische Tatsache, wird durch den Zeitablauf nicht aus der Welt geschafft, was durch Verjährung untergeht, ist das Strafbedürfnis, und ganz dasselbe hat auch vom Sicherungsbedürfnis zu gelten.

2. Der Erlaß.

Der Vollzug eines schon angeordneten oder wenigstens indizierten Sicherungsmittels kann aus verschiedenen Gründen wegfallen. — Der wichtigste ist wohl der, daß die Anordnung überflüssig wird, weil der Strafvollzug die Funktionen der sichernden Maßnahme übernimmt. Davon später; ein Erlaß im technischen Sinne liegt hier nicht vor: die Sicherung entfällt nicht, sondern nimmt nur eine andere Form an. Es wäre aber auch möglich, daß der Staat auf die Ausübung seines Sicherungsrechts ausnahmsweise gänzlich verzichtet [1]). Analoga im Strafrecht sind der unbedingte Strafverzicht in Form der Begnadigung und der an bestimmte Voraussetzungen geknüpfte Strafverzicht in Form des bedingten Straferlasses. Es ist zu untersuchen, ob der Gedanke, der diesen beiden Instituten zugrunde liegt, auch im Sicherungsrecht sein Seitenstück habe.

I. Die Begnadigung. Die Begnadigung ist ein Sicherheitsventil, welches es ermöglichen soll, den Vollzug einer ungerechten, unzweckmäßigen Strafe zu verhüten bzw. abzukürzen. Bedarf es eines derartigen Institutes im Sicherungsrecht? Soll auch hier einer Behörde, die mit Anordnung, Bemessung und Vollzug der sichernden Maßnahmen gesetzlich

[1]) Nicht hierher gehört die vorläufige Entlassung. Denn sie ist nichts als eine besondere Form der Bemessung der Sicherungsdauer.

nicht befaßt ist, die Befugnis zu einer außerordentlichen Sistierung des Vollzuges eingeräumt werden?

Es sei zunächst an einen Satz Benthams erinnert: „Faites de bonnes lois, et ne créez pas une baguette magique, qui ait la puissanse de les annuler. Si la peine est nécessaire, on ne doit pas la remettre; si elle n'est pas nécessaire on ne doit pas la prononcer! [1]" Dieser Grundsatz mag für das Strafrecht undurchführbar sein, aber er gilt zweifellos im Sicherungsrecht. Die Anordnung eines Sicherungsmittels kann überhaupt nur dann in Frage kommen, wenn das Gericht von der Gefährlichkeit der Person überzeugt ist und die betreffende Maßregel als ein taugliches Mittel zur Bekämpfung dieser Gefahr erkannt hat. Danach kann das Gericht — anders als bei der Strafe — nie durch das Gesetz gezwungen sein, eine unzweckmäßige Maßregel zu verhängen. Dies gilt auch für unsere Entwürfe, da sie in keinem einzigen Fall die Anordnung eines Sicherungsmittels zur obligatorischen Rechtsfolge bestimmter symptomatischer Tatsachen machen. Zu einer außergerichtlichen Korrektur ist kein Anlaß. Nicht durchwegs gleich steht es jedoch mit der Bemessung der Maßregel. Wäre freilich die Idee der Sicherung in ihrer Reinheit durchgeführt, überhaupt durchführbar, so könnte auch in dieser Hinsicht von einem Bedürfnis nach Korrektion keine Rede sein. Denn die Anordnung des Sicherungsmittels geschähe ja dann prinzipiell auf unbestimmte Zeit. Es könnte daher in jedem Augenblick aufgehoben werden, sobald sich die Sicherung als überflüssig erwiese, und wäre dies auch am ersten Tage des Vollzuges. Eine außerordentliche Abkürzung käme gar nicht in Frage, da die unverhoffte rasche Besserung die Behandlung ohnedies beenden müßte. Allein unsere Entwürfe kennen in vielen Fällen eine seitens des Richters von vornherein festgesetzte Sicherungsdauer und sogar gesetzlich bestimmte Minima; da kann es sich wohl ereignen, daß die Änderung des gefährlichen Zustandes früher eintritt, als Richter oder Gesetz es erwarteten. Damit ergibt sich bereits

[1]) Bentham, Traités de législation, Gesamtausgabe I, 185.

das Bedürfnis nach jenem Sicherungsventil, das die Begnadigung dem Strafverfahren bietet. Dieses Bedürfnis wird praktisch desto mehr zurücktreten, je freier das Gesetz die Vollzugsbehörde stellt. Es ist also verschieden je nach der Stellung des Gesetzes zu dieser Frage und verschieden auch bei den einzelnen Maßregeln. So dürfte es sich erklären, daß die Ansichten über die Bedeutung der Begnadigung im Sicherungsrecht so sehr auseinanderlaufen [1]). Wenn jedoch nach der Gesetzeslage überhaupt die Notwendigkeit gegeben ist, für eine außerordentliche Abkürzung der Sicherung zu sorgen [2]), so sollte m. E. die Befugnis zur Aufhebung des Sicherungsmittels in die Hand des Richters gelegt sein [3]). Ein Beispiel dafür wäre der Art. 62, 4 schweiz. Entwurf: Der Richter kann das auf bestimmte Zeit ausgesprochene Berufsverbot vor Ablauf der Frist aufheben, „wenn ein weiterer Mißbrauch nicht zu besorgen ist, und wenn der Verurteilte den gerichtlich festgestellten Schaden, soweit es ihm möglich war, ersetzt hat."

Dies alles trifft aber nur dann zu, wenn man wirklich an eine außerordentliche Sistierung denkt, die keinen anderen Zweck hat, als dem Geist des Gesetzes gegenüber seinem Buchstaben Geltung zu verschaffen. Es trifft nicht zu, wenn man eine Begnadigung ins Auge faßt, die auf Gründe gestützt ist, die nicht zur Sache gehören, auf politischen Erwägungen, die „publica laetitia" usw. Daß solche Motive im Sicherungsrecht nicht stichhalten sollten, ist wohl außer Zweifel: Hier wäre die „Gnade" gegenüber dem einzelnen Ungnade gegenüber der Gesamtheit [4]).

---

1) Vgl. Wüst, a. a. O. 183 f. — Delaquis, Z. 32, 702. — Nagler, a. a. O. 252 f. — Beling, a. a. O. 112 f. — Stooß, Monatsschr. f. Krimps. 8, 373 f.

2) Es bedeutet wohl der Ausschluß des Begnadigungsrechts, wenn der ÖE. bezüglich der Verwahrung bestimmt: „Die Entlassung findet nur auf Grund eines gerichtlichen Beschlusses statt." (§ 517, vgl. auch § 534.)

3) Stooß, a. a. O.

4) Schon Röder hat erkannt, daß in einem Besserungssystem kein Platz für eine derartige Gnade sei; er betont, daß „die Besserung sehr häufig vereitelt wird durch unzeitige, ganz unverdiente Abkürzung der Strafe im Wege der Begnadigung — etwa wegen des Zufalls einer Krönung, eines hohen Geburtstags u. dgl. — ja schon durch die bloße Aussicht auf solche." (A. a. O. 27.)

II. Der bedingte Erlaß. Während die Idee des bedingten Straferlasses einen Siegeslauf durch die Gesetzgebungswerke des Kontinents macht, wird merkwürdigerweise der Möglichkeit ihrer analogen Anwendung auf das Sicherungsrecht kaum Beachtung geschenkt.

Das Institut des bedingten Straferlasses beruht bekanntlich auf dem Grundgedanken: Dadurch, daß die Vollstreckung oder der Erlaß der verwirkten Strafe von dem Verhalten des Täters abhängig gemacht wird, soll dieser zu rechtmäßiger Lebensführung motiviert werden [1]). Dieser Grundgedanke scheint mir nun mutatis mutandis auch für manche sichernde Maßnahmen zuzutreffen. Zunächst gewiß nicht bei geistig unreifen und geistig erkrankten Personen, da man hier nicht eine normale Motivierung erwarten kann, ferner wohl auch nicht für eingefleischte Verbrecher, denen gegenüber ein derart zartes Mittel, wie das Inaussichtstellen einer Maßregelung, nicht verfangen würde. Allein bei einigen Besserungsmitteln, wie insbesondere Trinkerheilanstalt, Fürsorgeerziehung, ferner bei einzelnen Schutzmitteln, wie Landesverweisung, Berufsverbot, Wirtshausverbot, gelten dieselben Erwägungen wie für den bedingten Nachlaß der Strafe. Auch hier handelt es sich um Maßregeln, die der Mensch „lieber nicht" über sich ergehen läßt; und die Überzeugung, bei unrechtmäßigem Verhalten ihre Anordnung gewärtigen zu müssen, kann ebenso wie die Aussicht auf Bestrafung an sich schon heilsamen Einfluß auf ihn ausüben.

Freilich läßt sich einwenden: die sichernden Maßnahmen dienen der Bekämpfung eines gefährlichen Zustandes im Menschen. Dieser Zustand ist entweder vorhanden oder nicht. Wenn die Person nicht gefährlich ist, kann von einer Sicherung, auch von einer bedingten, keine Rede sein; ist sie aber gefährlich, dann darf der Staat auch nicht einen Tag zögern, was an ihm ist, zur Behebung der Gefahr zu tun [2]). Eine Aussetzung der Sicherung würde die Gesellschaft gefährden und überdies das künftige Besserungswerk in Frage stellen. Wäre dieses Argument richtig, so dürfte es auch keine vorläufige Entlassung bei sichern-

[1]) v. Liszt, Vergleichende Darstellung, Allg. T. III, 5.

[2]) Vgl. Wüst a. a. O. 188.

den Maßnahmen geben. Denn entweder ist das Individuum noch gefährlich oder nicht mehr gefährlich, zu einer vorläufigen Entlassung wäre also in keinem Falle Anlaß. Auch diese kann ja nur dadurch begründet werden, daß es Individuen gibt, die ohne allzu großes Risiko für die Gesellschaft die Freiheit genießen können, und über deren Verbleiben in der Freiheit erst ihr weiteres Verhalten entscheiden soll. Der Gedankengang ist hier ganz analog. Und dennoch wird die bedingte Verurteilung abgelehnt, die bedingte Entlassung dagegen allgemein gefordert und auch in unseren Entwürfen durchgehends vorgesehen. Im Leben finden wir eben jenes Entweder-Oder nicht mit solcher Schärfe ausgeprägt wie in der Theorie. Zwischen Gefährlichkeit und Ungefährlichkeit besteht ein allmählicher Übergang: und nur für die sicherlich häufigen Grenzfälle könnte der bedingte Erlaß Geltung überhaupt beanspruchen. Man denke etwa an einen Trinker, dessen Zustand noch nicht pathologische Formen angenommen hat: es ist ihm noch möglich, aus eigener Kraft den Versuchungen zu widerstehen, und er wird — unterstützt durch ein kräftiges Gegenmotiv — dazu vielleicht imstande sein. Stellt man ihn überdies unter Schutzaufsicht, oder sorgt man in anderer Weise für seine Überwachung, wie man das ja auch bei der bedingten Strafentlassung und dem bedingten Strafurteil tut, dann wird dieses Ergebnis um so wahrscheinlicher sein. Man kann dann auch nicht einwenden, ein Mann, der bis jetzt die Freiheit nicht vertragen hat, werde sie auch künftig mißbrauchen; denn die äußeren Umstände sind nun anders, ein anderes Verhalten darum zu erhoffen. Ähnlich wäre es wohl auch bei Jugendlichen, die noch nicht völlig verwahrlost sind; in diesem Falle käme noch hinzu, daß die Androhung der Abnahme des Kindes meist auch für die Eltern ein Antrieb zur Pflichterfüllung ist. Dabei handelt es sich ja hier überall keineswegs darum, daß ein neues Verbrechen „abgewartet" werden soll, um erst dann die Sicherung zu vollziehen, sondern nur um die Feststellung, ob nicht in einem derartigen Grenzfall bereits die Androhung der Maßregel eine günstige Wirkung ausübt. Die Maßregel wäre schon dann zu vollziehen, wenn sich die Person „während der Probezeit dem Trunke,

Spiele, Müßiggang oder einem unsittlichen Lebenswandel ergibt", wie dies z. B. § 52 ÖE. für den bedingten Strafnachlaß bestimmt.

Erwähnt sei, daß der ausgezeichnete englische Praktiker Anderson noch weitergehen und den Gedanken der bedingten Verurteilung sogar auf Gewohnheitsverbrecher anwenden will. Sein Vorschlag ist folgender: Wenn jemand eines Verbrechens bestimmter Schwere verurteilt und nach den Ergebnissen eines besonderen Verfahrens als ein gewerbsmäßiger Verbrecher befunden wird, so soll er zunächst lediglich als solcher registriert werden und die normale Strafe abbüßen. Begeht er, obwohl ihm seine Registration formell bekanntgegeben worden ist, in der Folgezeit noch ein weiteres Verbrechen, so ist er nunmehr zu verwahren „during His Majesty's pleasure". Anderson legt ein besonderes Gewicht darauf, daß die Sicherungshaft nicht nur von jener Verurteilung, sondern von „the convict's conviction of further crime" abhängig gemacht wird. „His final loss of liberty should be made to result by operation of law from his own wilful act... (after) he has been solemny warned that, if he again offends, the penalty of outlawry will fall upon him" [1]).

Entschließt man sich übrigens zu einer systematischen Verknüpfung mit den erwähnten Aufsichtsmaßregeln, so wäre eine noch viel weitere Anwendung des bedingten Erlasses bei Sicherungsmitteln möglich. Der österreichische Entwurf z. B. schlägt heute schon vor, Geisteskranke aus der Anstalt unter der Voraussetzung, daß eine „vertrauenswürdige Person" die Überwachung übernimmt, bedingt zu entlassen. In gleicher Form wäre es auch in vielen Fällen möglich, die Maßregel von vornherein nur bedingt anzuordnen. Der darin liegende psychologische Druck würde sich zwar nicht an den Wahnsinnigen, sondern

---

[1]) Anderson, criminals and crime (London 1907) 158 f. — Ich kenne aus der Praxis einen österreichischen Richter, der den ihm schon bekannten Landstreichern und Bettlern anläßlich des Strafurteils „für das nächste Mal" die Zwangsarbeitsanstalt in Aussicht stellt, und sich diese Warnung im Akte auch vormerkt. Angeblich mit gutem Erfolg.

an seine Angehörigen richten, doch das Ergebnis könnte dasselbe sein.

Es ist erfreulich, daß in jüngster Zeit diese Ideen an Boden zu gewinnen scheinen. Die Schweiz, auch hier uns voranschreitend, hat in dem jüngsten Kommissionsentwurf von 1912 die bedingte Aussetzung des Vollzuges für die Trinkerheilanstalt eingeführt [2]).

Diese Neuerung wäre eines weiteren Ausbaues würdig.

3. Tod und Untergang.

Der Tod macht den Gefährlichen unschädlich, er hebt jede Sicherung auf.

Was der Tod für die persönlichen, das bedeutet für die sachlichen Sicherungsmittel der Untergang des gefährlichen Gegenstandes.

Der Tod dagegen ist ohne Einfluß auf die sachliche Sicherung. Diese richtet sich ja nicht gegen eine bestimmte Person, insbesondere auch nicht gegen den Eigentümer oder Inhaber der Sache, sie ist daher vom Weiterleben dieser Personen unabhängig. Der österreichische Vorentwurf hat dies ausdrücklich hervorgehoben, der Regierungsentwurf dagegen, wohl mit Recht, als selbstverständlich unerwähnt gelassen.

---

[2]) Vgl. auch Thyrén, Monatsschr. f. Krimps. 8, 389.

Dritter Teil.

Das Sicherungsmittel in seiner Beziehung zur Strafe.

I. Kapitel.

Das Sicherungsmittel in der Strafrechtspflege.

Der erste Strafgesetzentwurf, der ein ausgebautes System von Sicherungsmitteln aufgenommen hat, war der schweizerische. Stooß[1]) sagt, der Ausgangspunkt dieser Reform sei auf dem Gebiete des Prozeßrechts gelegen, das Neue, das der Entwurf gebracht habe, sei der grundsätzliche Gedanke, für Sicherungsmittel die Zuständigkeit des Strafrichters zu begründen. Durch diese Auffassungsweise scheint mir allerdings Stooß sein eigenes Verdienst zu verkleinern, denn nicht alle Sicherungsmittel, die sein Entwurf enthält, sind dem geltenden Recht bereits bekannt gewesen. Die Reform hat also auch materiell Neues geschaffen. Allein auch diese formale Änderung an sich ist eine kriminalpolitische Tat, denn sie weist den Weg, auf welchem die Ziele der modernen Strafrechtsschule erreicht werden können.

So sind denn in der Tat die übrigen dem Beispiele des schweizerischen Entwurfes gefolgt, sie nehmen Sicherungsmittel in das Strafrecht auf und übertragen dem Strafrichter ihre Anwendung.

Die Gegner dieser Regelung berufen sich mit Vorliebe auf den Grundsatz der Gewaltentrennung: die sichernde Maßnahme ist ein polizeiliches Institut, ihre Anwendung ein Verwaltungsakt. Die Justiz aber ist von der Verwaltung zu trennen, die

[1]) Monatsschr. f. Krimps. 8, 368.

Tätigkeit des Richters von dem Eindringen dieses Fremdkörpers rein zu halten.

Allein abgesehen davon, daß dieser Grundsatz in der Wissenschaft heute gar nicht mehr der herrschenden Auffassung entspricht, abgesehen ferner davon, daß er auch in der Gesetzgebung bekanntlich bei uns zu keiner Zeit reinlich durchgeführt war, so hätte man sich doch jedenfalls in diesem Zusammenhang nie auf ihn berufen dürfen, denn seinem Geiste nach paßt er auf unser Problem nicht. Man hat aus einem politischen Grunde das Postulat der Gewaltentrennung erhoben, die Berufung verschiedener Organe zur Ausübung der staatlichen Gesetzgebung, Rechtsprechung und Verwaltung gefordert: es geschah zum Schutze der bürgerlichen Freiheit. Durch die Trennung der Gewalten sollte verhütet werden, daß ein einzelnes Organ zum Schaden der individuellen Freiheit die politische Übermacht erringe. Dieser Gedankengang kann, wie nebenbei bemerkt werden mag, nur immer zu einer Trennung der Organspitzen führen; denn wenn der Zivilrichter mit einzelnen Akten der Verwaltung, der Strafrichter mit einzelnen Funktionen der Polizei befaßt wird, kann daraus nie eine Übermacht des Justizorganes, nie eine Gefährdung der politischen Freiheit entstehen. Jenen Gedanken also bis in die letzten Verästelungen der Behördenorganisation durchführen wollen, ist Doktrinarismus. Jedenfalls aber könnte unmöglich aus dem Grundsatz der Gewaltentrennung ein Argument gegen eine Kompetenzverteilung gewonnen werden, die ihrerseits selbst die bürgerliche Freiheit zu garantieren berufen ist. So aber liegt es hier in der Tat.

Drei Motive sind es, die dazu führen, den Strafrichter mit Sicherungsmitteln zu befassen: ein staatspolitisches, ein prozeßpolitisches und ein kriminalpolitisches.

1. Das Sicherungsrecht gibt den Behörden die Befugnis zu schweren Eingriffen in die bürgerliche Freiheit des einzelnen. Der beste Schutz gegen den Mißbrauch dieses Rechts wird immer darin bestehen, daß es eine unabhängige Behörde ist, von der die Sicherungsmittel ausgehen, daß es der

Richter ist, der berufene Wächter der bürgerlichen Freiheit. Wem es also Ernst ist mit den politischen Rechten des Individuums, der wird darum nicht die Trennung der Gewalten gerade dort fordern, wo nur die Durchbrechung dieses Dogmas einen wirksamen Schutz des Individuums ermöglicht. Eben der Freiheitsgedanke, dem die Trennungslehre entsprang, fordert hier also die Mitwirkung des Gerichts. Man wende nicht ein, daß jene Garantien gegenüber der strafenden Staatstätigkeit nötig, gegenüber der sichernden überflüssig seien, weil die Strafe ein Übel sein solle, das Sicherungsmittel nicht. Es wäre eine politische Unehrlichkeit, dort nach Kautelen der Freiheit zu rufen, wo geringfügige Geldstrafen verhängt werden, dort aber nicht, wo langjähriger Freiheitsverlust auf dem Spiele steht. Wenn man also z. B. die Unschädlichmachung mit der administrativen Verschickung vergleicht, so liegt darin etwas Wahres, doch nicht die Maßregel der Verschickung, sondern ihre Anordnung durch die Administrativbehörde ist es, die uns an diesem Institute empört.

2. Die prozeßpolitischen Erwägungen, welche für die Übertragung der Sicherungsmittel an die Gerichte sprechen, stützen sich auf Gründe der Ökonomie und sachlichen Zweckmäßigkeit einer derartigen Geschäftsverteilung. Wenn der Strafrichter pflichtgemäß die persönlichen Verhältnisse des Täters, seinen Lebenswandel und Charakter prüft, so stellt es sich sozusagen von selbst heraus, ob der Zustand des Beschuldigten eine sichernde Maßnahme erfordere [1]). Es ist Kraft- und Zeitsverschwendung, die gleiche Untersuchung durch andere Behörden wiederholen zu lassen. Dazu kommt, daß dem Richter in viel weiterem Umfang als der Verwaltungsbehörde die nötigen Zwangs- und Beweismittel zur Aufklärung des Sachverhaltes zu Gebote stehen [2]).

3. Endlich sprechen kriminalpolitische Erwägungen für die Zuständigkeit des Strafrichters. Strafe und sichernde Maßnahmen streben nach einem Ziel, Schutz der

[1]) Stooß a. a. O. 369.
[2]) Lenz, 31. DJT. III, 590.

Gesellschaft vor Verbrechen. Die sichernde Maßnahme ist berufen, das Strafensystem ergänzend, dort einzutreten, wo die Strafe nicht angewendet oder die angewandte Strafe dem Fall nicht völlig gerecht werden kann. Welcher Strafrichter aber hat es nicht schon bedauert, daß er gerade das, was nach dem Zustand des Täters vor allem geboten war, nicht anordnen konnte? [1]) Dazu kommt, wie noch zu zeigen sein wird, daß Sicherungsmittel und Strafen sich nicht nur gegenseitig zu ergänzen, sondern auch zu vertreten haben. Nicht nur das Wie, sondern auch das Ob der Strafe hängt manchmal von dem angewandten Sicherungsmittel ab. Ein derartiges Zusammenwirken der beiden Präventivsysteme ist aber selbstverständlich nur dann möglich, wenn sie in einer Hand verbunden werden. So ist die formellrechtliche Konzentration auch eine Forderung der Sache.

Durchdenkt man dies alles, so ergibt sich freilich, daß die genannten drei maßgebenden Motive nicht notwendig auch im einzelnen zu gleichen praktischen Ergebnissen führen.

Die Idee der Freiheit verlangt, daß ein unabhängiger Richter sowohl bei Anordnung als auch bei Bemessung der Sicherungsmittel eine entscheidende Stimme habe. Das gilt wenigstens für die Maßnahmen, welche bedeutsam in die Rechte des Individuums eingreifen, also insbesondere für die Maßnahmen gegen chronische Gefährlichkeit. Der Freiheitsgedanke fordert jedoch keineswegs, daß dies gerade der Strafrichter sei. Auch fordert er nicht, daß der Richter die Maßregeln positiv anordnet und positiv in ihrer Dauer bestimmt. Das Postulat der bürgerlichen Freiheit zielt nur auf eine negative Begrenzung der Sicherung durch den Richter: keine sichernde Maßnahme soll vollzogen werden, die nicht vom Gericht für zulässig erklärt, keine darf länger andauern, als vom Gericht für nötig befunden.

Den prozeßpolitischen Erwägungen dagegen genügt es keineswegs, daß der Richter nur die Zulässigkeit ausspräche, da ja sonst doch wieder eine andere Behörde den Fall neuerlich untersuchen und über die tatsächliche Anordnung

---

[1]) Stooß a. a. O. 370.

der Maßregel entscheiden müßte. Anders steht es mit der Bemessung des Sicherungsmittels. Die prozessualen Rücksichten haben mit der Aufhebung der einmal angeordneten Maßregel nichts zu tun, die endgültige Bemessung kann, von diesem Standpunkt aus gesehen, wohl der Verwaltungsbehörde überlassen werden. Dagegen verlangt die Prozeßökonomie, daß die Behörde, die das Sicherungsmittel ausspricht, gerade diejenige sei, der die strafrechtliche Entscheidung obliegt, also der Strafrichter. Das gilt insbesondere für den Normalfall nämlich dann, wenn die Maßregel sich an eine strafbare Handlung anschließt oder wenigstens an eine Handlung, die ursprünglich für strafbar gehalten, mangels Schuldhaftigkeit des Täters aber nicht zur Verurteilung geführt hat. Der Richter kennt den Sachverhalt und hat die ihm entsprechenden Verfügungen zu treffen. Geht man nun schon so weit, so mag es unter Umständen zweckmäßig sein, dem Strafrichter die Anordnung des Sicherungsmittels auch dann zu überlassen, wenn von vornherein feststeht, daß nur der objektive Tatbestand des Verbrechens gegeben sein kann.

Dies letztere gilt auch vom kriminalpolitischen Gesichtspunkt. Wenn Strafen und Sicherungsmittel sich zu einem einheitlichen System verbinden sollen, so muß die sichernde Maßnahme dem Strafrichter auch dann zu Gebote stehen, wenn die Strafe nicht anwendbar und trotzdem das Interesse der Allgemeinheit eine Vorkehrung erheischt. Der Blick auf das kriminalpolitische Ziel führt ferner dazu, dem Richter in der Regel auch Einfluß auf die Dauer der Maßregel zuzugestehen. Besteht doch z. B. der Mißstand des heutigen Irrenrechtes hauptsächlich gerade darin, daß der Arzt und nicht das Gericht, also medizinische Rücksichten, nicht soziale Rücksichten über die Entlassung eines Geisteskranken entscheiden.

So verschieden diese Ergebnisse sind, sie stimmen darin überein, daß die Sicherungsmittel in aller Regel vom Richter verhängt werden sollen, und zwar vom Strafrichter. Nur wenn ein Strafverfahren nicht stattfindet, oder wenn das Straf-

[1]) Ausnahme: Das Berufsverbot nach dem ÖE.; hier ist stets die Verwaltungsbehörde zuständig; ferner mannigfache Maßregeln gegen akute Gefährlichkeit, welche die Entwürfe — mit Recht — den Verwaltungsbehörden belassen.

verfahren ohne Verurteilung endet und seine Ergebnisse zur Verhängung eines Sicherungsmittels nicht ausreichen, kann die Zuständigkeit des Zivilrichters befürwortet werden. Die Entwürfe haben dies als Grundsatz anerkannt. Regel ist die Zuständigkeit des Strafgerichts. Nur ist die Mitwirkung des Strafrichters bei den einzelnen Maßregeln in den verschiedenen Entwürfen nicht gleichartig geordnet. Und das ist kein Wunder, denn je nach dem Ausgangspunkt, den man wählt, gelangt man, wie oben gezeigt, zu ungleichen praktischen Ergebnissen; und so sehen wir in den Entwürfen die verschiedensten Lösungen dieses Problems verwirklicht, je nachdem ihre Verfasser bei der einen oder anderen Maßregel diesem oder jenem Motiv die entscheidende Bedeutung beigelegt haben. Wir finden hier folgende Möglichkeiten vertreten.

1. Das Strafgericht ordnet die Maßregel an und bestimmt ihre Dauer. Also: positive Beteiligung des Gerichtes bei Anordnung sowohl als auch bei Bemessung. Dies entspricht für die Fälle, in denen ein Verbrechen vorliegt, am besten den drei oberwähnten Erwägungen. Sie kann aus staatsrechtlichen Gründen nicht überall durchgeführt werden, doch gilt sie in unseren Entwürfen als die Regel. Dabei gibt es freilich noch mannigfache Variationen. Bald wird eine vorläufige Entlassung durch die Verwaltungsbehörde zugelassen, bald nicht. Bald wird die Maßregel vom Gericht im Anschluß an das Urteil verhängt — und dies ist die gewöhnliche Regelung —, bald wird sie in diesem Stadium nur für zulässig erklärt und erst nach dem Strafvollzug vom Gerichte angeordnet, wie bei der Verwahrung geistig Minderwertiger und unverbesserlicher Verbrecher nach dem österreichischen Entwurf. Bald bestimmt das Gericht von vornherein die Dauer — wie in der Regel bei der Ausweisung, dem Berufsverbot und Wirtshausverbot —, bald bestimmt es die Dauer im Laufe des Vollzuges, wie bei den drei Arten der Verwahrung nach dem österreichischen Entwurf sowie bei der Trinkerheilanstalt nach dem schweizerischen und dem deutschen Gegenentwurf.

2. Das Gericht ordnet die Maßregel an, die Verwaltungsbehörde bemißt sie aber nicht über eine vom Gericht für nötig

gehaltene Dauer hinaus. Also: positive Beteiligung des Gerichtes bezüglich Anordnung und negative Beteiligung bezüglich der Bemessung. Auch diese gerichtliche Kontrolle kann verschiedene Formen annehmen. Bei der Verwahrung gewohnheitsmäßiger Verbrecher nach dem Gegenentwurf sowie z. B. auch bei der Verwahrung Wahnsinniger nach dem deutschen Vorentwurf ist die Anrufung gerichtlicher Entscheidung gegen die Beschlüsse der Verwaltungsbehörde zugelassen. Nach den Beschlüssen der deutschen Strafrechtskommission dagegen ist bei allen drei Verwaltungsarten nach bestimmter Frist die gerichtliche Entscheidung von Amts wegen einzuholen [1] [2].

3. Das Strafgericht ordnet die Maßregel an, die Verwaltungsbehörde bestimmt ihre Dauer. Also: positive Mitwirkung des Gerichts lediglich bei der Anordnung. Hierher gehört die Norm des deutschen Entwurfes über die Trinkerheilanstalt. Für langwierige Freiheitsentziehung wäre diese Regelung vom Gesichtspunkt der bürgerlichen Freiheit unmöglich [3].

4. Das Strafgericht erklärt die Maßregel für zulässig, die Verwaltungsbehörde ordnet sie an und bestimmt ihre Dauer. Also: nur negative Beteiligung des Gerichts bei der Anordnung. Hierher gehören die Normen über die Zwangsarbeitsanstalt und Polizeiaufsicht [4] nach dem österreichischen Entwurf, ferner die Aufenthaltsbeschränkung nach dem deutschen Entwurf. Gegen diese Regelung sprechen die schon genannten Bedenken kriminalpolitischer

---

[1] Ebermayer 17, 27. — Das Gericht beschließt, in welcher Zeit die Entscheidung abermals einzuholen ist.

[2] In gewissem Sinne gehören in diese Gruppen auch die früher erwähnten Fälle der vorläufigen Entlassung. Denn wenn diese zulässig ist, bestimmt tatsächlich die Verwaltungsbehörde die Dauer der Maßregel, jedoch innerhalb der vom Gericht gesetzten Grenze.

[3] Nach dem schw. E. 31, 32, 11 entscheidet über die Entlassung die „zuständige Behörde". Die Regelung bleibt den Kantonen überlassen.

[4] Bei der Aufhebung der Polizeiaufsicht kann das Gericht insofern mitwirken, als es den Ausspruch über die Zulässigkeit wieder aufheben kann, § 544 ÖStPOE.

und organisatorischer Natur. Insbesondere beim Arbeitshaus; auch die erläuternden Bemerkungen [1]) anerkennen dies, doch ist eine andere Lösung in Österreich aus staatsrechtlichen Gründen nicht möglich [2]).

Der Strafrichter wird also künftig Strafen und Sicherungsmittel anzuordnen, als Richter und als Verwaltungsbeamter zu fungieren haben. Da ist es nun interessant zu untersuchen, ob sein Verhältnis zu den Bestimmungen des Gesetzes in diesen beiden Eigenschaften dasselbe sein wird, oder ob ihm insbesondere, wie dies Lenz kürzlich vertreten hat, beim Ausspruch des Sicherungsmittels ein freieres Ermessen zukommt, als bei der Fällung des Strafurteils [3]).

Das Gesetz, sagt Lenz, ist bindende Norm für den Richter; es gibt ihm Anstoß und Inhalt der Entscheidung und überläßt ihm nur die Feststellung der Tatsachen und ihre Subsumtion unter das Gesetz. Der Verwaltungsbeamte dagegen hat stets auf das öffentliche Wohl bedacht zu sein, in jedem Einzelfall die Zweckmäßigkeit seiner Verfügung zu prüfen, ihm ist darum freies Ermessen über das öffentliche Interesse gewährt. — Während also die Strafe stets zwingend vorge-

[1]) Erläut. Bemerk. S. 86.

[2]) Der Vollständigkeit halber sei noch einer weiteren Möglichkeit gedacht: Die nachträgliche Mitwirkung des Gerichts in der Form des Rechtfertigungsverfahrens bei der Verhängung sachlicher Sicherungsmittel. Hier wird die Maßregel von der Polizei angeordnet, ihr Fortbestand unterliegt aber einer nachträglichen Prüfung durch das Gericht (Lenz, österr. Z. III, 301).

[3]) Wenn R. Schmidt, Strafrechtsreform, S. 140 ff. behauptet, der „bleibende Mangel" des radikal durchgeführten Reformsystems der Modernen sei seine Ungerechtigkeit, seine Unverträglichkeit mit Freiheit und Gleichheit (S. 141 f.), so muß ihm entgegengehalten werden: Das ist richtig, doch auch der Vergeltungsgedanke, der das ihm inhärente Prinzip der Individualisierung radikal durchführt, gelangt zu einer nicht „bestimmt berechenbaren" Strafjustiz (S. 149) und damit zur Aufhebung der Freiheit und Gleichheit, zur Ungerechtigkeit im Sinne Schmidts. Allein, wenn ein Gedanke ohne Rücksicht auf entgegenstehende Interessen verfolgt, zu unmöglichen Ergebnissen führt, so bedeutet dies noch nicht die Unrichtigkeit des Ausgangspunktes. Die Ungerechtigkeit ist nicht ein Mangel des Sicherungssystems, wie wir es z. B. in unseren Entwürfen verwirklicht sehen, sondern ein Mangel seiner „radikalen Durchführung", wie sie von den Gegnern für „konsequent" gehalten wird.

schrieben ist, kommt jene freiere Stellung der Verwaltung dem Richter zugute, sobald er ein Sicherungsmittel erwägt [1]). Allein, wenn das freie Ermessen dadurch charakterisiert ist, daß das Gesetz das Verhalten des staatlichen Organes nicht eindeutig vorschreibt [2]), so ist es unrichtig, zu sagen, die Verwaltung (im materiellen Sinne) unterscheide sich von der Rechtsprechung durch die Zulässigkeit dieses Ermessens. Auch dem Strafrichter ist bei der Feststellung des Tatbestandes bei Wahl und Bemessung der Rechtsfolge eine gewisse Freiheit eingeräumt. Ja noch mehr. Man denke — um gleich das auffälligste Beispiel zu nennen — an die Bestimmungen unserer Entwürfe über die bedingte Verurteilung, das Absehen von Strafe, den Ersatz der Strafe durch Sicherungsmittel: Nicht nur das Wie der Strafe, sondern auch das Ob ist dem richterlichen Arbitrium anheimgestellt. Freilich ist das Ermessen hier ein gesetzlich gebundenes; allein ein gänzlich „freies Ermessen" ist auch im Verwaltungsrecht nicht der Regelfall. Jedenfalls gibt es, und darauf kommt es uns hier an, viele Fälle, in denen das Verwaltungsorgan durch noch bestimmtere, detailliertere Normen gefesselt ist als der Strafrichter. So sagt v. Laun [3]): Das Ermessen ist nicht charakteristisch für die Verwaltung, die Verwaltungstätigkeit ist nicht charakteristisch für das Ermessen [4]).

---

[1]) Lenz, Österr. Z. 3, 302. — Vgl. u. a. auch R. Schmidt, Strafrechtsreform S. 131 ff. — Löffler, 31. DJT. II, 789.

[2]) v. Laun, Das freie Ermessen und seine Grenzen (1910) S. 24.

[3]) v. Laun, a. a. O. S. 25. — Vgl. auch W. Jellinek, Gesetz, Gesetzesanwendung und Zweckmäßigkeitserwägung, S. 190 ff.

[4]) Lenz gibt zu, daß es („ausnahmsweise") ein Ermessen des Gerichts beim Strafausmaß gebe. „Doch hat hier die dem Gerichte erteilte Fakultät einen anderen Sinn als bei der Verwaltung.... Nur die Annahme bestimmter Tatumstände als Bemessungsgründe ist dem Richter freigestellt, bei deren Vorliegen aber jedes weitere Ermessen ausgeschlossen" (a. a. O. S. 303). Allein das kann nicht zugegeben werden. Die Bemessungsgründe, Milderungs- und Erschwerungsumstände, sind oft vom Gesetz nicht angegeben, höchst selten taxativ aufgezählt. Welches sind also in einem solchen Falle die Tatumstände, deren einmalige Feststellung jedes Ermessen ausschließt? Und selbst wenn das Gesetz die Bemessungsgründe nennt, ihre quantitative Bedeutung bei der Wahl des Strafsatzes bleibt stets der richterlichen Einschätzung überlassen. Ähnlich steht es mit der Wahl der Strafart. Selbst die im ÖE. § 43 gegebene Direktive schließt das Ermessen

Ist das richtig, so kann man aus der Zugehörigkeit der sichernden Maßnahmen zur Verwaltung nicht schließen, daß es hier ein freieres Ermessen geben müsse, als bei der Strafrechtsprechung. Das zeigt denn auch die Betrachtung der einzelnen Sicherungsmittel selbst: es liegt nicht in ihrer Natur, daß sie notwendig mit Ermessensfreiheit verbunden sind. Die Einweisung gefährlicher Wahnsinniger z. B. ist gewiß diejenige sichernde Maßnahme, der am allerwenigsten der polizeiliche Charakter abgestritten werden dürfte, und dennoch finden wir hier in unseren Entwürfen gebundenes Ermessen, ebenso wie bei der Strafe. Der § 36 ÖE. z. B. sagt: der Geisteskranke „wird an eine staatliche Anstalt für verbrecherische Irre abgegeben, wenn er... als besonders gefährlich für die Sittlichkeit oder für die Sicherheit der Person oder des Vermögens anzusehen ist". Die Bestimmung ist obligatorisch, die Maßregel i s t anzuordnen. Man wende nicht ein, dem Arbitrium des Richters sei bereits bei Feststellung der Gefährlichkeit freier Raum gelassen. Das ist richtig, doch dieses Ermessen ist nicht um eine Nüance freier als das des Strafrichters bei Feststellung des strafbaren Tatbestandes. Der Richter, welcher beurteilt, ob eine P e r s o n „für die Sicherheit der Person oder des Vermögens gefährlich" ist, tut nichts anderes als der Richter, welcher beurteilt, ob eine H a n d l u n g „eine Gefahr für das Leben anderer oder für fremdes Eigentum" herbeiführt (§ 416 ff. ÖE.). In beiden Fällen zieht die Bejahung der Gefahr obligatorisch die Rechtsfolge nach sich. Und was die B e m e s s u n g der sichernden Maßnahmen betrifft, ist diese, soweit sie überhaupt dem Richter zusteht, in ebenso enge Grenzen gebannt, wie die Bemessung der Strafe. — Die Ermessensfreiheit ist kein notwendiges Charakteristikum des Sicherungsprozesses. De lege

nicht aus. Freilich, soviel muß L e n z zugestanden werden, diese Wahl hat sich allemal leiten zu lassen von dem (aus den vielen Einzelbestimmungen induktiv feststellbaren) Willen des Gesetzes; sie ist g e b u n d e n e s Ermessen im Sinne L a u n s (a. a. O. S. 61). Dagegen ist das freie Ermessen, welches der Behörde nicht nur die Wahl der M i t t e l, sondern auch die Wahl der im öffentlichen Interesse zu verfolgenden Z w e c k e überläßt, allerdings auf Verwaltungsakte beschränkt. Aber die Ermessungsfreiheit in d i e s e m Sinne bildet nicht die Regel bei den Sicherungsmitteln, weder nach der lex lata noch nach den Entwürfen.

ferenda, möchte ich noch einen Schritt weitergehen und behaupten, daß die Entwürfe dem richterlichen Ermessen bei Anordnung der Sicherungsmittel sogar zu viel Raum gelassen haben. Freilich gehen ihre Bestimmungen in dieser Hinsicht stark auseinander. Die Einweisung Geisteskranker und geistig Minderwertiger ist allerdings durchwegs obligatorisch, die Verwahrung gewohnheitsmäßiger Verbrecher aber nur im ÖE. obligatorisch, in den anderen fakultativ vorgesehen; die Bestimmungen über die Erziehung Jugendlicher sind im SchwE. obligatorisch, in den anderen fakultativ gefaßt; gleiches gilt von Berufsverbot und Entziehung der väterlichen Gewalt; die Einweisung in die Trinkerheilanstalt dagegen ist im Gegenentwurf zwingend, in den anderen fakultativ; die sachlichen Sicherungsmittel mit Ausnahme der objektiven Einziehung sind in der Regel obligatorisch, nach dem Gegenentwurf ist gerade letztere stets obligatorisch usw. Wo ist da ein Prinzip? Am schneidigsten ist jedenfalls der ÖE., der alle Arten der Verwahrung, insbesondere auch die der gewohnheitsmäßigen Verbrecher, bindend vorschreibt [1]).

Es sollte m. E. der Grundsatz gelten, daß jene Sicherungsmittel, deren Voraussetzungen — wenn auch nur in vag umschriebenen Begriffen — gesetzlich erschöpfend geregelt werden können, stets obligatorisch vorzuschreiben sind. Ein Beispiel wäre die Verwahrung gewohnheitsmäßiger Verbrecher. Der GE. z. B. sagt: wenn gewisse Vorstrafen festgestellt sind, und der Täter gemeingefährlich und ein gewerbs- oder gewohnheitsmäßiger Verbrecher ist, dann „kann" die sichernde Nachhaft eintreten. Da ist nun aber zu fragen: wenn diese Voraussetzungen erfüllt sind, und der Richter überzeugt ist, einen unverbesserlichen, gefährlichen, qualifiziert rückfälligen Verbrecher vor sich zu haben — welche Motive können es sein, die ihn davon abhalten sollten, die Schutzmaßregel auszusprechen? Sachliche gewiß nicht! Das

[1]) Die Fassung des Strafgesetzentwurfes § 37 f. ist zwar auch fakultativ. Im StPE. werden jedoch die bezüglichen Verfügungen bindend vorgeschrieben. Vgl. § 507, 511, 524, 527, 531, 533 StPE. Auch der Ausspruch auf Zulässigkeit der Arbeitsanstalt ist obligatorisch. Art. 18, Z. 3. EinfGE.

öffentliche Interesse fordert in jedem dieser Fälle die Anordnung der Maßregel. Dem Prinzip der Individualisierung ist dadurch Genüge getan, daß die Voraussetzungen in Begriffe gefaßt sind, die eine sachlich unbegründete Verwahrung ausschließen. Warum also nicht eine zwingende Vorschrift? Es würde zu weit führen, den gleichen Gedanken auch für andere Sicherungsmittel auszuführen. Doch hier, beim Schutzmittel gegen Gewohnheitsverbrecher spielt er eine besondere Rolle. Denn es ist anzunehmen, daß die Praxis diesem ihr neuen Institut nicht nur mit berechtigter Vorsicht, sondern mit unberechtigter Ängstlichkeit entgegenkommen wird. Das macht größere Kühnheit des Gesetzgebers nötig. Die Betrachtung Norwegens sollte auch hier zu denken geben.

Wie dem auch sei, es galt nur festzustellen, daß die Freiheit des Ermessens bei Anordnung der Sicherungsmittel keine notwendige Konsequenz ihres polizeilichen Charakters ist.

2. Kapitel.

Das Zusammentreffen des Straf- und Sicherungsbedürfnisses.

Wie die Sprossen zweier Zahnräder ineinandergreifend sollen Strafe und Sicherungsmittel wirksamen Schutz der Gesellschaft verbürgen. Der Anschluß des Sicherungsverfahrens an das Strafverfahren ist es, der diese organische Verbindung der beiden staatlichen Schutzfunktionon ermöglicht. Die Zuständigkeit derselben Behörde zur Verhängung beider Maßregeln gestattet es nicht nur, daß sie gleichzeitig angewandt werden, sondern eröffnet auch die Möglichkeit, unter bestimmten Bedingungen die eine Maßregel an die Stelle der anderen zu setzen. So erlangt jene formale Einheit eine tiefere Bedeutung: Aus dem theoretischen Nebeneinander- wird praktisch ein Zusammenwirken. Dem formellen Prinzip der Adhäsion entspricht materiell das der Kohäsion.

Von einem derartigen Zusammenwirken der zwei Maßregeln kann im Einzelfall natürlich nur dann die Rede sein, wenn beide im Interesse des Güterschutzes notwendig, wenn die Voraussetzungen sowohl der Strafe als auch der Sicherung gleichzeitig erfüllt sind.

Der Fall hat eine gewisse Ähnlichkeit mit dem Zusammentreffen zweier Verbrechen [1]), insbesondere mit der Konkurrenz zweier Verbrechen, die mit Strafen verschiedener Art bedroht sind. Auch hier besteht ein Bedürfnis nach zwei Rechtsfolgen und zwar nach verschiedenen Rechtsfolgen. Und die Regelung dieses Konkurrenzfalles kann bekanntlich auf dreifache Weise geschehen, wonach man Kumulations-, Absorptions- und Schärfungsprinzip unterscheidet. Unser Fall ist ein analoger. Es liegt eine Konkurrenz des Generalpräventions- und des Spezialpräventionsbedürfnisses vor, beide fordern eine Maßregelung des Individuums und jedes eine Maßregelung verschiedener Art; die Lösung kann auch hier in dreifacher Weise geschehen:

1. Es wird die Forderung der Generalprävention und die der Spezialprävention, jede durch das ihr charakteristische kriminalpolitische Mittel erfüllt. Strafe und sichernde Maßnahme werden nebeneinander selbständig verhängt: Prinzip der Häufung.

2. Es wird nur eine der Maßregeln angeordnet, die aber nach den Umständen des Einzelfalles geeignet ist, auch die Zwecke der anderen zu erfüllen. Diese ist überflüssig geworden, sie wird von der anderen vertreten: Prinzip der Absorption oder der Vertretung.

3. Endlich ist noch eine Lösung denkbar, die dem Schärfungsprinzip entspricht. Es wird nur eine Maßregel angeordnet; da jedoch diese ihrem Wesen nach nicht geeignet ist, beide Zwecke zu erfüllen, wird der Vollzug ihnen beiden angepaßt, bei Erstrebung des einen Zieles wird auf das andere Rücksicht genommen. Sowohl die Forderung der Generalprävention, als auch die der Spezialprävention kommt selbständig in der Rechtsfolge zur Geltung; diese ist daher nicht mehr reine Strafe, auch nicht reines Sicherungsmittel, sondern

[1]) Vgl. Kantorowicz, Monatsschr. f. Krimps. 7, 262.

eine Mischform. Die eine Maßregel wird nicht neben der anderen (wie ad 1), nicht statt der anderen (wie ad 2), sondern in der anderen vollzogen: Prinzip der Mischung.

1. Das Prinzip der Häufung.

Dieses ist die einfachste der drei genannten Lösungsformen, jedenfalls die theoretisch einfachste. Da nebeneinander ein Bedürfnis nach Strafe und ein Bedürfnis nach Sicherung besteht, werden beide Maßregeln nebeneinander angeordnet.

Gewisse Schwierigkeiten ergeben sich erst beim Vollzuge, Schwierigkeiten, die in manchen Fällen den Kriminalpolitiker zwingen, vom Prinzip der Häufung abzugehen. Ein gleichzeitiger Vollzug der beiden gleichzeitig angeordneten Maßregeln ist nämlich nur in den seltensten und praktisch unwichtigsten Fällen möglich, nämlich dann, wenn es eine Geldstrafe ist, die mit dem Sicherungsmittel konkurriert, und dann, wenn es ein sachliches Sicherungsmittel ist, das mit der Freiheitsstrafe konkurriert. In allen anderen Fällen muß das Nebeneinander in der Anordnung zu einem Nacheinander im Vollzuge werden. Welche Maßregel hat nun den Vortritt? Auch hier ergibt sich die Lösung in manchen Fällen von selbst. Die Ausweisung, die Aufenthaltsbeschränkung, das Wirtshausverbot, die Schutzaufsicht, das Berufsverbot usw., sie alle können vernünftigerweise nur nach Vollziehung der Freiheitsstrafe in Kraft gesetzt werden. Bei Konkurrenz einer Freiheitsstrafe mit einem nicht mit Freiheitsverlust verbundenen Sicherungsmittel geht also die Strafe voran. Es erübrigt sich somit das Zusammentreffen zweier Freiheitsentziehungen. Soll die strafweise oder die sicherungsweise Freiheitsentziehung zuerst vollzogen werden?

Die Entscheidung hängt von der Bedeutung ab, die vom Standpunkt der Kriminalpolitik dem Aufschub in dem einen und dem anderen Falle zuzumessen ist. Man wird also die Dringlichkeit der beiden Maßregeln zu untersuchen und der dringenderen den Vortritt zu geben haben.

1. Die Forderung der Generalprävention ist stets

eine dringliche; die Strafe ist um so eindrucksvoller und wirksamer, je rascher sie der Tat auf dem Fuße folgt. Ein schnell durchgeführtes Strafverfahren und eine unmittelbar dem Urteile folgende Strafvollstreckung liegt im Interesse der Rechtssicherheit: Die Strafe soll also, wo irgend möglich, dem Sicherungsmittel vorangehen. — Diese Erwägung war es wohl, die die Verfasser der österreichischen und deutschen Entwürfe veranlaßte, wo immer sie das Häufungsprinzip annahmen, die sichernde Maßnahme dem Strafvollzug nachfolgen zu lassen. Dieses System bringt gleichzeitig den Vorteil, daß bei Anordnung und Vollzug des Sicherungsmittels die während der Strafvollstreckung gemachten Beobachtungen verwertet werden können [1]). Von diesem Vorteil macht freilich nur der ÖE. ausgiebigen Gebrauch: Das Gericht hat hier die Verwahrung gemindert Zurechnungsfähiger und gewohnheitsmäßiger Verbrecher im Urteil nur für zulässig zu erklären und sodann „auf Grund der Ergebnisse des Strafvollzuges" über die Anordnung der sichernden Maßnahme zu entscheiden. — Wie dem auch sei, die Annahme dieses Systems gründet sich auf die Dringlichkeit der Strafe; dieses Argument trifft aber nur dann zu, wenn das konkurrierende Sicherungsmittel nicht als das relativ dringendere erscheint. Es muß also auf die etwa entgegenstehenden Interessen der Spezialprävention gesehen werden. Und diese Rücksicht ist es in der Tat, die den SchwE. veranlaßte, für die wenigen Fälle, in denen er das Kumulationsprinzip überhaupt annimmt, die umgekehrte Reihenfolge festzulegen.

2. Bezüglich der Spezialprävention kann nun die Frage der Dringlichkeit nicht allgemeingültig entschieden werden.

a) Der Vollzug eines Schutzmittels ist nie dringend; denn es bezweckt Unschädlichmachung, der Verbrecher aber ist während der Dauer der Freiheitsstrafe ohnedies in festem

[1]) Auf die Anordnung der Maßregel können die Erfahrungen des Strafvollzuges natürlich nur dann Einfluß üben, wenn die Anordnung, wie nach §§ 37, 38 ÖE., im Urteil noch nicht bindend getroffen wird. Aschaffenburg, Z. 32, 743, billigt diese Regelung des ÖE. insbesondere in ihrer Anwendung auf gemindert Zurechnungsfähige, da hier erst langdauernde Beobachtung das richtige Bild zu geben vermag.

Gewahrsam und daher ungefährlich. Das Schutzmittel hat sich daher prinzipiell an den Vollzug der Strafe anzuschließen.

b) Für die Besserungsmittel gilt dies nicht ohne weiteres. Die bessernde Behandlung kann eine dringendere sein. Es ist möglich, daß gerade der vorangehende Strafvollzug, nicht nur wegen des Zeitverlustes, sondern auch wegen der dem Zustand des Verbrechers etwa schädlichen Behandlungsweise, die Aufgabe, die dem Besserungsmittel gestellt ist, zu einer unlösbaren macht.

Diese Bedenken machen sich schon bei einem der Schutzmittel geltend, bei jenem nämlich, das auch die Funktion eines Besserungsmittels zu übernehmen berufen ist: der Einweisung eines gemindert Zurechnungsfähigen in die Irrenanstalt. Handelt es sich um Unheilbare, dann freilich hat, wie oben gezeigt, die Strafe, die ja hier nichts mehr verderben kann, an die erste Stelle zu treten. Im Falle der Heilbarkeit aber ist die Maßnahme gleichzeitig als Besserungsmittel gedacht, und der Strafvollzug könnte dann allerdings dem psychischen Zustand schädlich, seiner Besserung hinderlich sein. Soll der Kranke nicht zuerst geheilt und dann bestraft werden? In der Tat hat der SchwE. im Gegensatz zu den anderen diese Reihenfolge angenommen. Mit Rücksicht auf die eben bezeichnete Verschiedenheit der Fälle wäre zu erwägen, ob nicht eine fakultative Regelung die richtige wäre: Der Richter soll nach den Umständen des Falles die Reihenfolge bestimmen, und kann, wenn die Sachverständigen den Kranken für heilbar und den vorangehenden Strafvollzug für gefährlich halten, der Heilung den Vortritt geben. — Bei Arbeitshaus und Trinkerheilanstalt treten diese Bedenken zurück. Der Strafvollzug mit seinem Arbeitszwang und seinem Alkoholverbot wird der späteren Arbeitsanstalt bzw. Trinkerheilanstalt schwerlich je in schädlicher Weise vorgreifen, ihr vielmehr meist in günstiger Weise den Boden ebnen. Allerdings hat der SchwE. auch hier die umgekehrte Folge angenommen: erst Sicherungsmittel, dann Strafe. Dies hängt jedoch damit zusammen, daß der Verfasser des SchwE., dem Kumulationsprinzip prinzipiell abgeneigt, es für das Wünschenswerteste hält, wenn das vorangehende Sicherungsmittel den Strafvollzug überflüssig macht, so daß dieser nur als ultima ratio überhaupt in Betracht kommt. Huldigt man jedoch, wie die anderen Entwürfe dem Häufungsprinzip, dann wird man m. E. auch in den zwei genannten Fällen an der normalen Reihenfolge festhalten können. — Bei der Fürsorgeerziehung, jedoch ist das Problem ein besonders peinliches. Die Jugendstrafanstalt — soll sie sich überhaupt vom Erziehungshaus unterscheiden — kann nie die systematisch individualisierende Behandlung des Jugendlichen bieten, die im Falle der Verwahrlosung allein gewünscht und gefordert werden muß. Sie wird daher das Erziehungswerk in der Regel nicht fördern, sondern eher ungünstig beeinflussen. Das gilt in gleicher Weise, ob nun die Strafe dem Erziehungsmittel vorangeht oder nachfolgt: die vorangehende droht die erhofften, die nachfolgende die bereits gereiften Früchte der Erziehung zu vernichten. Hier ist also nicht nur die Reihenfolge der Maßregeln, sondern überhaupt der Wert ihrer Häufung in Frage gestellt. In der Tat gehen die Entwürfe bei Behandlung der Jugendlichen, teils mehr teils weniger energisch, vom Kumulationsprinzip ab. Wenn aber eine Häufung von Strafe und Sicherungsmittel trotzdem nötig bleibt, muß auch hier die normale Reihenfolge angenommen werden. Denn man kann, wie noch zu zeigen ist, berechtigterweise die Strafe neben der Fürsorgeerziehung nur dann für notwendig halten, wenn das Bedürfnis nach Generalprävention ein besonders starkes ist — dann aber fordert es sofortige Befriedigung.

Das Ergebnis ist: Soweit an dem Häufungsprinzip festgehalten wird ist in aller Regel der Strafvollzug dem Sicherungsmittel voranzustellen. Nur bei den gemindert Zurechnungsfähigen wäre die Bestimmung der Reihenfolge dem Richter zu überlassen.

Allein wir sind auf Nachteile des Häufungssystems gestoßen, die zu Bedenken gegen die Güte des Systems berechtigen. Und diese Bedenken bestehen nicht nur bezüglich der Jugendlichen. — Wie es verfehlt wäre, etwa bei dreifacher Deliktskonkurrenz, eine Zuchthaus-, Gefängnis- und Haftstrafe hintereinander zu vollziehen, so trägt auch die Häufung von strafweisen und sicherungsweisen Freiheitsentziehungen etwas Gekünsteltes an sich. Offensichtlich ist dies beim Zusammentreffen einer Freiheitsstrafe mit einem Besserungsmittel. Auch jene hat die Aufgabe nach Möglichkeit bessernd auf den Verbrecher einzuwirken. Diese Behandlung wird nun unterbrochen, der Verbrecher aus dem Strafhaus in eine andere Anstalt überführt, einem neuen, gänzlich anderen Regime unterstellt und Beamten übergeben, die seine Persönlichkeit mit ihren Stärken und Schwächen erst kennen lernen müssen. Dem schließlichen Erfolg kann das nicht günstig sein. Dazu kommen organisatorische Schwierigkeiten, die Kosten des Transportes usw. Kein Wunder, daß sich Bestrebungen geltend machen, das Häufungsprinzip durch ein anderes zu ersetzen.

2. Das Prinzip der Vertretung.

Aus der Häufung des Straf- und Sicherungsbedürfnisses folgt noch nicht notwendig die Häufung der zu treffenden Gegenmaßregeln. Es besteht, wie gezeigt, mindestens die Möglichkeit, daß jene Funktion, welche die eine Maßregel auszuüben berufen ist, von der anderen übernommen wird. Trifft dies in einem Einzelfall zu, so ist die Häufung überflüssig, ja noch mehr: sie ist unzulässig. Denn da jede Strafe und jede sichernde Maßnahme mit Lasten für das Individuum und die Gesellschaft verbunden ist, da ferner der Staat nur immer soviel Übel dem Verbrecher und der Gesellschaft aufladen darf, als zu entsprechendem Güterschutz unbedingt notwendig ist, wäre eine überflüssige Maßregelung schlechtweg abzulehnen. Man sieht also: das Prinzip der Häufung, das auf den ersten Blick als das primäre, selbstverständliche erschien, ist in Wahrheit ein subsidiäres. Es kann nur dann und immer nur dort zur Anwendung kommen, wo der Gedanke der Absorption nicht durchdringt.

Dieser Gedanke freilich, die Behauptung, daß Strafe und Sicherungsmittel sich gegenseitig ersetzen können, ist schwer umstritten. Es gilt nahezu als ein Axiom: Nur Maßregeln, die in ihren Zielen und Inhalten einander verwandt sind, können sich vertreten[1]). Wenn also die Strafe ein Justizakt, die sichernde Maßnahme ein Verwaltungsakt, wenn jene ein Übel, diese ein Nichtübel ist, dann gibt es kein „Vikariieren" — so sagen die einen. Wenn aber, so sagen die anderen — ein gegenseitiger Ersatz möglich ist, dann können sie in Wahrheit nicht wesensverschieden sein: der Gegensatz von Strafe und Sicherungsmittel fällt „wie ein Kartenhaus" zusammen. Beiden Schlußfolgerungen, deren eine für Birkmeyer, deren andere für v. Liszt kennzeichnend ist, liegt trotz diametral verschiedener Ergebnisse dieselbe Prämisse zugrunde: „Wesensverschiedene Institute können einander nicht vertreten[2])."

Dieses Argument wird zwar in der Regel nur gegen den Ersatz der Strafe durch Sicherungsmittel geltend gemacht; es richtet sich aber seinem Inhalt nach, was immer verkannt wird, ebenso auch gegen den umgekehrten Fall. Es muß daher schon hier erledigt werden.

Nach unserer Auffassung sind nun freilich Strafe und sichernde Maßnahme zweckverwandt; beide streben nach Verbrechensverhütung, wenn auch auf sehr verschiedenen Wegen. Doch auch der Vergeltungstheoretiker, der die Analogie der Ziele leugnet, dürfte nicht daraus allein die Unzulässigkeit der Vertretung ableiten. Es kann ein Mittel zu verschiedenen Zwecken geben und verschiedene Mittel zu einem Zwecke. So kann auch das Vergeltungsbedürfnis ebenso wie das Schutzbedürfnis auf verschiedenem Wege befriedigt werden; das beste Beispiel dafür ist die Untersuchungshaft, die, obzwar gewiß nicht Strafzwecke erstrebt, sie aber trotzdem erfüllen, und die Strafe darum ersetzen kann. Gewiß also, daß die Zweckverwandtschaft zweier Maßregeln nicht Voraussetzung ihres Vikariierens ist.

Wie aber steht es mit der Wesensgleichheit der Maßregeln, als Bedingung ihres gegenseitigen Ersatzes? Soviel ist allerdings richtig: Wenn ein Mittel das andere ersetzen, also

[1]) Oetker, GS. 73, 442.

[2]) So zuletzt Löffler, 31. DJT. II, 784.

eine Funktion ausüben soll, die dem anderen charakteristisch ist, so müssen sie beide etwas gemein haben. Zwei Institute, die sich ihrem Inhalt nach verhalten, wie a zu non-a, können nicht füreinander eintreten: dem einen fehlen alle Eigenschaften des anderen, darum auch die, welche es befähigen könnte, dem Zwecke des anderen zu dienen. Allein damit ist nicht gesagt, daß der Punkt, in dem sich die beiden Maßregeln decken, gerade ein ihnen beiden begriffswesentlicher sein müsse. Das übersehen alle jene, die behaupten, wesensverschiedene Maßregeln können sich nicht vertreten. Die Maßregel wirkt ja auch durch die ihr nicht begriffswesentlichen Qualitäten, durch ihre accidentalia: sie kann darum Funktionen ausüben, die ihr bestimmungsgemäß nicht eigentümlich sind. — Das ist nun in der Tat hier der Fall. Die Strafe ist begrifflich ein Übel; falsch aber wäre der Satz: die sichernde Maßnahme ist begrifflich ein Nichtübel (non-a). Denn das hieße soviel wie: Spezialprävenierende Wirkungen können nur mit Maßregeln ausgeübt werden, die kein Leiden für den Betroffenen enthalten. Nur das eine gilt von den Sicherungsmitteln: Sie sind nicht begrifflich ein Übel. Deutlicher ausgedrückt: die Strafe ist notwendig ein Übel, aber es gehört doch gewiß nicht zu ihrem Wesen, daß ihr bessernde und sichernde Wirkungen fehlen. Die sichernde Maßnahme andererseits braucht kein Übel zu sein; aber es gehört nicht zu ihrem Wesen, daß sie nicht tatsächlich ein Übel mit sich führe, und es ist daher begrifflich nicht ausgeschlossen, daß sie in Androhung und Vollzug generalpräventive Wirkungen ausübe. Es ist nicht ausgeschlossen, — ob in der Tat die Voraussetzungen zutreffen, kann nur die Einzeluntersuchung lehren.

a) Der Ersatz des Sicherungsmittels durch Strafe.

Die Strafe kann nur soweit an die Stelle eines Sicherungsmittels treten, als ihre Vollstreckung jene Wirkungen ausübt, die wir uns von einem Sicherungsmittel erwarten. Es handelt sich also um Bekämpfung chronischer Gefährlichkeit durch Besserung und Unschädlichmachung eines bestimmten Individuums. Daß die Strafe spezialprävenierende Elemente in sich schließt, ist nie bestritten worden, freilich gilt es von den verschiedenen Strafarten in verschiedener Weise.

Die Todesstrafe, die strengste der modernen Strafen, bedeutet gleichzeitig die absolute Unschädlichmachung des Verbrechers. Sie ist das wirksamste, ja das einzig vollkommen wirksame Schutzmittel gegen gefährliche Personen und muß daher jede sichernde Maßnahme absorbieren.

Auf der anderen Seite hat die Geldstrafe kaum irgendwelche spezialprävenierende Wirkungen der hier besprochenen Art und wird darum nie eine sichernde Maßnahme ersetzen dürfen.

Ehrenstrafen können zwar nicht bessern, wohl aber die Gesellschaft vor bestimmten schädlichen Verhaltungsweisen eines gefährlichen Individuums schützen. Man denke an den strafweisen Verlust des Amtes, Berufs, der Konzession usw., Maßregeln, welche inhaltlich einzelnen Sicherungsmitteln derart entsprechen, daß ihr juristischer Charakter strittig ist. Werden sie (mit Unrecht) durchwegs als Nebenstrafen behandelt, wie etwa im SchwE., so machen sie die entsprechenden Schutzmittel überflüssig.

Am praktisch bedeutsamsten sind jedoch die spezialprävenierenden Elemente der Freiheitsstrafe. Diese allein gestattet eine intensive Einwirkung auf den Verbrecher, sie allein kann sich also Besserungserfolge zum Ziele setzen und darum Besserungsmittel vertreten. Die Entwürfe haben dies ausdrücklich anerkannt. — Eine langdauernde Freiheitsstrafe mit vernünftig organisiertem Arbeitszwang ist geeignet, soweit möglich, das Individuum zur Arbeitsamkeit zu erziehen; unnötig also daneben auf Einweisung in das Arbeitshaus zu erkennen; die Strafe tritt an die Stelle des Besserungsmittels [1]). Dieser Erwägung entsprechend haben der schweizerische und die beiden deutschen Entwürfe das Arbeitshaus neben einer

[1]) Vgl. die subsidiäre Stellung, die dem Arbeitshaus in der von der IKV. angenommenen These eingeräumt wird: „Da man gegen die auf Arbeitsscheu und Liederlichkeit beruhenden Gesetzesübertretungen nicht durch lange unbestimmte Strafen vorgehen will, ist die Bestimmung des (d.) VE. zu begrüßen, wonach in solchen Fällen Einsperrung im Arbeitshaus behufs Besserung erfolgen soll." (Mitt. der IKV. 19, 588.)

Zuchthausstrafe nicht zugelassen [1]); und die deutsche Strafrechtskommission hat dies mit Recht auch auf langdauernde Gefängnisstrafen ausgedehnt [2]). Man kann hier von einem obligatorischen Vikariieren sprechen [3]). — Eine langdauernde Freiheitsstrafe mit Alkoholentziehung und Beschäftigungszwang für den Häftling wird ferner geeignet sein, dem Trinker den Alkoholgenuß zu entwöhnen. Wo dies zu erhoffen ist, kann also die Freiheitsstrafe auch die Funktion der Trinkerheilanstalt übernehmen und sie ersetzen. Ganz folgerichtig haben die Entwürfe daher auch die Kumulierung von Zuchthaus und Trinkerheilanstalt für unzulässig erklärt [4]) [5]).

Weitere Besserungsmittel ist wohl auch die Freiheitsstrafe zu vertreten außerstande. Anderes gilt aber von den Schutzmitteln. Der Eingeschlossene ist zeitweilig unschädlich. Und erfordert das Verbrechen eine vieljährige bzw. lebenslängliche Freiheitsstrafe, so ist eine sichernde Verwahrung überflüssig. Die Verfasser des norwegischen Gesetzbuches und des deutschen Entwurfes haben gemeint, aus diesem Grunde die Verwahrungsanstalt überhaupt entbehren zu können. Allein das Sicherungsbedürfnis tritt nicht nur dort hervor, wo auch

---

1) Für den ÖE. kommt ein derartiges Vikariieren nicht in Betracht, da er das Arbeitshaus auf Bettler, Vagabunden usw. beschränkt; von langen Freiheitsstrafen neben dem Arbeitshaus kann daher nicht die Rede sein.

2) Ebermayer, a. a. O. S. 7.

3) Daneben ist bei diesen Bestimmungen wohl noch der Gedanke maßgebend gewesen, daß man das Arbeitshaus im Interesse einer erfolgreichen Erziehung von den schlechtesten Elementen freihalten wollte. Darum bestimmt auch der schw. VE. Art. 32, Abs. 2: Wer schon einmal eine Zuchthausstrafe erlitten hat, kann nicht mehr in die Arbeitsanstalt eingewiesen werden.

4) Der ÖE. kennt die Verweisung des Trinkers in die Heilanstalt nur bei Volltrunkenheit. Ist diese nicht gegeben, so muß also die Strafe (von geistiger Minderwertigkeit abgesehen) die Heilanstalt ersetzen.

5) Freilich erschöpft sich die Methode der Trinkerheilung nicht in dem einfachen Mittel des Alkoholentzuges, sondern besteht in einer systematischen Behandlung mit allmählich fortschreitender Entwöhnung, und es ist fraglich, ob gleiche Erfolge im Rahmen einer Zuchthausstrafe stets erreichbar sein dürften. Anzustreben wäre es; allein, ob es richtig ist, die Häufung schlechtweg zu verbieten, den Ersatz bindend vorzuschreiben, muß bezweifelt werden. Vgl. Köhler, 31. DJT. II, 246. — Lenz, ebenda III, 594.

das Strafbedürfnis bedeutend ist. Beschränkt man sich also darauf, durch Freiheitsstrafen unschädlich zu machen, so muß die Folge sein, daß man entweder auf Kosten des Verbrechers mit den Strafen zu grausam oder auf Kosten der Gesellschaft mit der Sicherung zu sparsam ist.

Im ganzen genommen ergibt sich, daß unser Strafensystem in allen seinen Teilen von Sicherungselementen durchsetzt ist, darum also in weitem Umfang die auf Individualbehandlung abgestellten Maßnahmen zu ersetzen geeignet ist. Nur dadurch erklärt es sich auch, daß wir solange ohne ein besonderes System von Sicherungsmitteln auskommen konnten. Nicht etwa weil die Spezialprävention den Gesetzgebern nicht erstrebenswert schien, sondern weil sie — wohl oder übel — durch Strafmittel ausgeübt wurde, sah man von der Einführung polizeilicher Sicherungsmittel ab [1]).

b) Der Ersatz der Strafe durch Sicherungsmittel.

I. Der Ersatz der sichernden Maßnahme durch die Strafe findet im Ersatz der Strafe durch die sichernde Maßnahme ihr ganz analoges, freilich sehr umstrittenes Gegenstück. Der eine kann nur durch die spezialprävenierenden Elemente der Strafe, der andere muß durch die generalprävenierende Elemente der sichernden Maßnahme gerechtfertigt werden.

Die generalpräventive Kraft der Strafinstitution geht aus von der Mißbilligung, die durch gesetzliches Verbot und richterlichen Schuldspruch kundgetan, sowie von der Abschreckung, die durch Androhung und Vollzug des Strafübels bewirkt wird. Es fragt sich, ob und inwieweit das Sicherungsmittel diese Funktionen zu übernehmen imstande ist.

An jener Mißbilligung zunächst wird nichts geändert, wenn auch im Einzelfall an die Tat lediglich ein Sicherungsmittel geknüpft wird: Die Tat bleibt verboten, und der Richter muß

---

[1]) Diese wurden nur dort nötig, wo Strafen nicht anwendbar waren. Ein Beispiel hierfür sind die poenae extraordinariae: Beim Mangel bestimmt vorgeschriebener Beweise war die Bestrafung des Verbrechers unzulässig. Das Sicherungsbedürfnis aber, das hier um so dringender auftrat, forderte eine Schutzmaßregel, die in Form einer polizeilichen Vorkehrung verhängt wurde.

auch dann sein Schuldig über den Verbrecher aussprechen, wenn auch im zweiten Teil des Erkenntnisses nur die Anordnung einer sichernden Maßnahme folgt. Nicht ebenso zweifelsfrei steht es mit der Abschreckung. Abgeschreckt wird nur, wem ein Übel in Aussicht steht. Eine Maßregel, die kein Übel in sich schließt, kann nicht abschrecken, kann die Strafe nie ersetzen. Sie verhielte sich zur Strafe in der Tat wie a zu non-a. — Wir haben nun allerdings in der Lehre vom Vollzug den Grundsatz festgestellt: Das Sicherungsmittel soll kein Übel sein, es darf es daher nur soweit sein, als die Befriedigung des Sicherungsbedürfnisses es notwendig mit sich bringt. Daran ist nicht zu rütteln. Doch es ändert nichts an der Tatsache, daß die meisten Sicherungsmittel, ohne daß es in ihrer Bestimmung läge, eine Übelszufügung enthalten. Sie alle sind Rechtsbeschränkungen und zum Teil sehr empfindliche. Diese Übelsfolgen sind nicht beabsichtigt, aber sie werden vom Individuum nicht weniger verspürt als die beabsichtigten, und werden darum nicht weniger gefürchtet, als wenn sie in der Tat beabsichtigt wären. Mit Recht hat daher Stooß seinerzeit prophezeit, ein heilsamer Schrecken werde durch die Verbrecherwelt gehen, wenn die Bestimmungen über die Verwahrungsanstalt einmal in Kraft treten sollten [1]). Und dieser Schrecken, er ist nichts anderes als Generalprävention. — Gleiches gilt von den anderen Sicherungsmitteln. Es ist anzunehmen, daß ein Jugendlicher, wofern er überhaupt weiß, was eine staatliche Erziehungsanstalt ist, es vorziehen dürfte, die Bedingungen seiner Einweisung nicht zu erfüllen. Die Arbeitsanstalt, die heute mehr gefürchtet ist als der Kerker, wird auch bei einer Reform des Vollzuges gefürchtet bleiben. Ebenso wird bei der Trinkerheilanstalt der Verlust der Freiheit, die Unterwerfung unter eine strenge Disziplin, die Entziehung der gewohnten Erwerbsmöglichkeiten stets als Übel empfunden werden. Und endlich die Sicherungsmittel, die nicht in Freiheitsentziehung bestehen, die Ausweisung, der Verlust des Amtes oder anderer Rechte, das Berufsverbot: sie alle können mit Vermögensschädigungen verbunden sein, die

[1]) Verhandlg. der Expertenkommission I, 176.

schwerer wiegen, als hohe Geldstrafen. Werden doch diese Maßregeln im geltenden Recht zumeist und teilweise noch in den Entwürfen als Strafen behandelt. Und nur wer sich absichtlich die Augen verbindet, kann behaupten, daß Maßregeln, die bisher als Strafen angesehen und gefürchtet waren, trotz inhaltlicher Gleichheit künftig keine abschreckende Wirkung mehr haben sollten!

Insoweit also die Sicherungsmittel tatsächlich ein Übel enthalten, wirken sie durch ihre Androhung und ihren Vollzug tatsächlich generalpräventiv; und insoweit sie generalpräventiv wirken, können sie die Funktion der Strafe übernehmen, also die Strafe ganz oder teilweise ersetzen. Sie können dies nicht nur, sondern sie müssen es auch. Denn der Staat — das ist ja Grundsatz der Kriminalpolitik — darf nicht mehr Übel zufügen als zum entsprechenden Güterschutz unbedingt erforderlich ist.

II. Ein anderer Gedankengang führt auf anderem Wege zwar nicht zum Strafersatz, aber zu einem praktisch ähnlichen Ergebnis. Es gibt bekanntlich Fälle, in denen es kriminalpolitisch klug und richtig ist, auf die Strafe und ihre generalprävenierenden Wirkungen zugunsten anderer Zwecke zu verzichten. Beim Jugendlichen z. B. kann die Bestrafung unter Umständen unmittelbar schädlich auf die Gestaltung seiner Persönlichkeit wirken, kann ferner mittelbar sein Fortkommen und damit seine gesellschaftliche Brauchbarkeit vernichten; es wird insbesondere bei geringen Deliktsfällen zweckmäßig sein, von der Strafe abzusehen. Eine nähere Begründung gehört nicht hierher, doch sicher ist, daß unsere Entwürfe durch Einführung der bedingten Verurteilung und des Absehens von Strafe diesem Gedanken Rechnung tragen. Und hat man sich mit der Idee eines Strafverzichts einmal abgefunden, so wird man ihn um so eher dann für zulässig halten, wenn sich an das Verbrechen eine bessernde Behandlung des Verbrechers knüpft, eine Behandlung, deren Erfolge durch eine vorangehende oder nachfolgende Strafe nur geschädigt werden könnten. Wenn also die Fürsorgeerziehung „entsprechender erscheint, um den Jugendlichen zu bessern oder seine Verwahrlosung zu verhüten“ (§ 57

ÖE.), dann ist zugunsten einer derartigen Behandlung auf die Generalprävention zu verzichten. Für den Anhänger eines präventiven Strafrechtes liegt hierin nichts Auffälliges: General- und Spezialprävention sind ihm ja nur zwei Methoden der Verbrechensvorbeuge; wo die Anwendung der einen genügt, hat die andere zurückzutreten. Auch der Vergeltungstheoretiker wird, wofern er seiner Vergeltung nicht absoluten Wert beimißt, anerkennen, daß beim Zusammentreffen von Straf- und Sicherungsbedürfnis möglicherweise das letztere, als das wichtigere vorgehen kann. Streng genommen dürfte man hier gar nicht von einem Vikariiren sprechen; denn die Strafe ist als überflüssig oder schädlich weggefallen, nicht aber wird sie durch das Sicherungsmittel vertreten [1]).

Fassen wir nun das unter I und II Gesagte zusammen, so haben sich uns zwei Gedankengänge ergeben, denen folgend der Gesetzgeber an ein Verbrechen statt der Strafe lediglich eine sichernde Maßnahme anschließt: der Gedanke des Strafersatzes und des Strafverzichtes. Im ersten Fall wird die Notwendigkeit der Generalprävention zwar anerkannt, dieses Bedürfnis aber ausnahmsweise durch ein Sicherungsmittel erfüllt: die Strafe wird durch eine andere Maßregel vertreten. Im zweiten Fall wird auf die Generalprävention gänzlich verzichtet; das an das Verbrechen anknüpfende Sicherungsmittel hat nur spezialprävenierende Aufgaben: von der Strafe wird abgesehen.

Diese Unterscheidung, scheinbar nur theoretische Spitzfindigkeit, ist von praktischer Bedeutung für die rechtlichen Voraussetzungen und Folgen des Vikariierens. Im ersten Fall fungiert die sichernde Maßnahme als Strafersatzmittel; das vermag sie nur dann, wenn der in concreto passenden Maßregel soviel Übelsgehalt innewohnt, daß sie als entsprechende Ahndung des in concreto vorliegenden Deliktes gelten kann. Im zweiten Falle wird auf die Generalprävention verzichtet; das angeordnete Sicherungsmittel hat die Strafe nicht zu vertreten, auf ihren Übelsgehalt kommt es daher

---

[1]) Lenz, 31. DJT. III, 593 f.

14*

hier überhaupt nicht an. Dort erscheint auch bei schwereren Verbrechen eine Stellvertretung denkbar, wenn nur das Sicherungsmittel ein proportionales Leiden enthält. Hier dagegen wird man sich nur bei den geringfügigsten Delikten zu einem Vikariieren — d. h. hier Wegfall der Strafe — entschließen dürfen. Und die Rechtsfolgen: Tritt die sichernde Maßnahme an die Stelle der Strafe, ihre Funktionen übernehmend, dann ist das Individuum als bestraft anzusehen: die Ehren- und übrigen Rechtsfolgen der Strafe knüpfen sich dann an das vikariierende Sicherungsmittel, so als ob es eine Strafe wäre. Wird dagegen auf die Strafe verzichtet, und tritt die sichernde Maßnahme ein, ohne ihre Aufgabe zu übernehmen, dann ist das Individuum nicht zu einer Strafe verurteilt, von irgendwelchen Folgen der Strafe kann keine Rede sein[1])[2]).

Wie verhält sich nun die moderne Kriminalpolitik gegenüber diesen theoretischen Erwägungen? Alle Entwürfe haben das

---

[1]) Sparr, schweiz. Z. 26, 1 ff., unterscheidet recht scholastisch vier Formen des Vikariierens, deren Berechtigung verschieden zu beurteilen sei: 1. „Ersatz der Strafverhängung durch die Sicherungsmaßnahmen"; dieser Ersatz ist nach Sparr schlechtweg abzulehnen, eine Stellvertretung gibt es nicht (S. 29 f.). — 2. „Verzicht auf die Strafverhängung zugunsten der sichernden Maßnahmen"; dieser ist bei Jugendlichen zulässig (S. 31 f.). — 3. „Anrechnung der Sicherungsmaßnahmen auf den Strafvollzug" (S. 43); nicht die Verhängung, sondern der Vollzug der Strafe wird hier durch die Strafe ersetzt; dies ist bei Arbeitshaus und Verwahrung (aber nur hier) zulässig. — 4. „Verzicht auf den Strafvollzug." (46) Dieser ist bei Geistigminderwertigen und Trinkern zulässig, wenn eine Anstaltsbehandlung angeordnet wird. — Allein wozu diese begrifflichen Differenzierungen, wenn doch nur immer das Sicherungsmittel allein vollzogen wird, statt Strafe und Sicherungsmittel? — Ein praktischer Unterschied besteht nur zwischen den oben im Text bezeichneten Fällen des Strafverzichts und Strafersatzes; und dieser Unterschied bezieht sich vor allem auf den Eintritt bzw. Nichteintritt der Straffolgen, ein Punkt, den Sparr gar nicht berücksichtigt; vgl. den Text weiter unten.

[2]) Der Unterschied hätte auch prozessual zum Ausdrucke zu kommen. Im ersten Falle hätte das richterliche Erkenntnis auf eine Strafe bestimmten Ausmaßes zu lauten, woran sich dann die Anordnung des Sicherungsmittels mit dem Beschluß auf Anrechnung der Strafe schlösse. Im anderen Falle hätte das Urteil nur den Schuldspruch zum Inhalt, und die Anordnung der sichernden Maßnahmen stünde zu ihm in keiner Beziehung.

Vikariieren in irgendwelcher Form aufgenommen. Freilich bestehen große Unterschiede in dem Wie und Wieweit. Am kühnsten geht der schweizerische, am vorsichtigsten der österreichische vor. Auch scheint mir der Unterschied in den beiden eben bezeichneten Arten der Stellvertretung wohl erkennbar zu sein: der österreichische kennt nur die eine, die übrigen kennen beide Systeme.

Einig sind sie alle nur in einem Punkte, in der Zulassung jenes Vikariierens bei jugendlichen Verbrechern. Diese Einigkeit dürfte wohl daher kommen, daß hier das Bedürfnis nach bessernder Behandlung gegenüber dem Bedürfnis nach Abschreckung so stark ist, daß häufig zugunsten der Erziehungsmaßregeln von der Strafe abgesehen werden kann. Es ist dies also der oben unter II besprochene Gedanke des Strafverzichtes[1]). Der ÖE. kennt außer diesem keinen weiteren Fall des Vikariierens. Das ist in der Tat folgerichtig, wenn man darin einen gänzlichen oder teilweisen Wegfall der Generalprävention erblickt, denn nur bei den Jugendlichen dürfte ein solcher gestattet sein. Allein diese Auffassung ist eben eine einseitige, die sichernde Maßnahme kann auch selbst abschreckend

[1]) Als Beispiel diene die Regelung des österreichischen Entwurfes. Wenn das Delikt eines Jugendlichen so geringfügig ist, daß die verwirkte Strafe drei Monate nicht übersteigt, dann soll die Ahndung unterbleiben, wofern Erziehungsmaßregeln entsprechender erscheinen, um den Täter zu bessern. Von der Strafe wird abgesehen, weil sie nicht dringend nötig ist, vielmehr das dringend nötige Erziehungswerk nur stören würde. Will es nun der Zufall, daß die Fürsorgeerziehung aus irgend welchen Gründen nicht zeitgemäß eingeleitet werden kann und daher entfallen muß, so entfällt damit auch der Grund des Strafverzichtes: Die Strafe kann die Erziehung nicht mehr beeinträchtigen und ist nun zu vollziehen. Sollte aber bereits in der Zwischenzeit Besserung eingetreten sein, so darf ihr Fortgang durch den Strafvollzug nicht neuerlich gefährdet werden: von der Strafe wird abgesehen (§§ 57 ÖE., 411 e ÖStpE.). Der Gedankengang ist ein logisch geschlossener, man sieht auch, daß die Strafe hier nicht durch das Sicherungsmittel wirklich ersetzt werden soll, sonst müßte sie bei Entfallen des Sicherungsmittels bedingungslos vollzogen werden. Es fragt sich nur, ob man die Grenze der verzichtbaren Strafe nicht höher hätte ansetzen können. Die anderen Entwürfe gehen jedenfalls weiter, der deutsche läßt den Verzicht bei jeder Freiheitsstrafe zu; im Gegenentwurf sowie im schweizerischen Entwurf ist er, wann immer Erziehungsmaßregeln eintreten, sogar obligatorisch vorgeschrieben.

wirken, und darum die Strafe auch dort vertreten, wo auf Generalprävention nicht verzichtet werden dürfte.

Im DVE. wird noch — freilich in beschränktem Umfang — die Absorption der Strafe durch das Arbeitshaus eingeführt, aber nur der SchwE. hat die Idee der sichernden Maßnahme als Strafersatzmittel kühn erfaßt und durchgebildet. Hier haben prinzipiell alle Sicherungsmittel, soweit sie in Freiheitsentziehungen bestehen, die Fähigkeit, die Strafe zu vertreten: Das Arbeitshaus nicht nur, sondern auch die Trinkerheilanstalt, die Verwahrungsanstalt und die Pflegeanstalt für gemindert Zurechnungsfähige. — Allein hält man an jenem Grundgedanken fest, so ließe sich auch noch ein Schritt weitergehen: Nicht nur Freiheitsentziehungen können sich gegenseitig vertreten: Einerseits ist auch die Geldstrafe durch Sicherungsmittel ersetzbar, andererseits sind auch Maßregeln, die nicht mit Freiheitsverlust verbunden sind, geeignet, an die Stelle der Strafe zu treten; z. B. die Entziehung von Rechten und Befugnissen, wenn sie mit erheblichen Einbußen verbunden ist [1]). Analoges gilt endlich von sachlichen Sicherungsmitteln, wofern sie das Vermögen desjenigen treffen, der die Strafe verwirkt hat; der Wert der verfallenen Gegenstände kann auf die Geldstrafe angerechnet werden.

Ich bin überzeugt, daß auch wir in Österreich und Deutschland den Weg gehen werden, den die Schweiz gewiesen hat. Allein jetzt, da wir eben erst im Begriffe sind, das System der Sicherungsmittel auszuarbeiten und nur lückenhafte Erfahrung über ihre Wirksamkeit haben, wäre eine derart einschneidende Reform kaum empfehlenswert. Doch weiter, als die Entwürfe hätte man sich wohl wagen dürfen, insbesondere bezüglich des

---

[1]) Man denke etwa an einen Arzt, dem wegen Kunstfehlers die Praxis untersagt wird, an den Konzessionsverlust, der die wirtschaftliche Existenz des Verbrechers vernichtet. Interessant § 417 des gelt. ÖStgb.: Ein Vormund wird bei Mißhandlung seines Mündels der Vormundschaft entsetzt und „wenn diese mit einem Nutzen verbunden war", mit strengem Verweis, „bei unentgeltlicher Vormundschaft" mit Arrest bestraft. Die mit dem Sicherungsmittel verbundene Vermögensschädigung vertritt einen Teil des Strafübels.

Arbeitshauses, das uns kein Novum mehr ist. — Voraussetzung dabei ist freilich für jetzt und für später die Erkenntnis, daß das Vikariieren nicht einen Verzicht auf Generalprävention, sondern eine Umformung der Generalprävention bedeutet, und die Einsicht in die Konsequenzen dieses Standpunktes. Diese Konsequenzen wurden bereits oben angedeutet, sie sind:

1. Die sichernde Maßnahme kann die Strafe nur dann wirklich ersetzen, wenn die im Einzelfall passende Maßregel ein dem Verbrechen entsprechendes Übelsquantum enthält. Und das ist eben der Grund, weshalb eine richtige Würdigung der schweizerischen Bestimmungen heute nicht möglich ist. Wir wissen nicht genau, wie die einzelnen Sicherungsmittel tatsächlich ausschauen und wirken werden, ob wirklich die Verwahrung stets und notwendig ein derart großes Leiden in sich schließt, daß sie auch schwere Zuchthausstrafen zu vertreten geeignet ist. Wir wissen nicht, ob und inwieweit die Trinkerheilanstalt generalpräventiv einer Gefängnisstrafe gleich zu achten sein wird. Soviel können wir freilich schon heute sagen: das Arbeitshaus ist sehr wohl imstande, was seine abschreckende Kraft betrifft, eine Strafe zu ersetzen [1]) und zwar (dies gegen den deutschen Entwurf) eventuell auch eine Strafe von mehr als 3 Monaten Gefängnis. Die im Arbeitshaus zuzubringende Zeit wäre einfach wie die erlittene Untersuchungshaft, die der Strafe wahrlich weniger ähnelt, als die Zwangshaft im Arbeitshaus, auf die Strafe anzurechnen [2]).

[1]) Der österreichische Entwurf könnte um so eher ein Vikariieren zulassen, da er ja im Gegensatz zu den anderen Entwürfen die Arbeitsanstalt durchwegs an Delikte anknüpft, die wie Bettelei, Landstreicherei usw. ihrem realen Unwert nach gemessen durchwegs sehr geringfügig sind. — Die Erläut. Bemerkungen S. 330 begründen den Standpunkt des Entwurfes lediglich mit dem Hinweise, daß die Nutzlosigkeit der vorangehenden Strafe kein Argument für das Vikariieren sei. Das ist allerdings zutreffend. Allein dieses falsche Argument ist nicht das einzige Argument, das für das Vikariieren spricht.

[2]) Die Dauer der verwirkten Strafe wäre im Falle der Anrechnung als Minimum der im Arbeitshaus zu verbringenden Zeit festzusetzen. So der schw. E. bei der Verwahrung.

2. Die sichernde Maßnahme als Strafersatzmittel ist in allen Rechtsfolgen der Strafe gleich zu achten. Dies ist ein wichtiger Punkt und noch nie ernstlich beachtet worden, er bedarf einer näheren Ausführung. Unsere Entwürfe machen, was die positiven Bestimmungen über die Rechtsfolgen anlangt, mancherlei Unterschiede in der Behandlung der Strafen und sichernden Maßnahmen. Diese Unterschiede haben teilweise wegzufallen, wenn die sichernde Maßnahme als Ersatz der Strafe eintritt. Das Wichtigste sei hier hervorgehoben:

a) Wenn das Gesetz die Schmälerung der bürgerlichen Ehrenrechte an die Strafe knüpft, dann tritt sie auch bei einem Sicherungsmittel ein, das diese Strafe vertritt. Dies anerkennt der SchwE. (Art. 40), er macht die Ehrenfolgen von der Verurteilung zu einer Freiheitsstrafe abhängig, diese Verurteilung aber hat immer auch dann stattzufinden, wenn die Strafe durch Arbeits- oder Verwahrungs- oder Trinkerhaus ersetzt wird [1] [2].

b) Wer eine sichernde Maßnahme an Stelle der Strafe erlitten hat, ist als bestraft, im Falle nochmaliger Verbrechensbegehung, daher als rückfällig zu betrachten. Unrichtig der deutsche Entwurf, der die Rückfallsschärfung an das vorherige Erleiden einer Freiheitsstrafe knüpft [3]. Der arbeitsscheue Dieb, der statt in das Gefängnis in das Arbeitshaus gewiesen worden ist, wird also im Falle des Rückfalles besser behandelt, als der nichtarbeitsscheue! [4]

---

[1]) Beim DVE. kam eine derartige Bestimmung nicht in Betracht, da nach § 42 DVE. nur eine höchstens dreimonatliche Gefängnisstrafe durch das Arbeitshaus ersetzt werden kann, der Ehrverlust jedoch nach § 45 mindestens eine sechsmonatliche Gefängnisstrafe voraussetzt.

[2]) Für die Einweisung in die Verwahrungsanstalt hat Art. 40 schw. VE. übrigens eine besonders lange Dauer der Einstellung der Ehrenfähigkeit ausdrücklich festgesetzt.

[3]) § 87 DVE. Die Begründung S. 347 betont ausdrücklich, daß das Arbeitshaus der Freiheitsstrafe hierin nicht gleichsteht.

[4]) Richtig § 95 GE. sowie die Beschlüsse der deutschen Strafrechtskommission, Ebermayer 26. — Der SchwE. (Art. 55) stellt allerdings das Arbeitshaus der Vorstrafe gleich, nicht aber die vikariierende Einweisung in die Heilanstalt für Trinker und für gemindert Zurechnungsfähige.

c) Damit im Zusammenhang steht die Bedeutung der Vorstrafen bei Beurteilung der Gewohnheitsmäßigkeit bzw. Gefährlichkeit eines Verbrechers. Der SchwE. macht die Sicherung von „vielen", der deutsche von fünf erstandenen Feiheitsstrafen abhängig. Vikariierende Sicherungsmittel, insbesondere das Arbeitshaus, werden unrichtigerweise nicht mit eingerechnet [1]).

d) Der deutsche und schweizerische Entwurf machen die bedingte Verurteilung davon abhängig, daß der Verbrecher noch keine Freiheitsstrafe erlitten hat. Es mag bestritten werden, ob es richtig ist, die Anwendung dieses Institutes so zu beschränken, allein tut man es, so muß auch ein Strafersatzmittel eine spätere bedingte Verurteilung ausschließen [2]). Die Bestimmung wäre also nicht auf das Erleiden, sondern auf die Verurteilung zu einer Freiheitsstrafe abzustellen [3]), ganz gleichgültig, ob sie als solche vollzogen oder auf ein Sicherungsmittel angerechnet wird. — Ferner ist es nicht richtig, die bedingt nachgesehene Strafe nur dann zur Vollstreckung gelangen zu lassen, wenn der Täter während der Bewährungsfrist neuerlich bestraft wird [4]); der Verurteilung zur Freiheitsstrafe sollte die Anordnung eines vikariierenden Sicherungsmittels gleichgestellt sein [5]).

e) Die Entwürfe bestimmen, daß der Richter im Falle der Gewinnsucht neben der Freiheitsstrafe auf eine Geldstrafe erkennen könne. Auch hier wäre der Strafe das vikariierende Sicherungsmittel gleichzuachten. Dies wird vom GE. übersehen [6]). — Ebenso ist es verfehlt, wenn der DVE. eine Ver-

[1]) So auch noch die Beschlüsse der Strafrechtskommission; Ebermayer S. 26. — Richtig aber § 98 GE. (2. Satz).

[2]) A. M. Köhler, 31. DJT. II, 239.

[3]) Der GE. enthält diese Fassung § 92. Allein im Falle des Ersatzes der Strafe durch Arbeitshaus wird nach § 68 a priori auf Arbeitshaus erkannt, so daß hier eine Verurteilung zu einer Freiheitsstrafe nicht gegeben ist.

[4]) So § 40 DVE. und Beschl. der Strafrechtskommission, Ebermayer S. 6 f.

[5]) Richtig § 94 GE. und Art. 61, 3 Schw. E.

[6]) § 85 GE. — Richtig dagegen der DVE., § 36 (arg. ex „verwirkt"; vgl. „verwirkt" in § 42). — Richtig auch Art. 37 SchwE. Er spricht zwar von „Ver-

urteilung zu Schadenersatz nur neben einer Strafe zuläßt, nicht auch neben dem etwa im Falle eines Diebstahls für sie eintretenden Arbeitshaus [1]) usw.

Doch all dies gilt nur für die sichernden Maßnahmen als Strafersatzmittel, also nur dann, wenn die Strafe durch das Sicherungsmittel vertreten, nicht wenn auf die Strafe überhaupt verzichtet ist. Es ist darum ganz richtig, daß man für Jugendliche, denen gegenüber der Gedanke des Strafverzichts in den Vordergrund tritt, jene Konsequenzen ablehnt. So hat z. B. nach dem ÖE. der Jugendliche, der „statt der Strafe" in die Fürsorgeerziehung gewiesen wird, keine Rückfallsschärfung zu gewärtigen, wenn er auch später „eine strafbare Handlung begeht, die auf derselben Neigung beruht" (§ 63 ÖE.), auch bedingte Verurteilung ist ihm gegenüber noch zulässig (§ 51), seine Freiheitsentziehung wird bei der Frage der Verwahrung nicht als Vorstrafe betrachtet usw.

Wenn wir nun zum Schluß die Einwendungen ins Auge fassen, die gegen das Vikariieren in der Literatur erhoben werden, so können wir schon im voraus sagen: sie wären größtenteils nicht laut geworden, wenn man die eben besprochenen Konsequenzen dieses Gedankens klar erkannt und gesetzgeberisch zur Geltung gebracht hätte.

Diese Einwände drohen hauptsächlich seitens der Vergeltungstheorie. Der Anhänger eines präventiven Strafrechts steht von vornherein dem Gedanken des Vikariierens nahe, er erblickt in Strafe und Sicherungsmittel zweckverwandte Maßregeln, die sich in der Regel ergänzen, aber dann, wenn das gemeinsame Ziel es erheischt, wohl auch vertreten können; wer insbesondere die Spezialprävention zum letzten Zweck der Strafe macht, dem fließen die Begriffe Strafe und Sicherungsmittel ja völlig ineinander, ihr Vikariieren ist ihm selbstverständlich.

Nur Löffler hat sich, soviel ich sehe, als einziger unter

---

urteilen", ähnlich wie § 85 GE.; allein da nach dem SchwE. der Verbrecher auch im Falle des Vikariierens vorerst zu einer Freiheitsstrafe verurteilt wird, kann diese Verurteilung mit einer Geldbuße kombiniert werden.

[1]) § 57 DVE. Die Begründung S. 195 sagt zwar, auch das Arbeitshaus sei in diesem Sinne Strafe; im Entwurf aber steht das nicht. Köhler a. a. O. S. 238.

den Vertretern des Schutzstrafrechts, kürzlich im Prinzip gegen den Gedanken des Vikariierens ausgesprochen. Auch er geht davon aus, die Strafe sei als Übel beabsichtigt, die sichernde Maßnahme nicht, ihr Ideal wäre es, eine Wohltat für das Individuum zu sein. Auch er erkennt, daß dieses Ideal nicht erreichbar, daß die meisten Sicherungsmittel tatsächlich als Übel empfunden werden. Allein er meint, der Staat dürfe „mit der generalprävenierenden Wirkung einer Maßnahme nicht rechnen, wenn er zugleich sich bemühen muß, diese Wirkung nach Tunlichkeit abzuschwächen" [1]). Das halte ich für prinzipiell verfehlt. Der Staat hat mit der Wirklichkeit zu rechnen, mit ihr allein, jedenfalls nicht mit Idealen, von denen er weiß, daß sie unerreichbar sind. Und diese Wirklichkeit, das ist der Effekt der Maßregel in seinem ganzen Umfang, nicht nur die Hauptwirkungen, die beabsichtigt, sondern auch alle Nebenwirkungen, die nicht beabsichtigt sind. Zwar muß der Kriminalpolitiker allerdings den Übelsgehalt seiner Sicherungsmittel auf ein Minimum abzuschwächen trachten, allein es ist keine für ihn unbeachtliche Tatsache, wenn dies unmöglich ist. Denn wenn der Staat dem Verbrecher nur soviel Übel zufügen darf, als zur Verhinderung von Verbrechen unbedingt nötig [2]), so muß er offenbar jenes Übelquantum, das sein Sicherungsmittel, wie er weiß, enthält, mit in die Rechnung einbeziehen. Daran ändert eben auch nichts, daß der Gesetzgeber die Maßnahme „nicht als Leiden auffaßt" [3]). Das Institut wirkt doch durch die Eigenschaften, die es hat, nicht durch die Eigenschaften, die es haben sollte [4]). Lenz, übrigens kein prinzipieller Gegner des Vikariierens, stimmt Löffler insofern bei, als auch er die generalpräventive Funktion der Strafe

[1]) Löffler, 31. DJT. II, 778.

[2]) Löffler, a. a. O. S. 775.

[3]) Löffler, a. a. O. S. 786.

[4]) Wenn Löffler S. 785 meint, es gäbe eine bedenkliche Mischform, wenn wir der sichernden Maßnahme soviel Übelsgehalt „beimengen", daß sie als abschreckende Strafe fungieren könne, so verändert er das Problem. Es handelt sich nicht um eine künstlich zu Vikariierungszwecken erzeugte Mischform, sondern um die sichernde Maßnahme, und jenen Übelsgehalt, den sie notwendig mit sich führt.

für unvertretbar erklärt. Strafe und sichernde Maßnahme verfolgen, so sagt er, verschiedene Zwecke, und mit der ausschließlichen Verwendung der einen Maßregel sei mindestens ein teilweiser Verzicht auf Erreichung des anderen Zweckes verbunden [1]). Hier leuchtet wieder das oft gebrauchte Argument durch, zweck- und wesensverschiedene Maßregeln können sich nicht vertreten. Wäre es richtig, so gäbe es auch keinen Ersatz des Sicherungsmittels durch Strafe. Demgegenüber genügt ein Hinweis auf die Todesstrafe: Sie steht an der Spitze unserer Strafmittel und erreicht trotzdem den Zweck der Unschädlichmachung in einer von keinerlei Sicherungsmittel übertroffenen Weise; von einem „teilweisen Verzicht" auf die Spezialprävention kann keine Rede sein, und ebenso steht es mit dem umgekehrten Fall: Ein Ersatz der Strafe durch Sicherungsmittel ist möglich, auch ohne selbst nur teilweisen Verzicht auf die Generalprävention.

Freilich, wer die beiden Maßregeln in unüberbrückbaren Gegensatz stellt, wer die Regelung des Sicherungsmittels am liebsten aus dem Strafgesetzbuch, ihre Anordnung am liebsten aus der Strafrechtspflege ausgeschieden sähe, der wird allerdings die gegenseitige Vertretung ablehnen. Wenn man sich aber einmal mit der Idee, daß Strafe und Sicherungsmittel im strafgerichtlichen Verfahren vereinigt werden, abgefunden hat — und jedermann wird sich mit ihr abfinden müssen —, so kann man, wie mir scheint, auch vom Vergeltungsstandpunkte aus das Vikariieren anerkennen, und zwar nicht nur beim jugendlichen Verbrecher, dem schon heute von den meisten eine Ausnahmestellung zugebilligt wird.

Das Verbrechen soll an dem Täter durch ein Leiden vergolten werden; soweit die sichernde Maßnahme ein Leiden mit sich bringt, übt sie tatsächlich diese Funktion aus und kann der Sache nach als Vergeltungsmittel betrachtet werden. Birkmeyer freilich steht auf dem formalistischen Standpunkt: „Vergolten kann nur durch Strafe werden [2])." Doch in

---

[1]) Lenz, 31. DJT. III, 593 f.

[2]) Birkmeyer, Beiträge zur Kritik des Vorentwurfs II, 43.

Wahrheit fordert die Vergeltungsidee lediglich ein malum propter malum; und wer ein Sicherungsmittel (bestimmter Art) erduldet, der hat dieses malum empfangen, er ist — im materiellen Sinne gesprochen — bestraft. Er hat ein Übel erlitten, wie bei der Strafe, und man wird sagen müssen: ein vom Staat gewolltes Übel, denn dieses Übel ist — man erinnere sich an die Doluslehre — ein zur Erreichung des erstrebten Erfolges notwendiges Mittel, daher gewollt! Auf anderem Gebiete ist dies ja längst anerkannt: Was bei der Untersuchungshaft recht ist, muß bei der Sicherungshaft billig sein. Auch die Untersuchungshaft ist nicht als Übel beabsichtigt, auch sie soll darum dem Häftling möglichst erträglich gestaltet sein, auch sie bringt trotz alledem ein Übel mit sich und kann darum auf die Strafe angerechnet werden. Die Analogie springt in die Augen. Die Untersuchungshaft wegen Wiederholungsgefahr ist ja nichts anderes als ein besonders geartetes Schutzmittel. Wer an dem formalistischen Vergeltungsbegriff festhält, muß die Untersuchungshaft ebenso wie das Sicherungsmittel als Strafersatz schlechterdings ablehnen. In beiden Fällen gelangt er aber materiell zu einer Doppelbestrafung, die gerade dem Rechtsbewußtsein des Volkes, um dessentwillen Vergeltung geübt wird, nie verständlich gemacht werden kann.

Nun wird freilich entgegnet: Diese Anrechnung sei in zweifacher Hinsicht ungerecht: Der gefährliche Verbrecher wird einerseits besser behandelt als der ungefährliche: der eine wird bestraft, der andere nicht, und die Zustände der Verwahrlosung, der Arbeitsscheu, der Gewohnheitsmäßigkeit werden zu Strafausschließungsgründen erhoben. Der gefährliche Verbrecher wird andererseits nicht schlechter behandelt, als der gefährliche Nichtverbrecher: der strafweise Gesicherte hat nicht mehr zu leiden als sein aus anderen Gründen verwahrter Schicksalskollege [1]). — Aber das alles ist falsch. Keineswegs wird der gefährliche Verbrecher besser behandelt als der ungefährliche. Das Leiden der Strafe und die Rechtsfolgen der Strafe gelten für sie beide. Die sichernde Maß-

[1]) So zuletzt Köhler, 31. DJT. II, 248.

nahme darf ja die Strafe nur dann ersetzen, wenn sie mindestens ebenso viel Übelsgehalt hat, wie diese. Soviel freilich scheint unwiderleglich zu sein: den sicherungsbedürftigen Verbrecher trifft dieselbe Maßregel, wie den sicherungsbedürftigen Nichtverbrecher. Ganz zutreffend ist freilich auch dies nicht: Der eine ist bestraft und hat darum alle Rechtsfolgen der Strafe zu tragen, der andere ist unbestraft, unbescholten, von Straffolgen kann keine Rede sein. Allein abgesehen davon: Auch die Untersuchungshaft beschwert den Schuldigen ebenso wie den Unschuldigen, und doch gilt sie dort als Strafe, hier nicht; dem Verbrecher widerfährt nicht mehr als dem Schuldlosen. Wenn man eben den einen — da es nicht vermeidlich ist — übler behandelt, als er es verdient, so kann daraus doch nicht gefolgert werden, daß man beim anderen, bei dem es vermieden werden kann, ein gleiches tun müsse.

Endlich wird eingewendet, das Vikariieren der Maßregeln werde das Rechtsbewußtsein des Volkes verwirren [1]). Es wäre nun allerdings bedenklich, wenn etwa zum Schaden der Generalprävention und zum Schaden der Rechtssicherheit die Ansicht durchdränge, daß der Ersatz der Strafe schlechtweg dem Nachlaß der Strafe gleichkomme. Doch das ist nicht ernstlich zu befürchten. Denn auch in diesen Fällen wird die Schuld und die Strafe urteilsmäßig ausdrücklich festgestellt und letztere lediglich in einem zweiten Erkenntnis auf das Sicherungsmittel angerechnet, und die Rechtsfolgen des Strafersatzmittels sind dieselben, wie die Rechtsfolgen der Strafe. Das Individuum ist bestraft und wird als bestraft auch gelten.

Übrigens wäre dies ein Punkt, in dem die Entwicklung des positiven Rechts dem Volksbewußtsein nicht sklavisch zu folgen, sondern ihm leitend voranzuschreiten hätte. La crime fait la honte et non pas l'echafaud. Es muß die Überzeugung sich Geltung erringen, daß die Tat, die er begangen hat, den Menschen schändet, — nicht die Rechtsfolge, die ihm aufgezwungen wird, mag diese Rechtsfolge nun eine Strafe oder eine sichernde Maßnahme sein.

---

[1]) Baumgarten, Z. 33, 568. — Löffler, a. a. O. S. 788.

3. Das Prinzip der Mischung.

Das Prinzip der Häufung führt durch das Hintereinander zweier verschiedenartiger Freiheitsentziehungen praktisch oft zu Unzukömmlichkeiten. Das Prinzip der Vertretung kann nicht immer abhelfen, da das Sicherungsmittel nur im beschränkten Umfang die Zwecke der Strafe und diese nur in beschränktem Umfang die Zwecke des Sicherungsmittels zu erfüllen imstande ist. Da liegt nun der Gedanke nahe, auch in Fällen, in welchen eine gegenseitige Vertretung nicht möglich ist, nur e i n e Maßregel anzuwenden, diese aber b e i d e n Zwecken anzupassen. Darnach wäre also ein Sicherungsmittel, welches dem Bedürfnis der Generalprävention nicht genügt, mit einem derartigen Quantum Übels zu versetzen, daß es auch die Funktion einer strengeren Ahndung übernehmen kann, eine Strafe daneben daher nicht mehr nötig ist. Oder umgekehrt: die Freiheitsstrafe wäre so zu vollziehen, daß sie allen Anforderungen des Besserungs- und Sicherungsgedankens nachkommt und so ihrerseits jedes weitere Sicherungsmittel überflüssig macht. Das Ergebnis wäre in jedem Falle weder ein reines Sicherungsmittel, noch eine reine Strafe, sondern: eine S i c h e r u n g s - s t r a f e.

Diese Methode ist, wie schon gesagt, dem Prinzip der Schärfung in der Behandlung der Verbrechenskonkurrenz analog. Allein sofort wird der Unterschied klar. Die beiden Rechtsfolgen, die hier in Betracht kommen, sind gleichartig, sie beide sind Strafen; beim Zusammentreffen des Straf- und Schutzbedürfnisses dagegen konkurrieren zwei Maßnahmen, deren Zwecke verschieden sind, deren Inhalte daher nicht die gleichen sein können. Die Strafe soll abschrecken, das Sicherungsmittel bessern und unschädlich machen. Nun wäre es freilich erstrebenswert, die Freiheitsstrafe so auszugestalten, daß auch sie möglichst den Besserungserfolg erreicht; gelingt dies aber, ohne ihr das wesentliche Merkmal der Strafe, das Übelsmoment, zu nehmen, so haben wir es nicht mit einer Mischform zu tun, sondern eben mit einer Strafe, die die sichernde Maßnahme vertritt, also mit einem Anwendungsfall des Absorptionsprinzips. Gleiches gilt, wenn — sozusagen zufällig — die durch die Tat vorgeschriebene

Strafe eine so langwierige ist, daß sie den Täter auch unschädlich zu machen geeignet ist. Wiederum ersetzt hier die Strafe das Sicherungsmittel; vom Prinzip der Mischung kann nicht die Rede sein. Erst im Konfliktsfalle, erst wenn das Bedürfnis nach Spezialprävention im Rahmen der generalpräventiv nötigen Strafe nicht erreichbar ist, kommt das Mischungsprinzip in Frage.

Gerade hier aber muß es abgelehnt werden. Zwei Fälle sind zu unterscheiden und beide führen zu diesem negativen Ergebnis. Wenn man einerseits die Besserung des Täters mit der Strafe anstrebt, und zwar auf Kosten ihres Übelsgehalts, so wird ihre generalpräventive Wirkung abgeschwächt oder verkümmert. Wenn man aber andererseits die Strafe zum Zwecke der Unschädlichmachung trotz Geringfügigkeit des Deliktes, in ihrer Dauer so weit ausdehnt, daß sie gleichzeitig jenes Ziel erreicht, so ist dies zwar allerdings möglich, aber eine zwecklose Brutalität. Denn wozu soll jenes Plus an Freiheitsentziehung gerade in Form der Strafe mit all ihren Leiden für den Betroffenen vollzogen werden, wo doch die bloße Detention zu gleichen Ergebnissen führt[1])? Schon Klein[2]) hat das richtig erkannt: Nicht etwa weil es unerlaubt wäre, zwei Zwecke statt eines anzustreben, sondern weil dieselben Mittel selten zu beiden Zwecken geschickt sind und weil ein Übel, welches zur Bewirkung des einen Zweckes gestattet ist, nicht vergrößert werden darf, um einen anderen Zweck zu erreichen, zu dessen Erfüllung ein Übel nicht angewendet werden braucht, daher nicht angewendet werden darf, ist das Mischungsprinzip abzulehnen.

Die Sicherungsstrafe, oder wie man diese Zwittermaßregel nennen mag, kann also dem Gesetzgeber nicht angeraten werden.

---

[1]) M. E. Mayer, Gutachten zum 28. DJT. I, 169, 180, spricht sich ebenfalls für die strafweise Behandlung aus. Den Einwand der Ungerechtigkeit dieses Verfahrens sieht er zwar, aber widerlegt ihn nicht (S. 180). Wenn, wie Mayer sagt (S. 163), die Idee der Notwendigkeit in der der Gerechtigkeit enthalten ist, und wenn notwendig nur das Mittel ist, „das zur Erreichung eines richtigen Zweckes unentbehrlich ist", so ist die Sicherungsstrafe abzulehnen; denn unentbehrlich ist die Übelszufügung doch gewiß nicht, wenn es lediglich gilt, unschädlich zu machen.

[2]) Klein, a. Arch. I, 3, 38.

Trotzdem hat sie sich versteckt oder offen mehrerenorts in unsere Entwürfe eingeschlichen. Versteckt z. B. in den ÖE.: seine „Verwahrung" nennt sich zwar Sicherungsmittel, wird auch in der Tat nicht zu Strafzwecken verwendet, ist aber in ihrem Vollzuge mit starken Strafelementen versetzt. Ob die „Verwahrung" des SchwE., die an Stelle der Strafe tritt [1]), eine versteckte Sicherungsstrafe genannt werden muß, könnte erst bei Kenntnis der Vollzugsvorschriften beurteilt werden. Eine echte Sicherungsstrafe aber finden wir im DVE.: Hier wird das Zuchthaus als Schutzmittel gegen Gewohnheitsverbrecher vorgeschlagen, und die Früchte der Verwirrung treten in dieser Bestimmung klar zutage. Im Sinne der Generalprävention geschieht zu viel; oft wird die Ausdehnung der Strafdauer ein übermäßiges, darum ungerechtes Leid für den Bestraften bedeuten: die praktische Folge davon sehen wir z. B. in Norwegen, dessen Gesetzbuch den gleichen Standpunkt einnimmt: die Gerichte scheuen sich, die ungerechte Maßregel zu verhängen, sie bleibt unangewandt und nutzlos. Im Sinne der Spezialprävention aber geschieht zu wenig; die Verfasser des DVE. haben sich ebenso wie die des norwegischen Strafgesetzbuches nicht getraut, die wichtigste Konsequenz der Spezialpräventionstheorie zu ziehen und die unbestimmte Verurteilung einzuführen. So ist also diese Mischmaßregel als Strafe zu stark, als Sicherungsmittel zu schwach, zu zwei Zwecken berufen wird sie in Wahrheit keinem wirklich gerecht.

Mit Recht hat der GE., dem nun auch die Strafrechtskommission gefolgt ist, an Stelle des Mischungsprinzips — nach österreichischem Muster — das Kumulationsprinzip gesetzt. Und so ist die Sicherungsstrafe überwunden und — merkwürdig genug — in Deutschland gerade durch den Gesetzesvorschlag überwunden, den v. Liszt, der Vater der Sicherungsstrafe, mitunterzeichnet hat.

[1]) Ähnlich Thyréns Vorschlag, Monatsschr. f. Krimps. 8, 382, und Torp, Mitt. d. IKV. 20, 442.

III. Kapitel.

Die rechtliche Natur des Sicherungsmittels und seine Stellung im Streite der Strafrechtsschulen.

Nachdem im Vorangehenden Zweck und Inhalt, Voraussetzungen und Aufhebungsgründe der sichernden Maßnahme untersucht, ihre Beziehungen zur Strafe dargetan worden sind, kann nun ihre rechtliche Natur bestimmt und vergleichsweise dem Strafbegriff gegenübergestellt werden. Methodisch ist m. E. dieser Weg der einzig mögliche; unrichtig dagegen, mit der Wesensbestimmung zu beginnen und aus dem a priori festgelegten Charakter der Maßregel die Regeln über ihre Ausgestaltung abzuleiten. Denn es handelt sich um ein neues rechtliches Institut, das dem Bedürfnisse des Lebens entsprungen ist, dessen Voraussetzungen und Inhalt also lediglich nach den gesellschaftlichen Zwecken, denen es zu dienen berufen ist, nicht nach einem von der Wissenschaft im voraus aufgestellten Prinzip gerichtet werden dürfen.

Persönliche Sicherungsmittel — nur diese können mit der Strafe in Parallele gestellt werden — sind staatliche Zwangsmaßregeln, durch welche eine kriminell gefährliche Person ungefährlich gemacht werden soll. Wenn wir, wie dies oben geschah, der herrschenden Lehre folgend die Polizei definieren, als staatliche Bekämpfung der Einzelgefahr mit obrigkeitlicher Gewalt, so sind die sichernden Maßnahmen geradezu als Schulbeispiel polizeilicher Staatstätigkeit anzusprechen. Daraus würde folgen, daß ihre Anordnung ein Verwaltungsakt ist und in strengem begrifflichen Gegensatz zu den Justizakten steht. Die meisten Kriminalisten legen nun in ihrer Untersuchung über das Wesen der Sicherungsmittel auf diese Qualifikation als Verwaltungsmaßregel das Hauptgewicht und konstruieren in mehreren, materiell sehr bedeutsamen Punkten einen unüberbrückbaren Gegensatz zur kriminellen Strafe.

Allein dem Kenner der einschlägigen publizistischen Literatur ist klar, daß es jedenfalls ein höchst unsicherer Boden ist, auf dem hier gebaut wird: Er gibt kein allgemein anerkanntes Kriterium, daß zweifelsfrei die Akte der Verwaltung von allen Akten der Rechtsprechung unterschiede [1]). Die Ergebnisse derartiger Ableitungen müssen daher immer bestritten und bestreitbar bleiben. Bei der oben verfolgten Methode sind wir jedoch in der glücklichen Lage, die große Kontroverse über „Justiz und Verwaltung“ ausscheiden zu können. Wir haben uns in den voranstehenden Untersuchungen nirgends auf den polizeilichen Charakter der Maßregel berufen, haben vielmehr die allgemeinen Grundsätze über die Anwendung der Sicherungsmittel jeweils aus dem Zweck der Maßregel, nicht aber aus ihrer rechtlichen Qualifikation abzuleiten versucht. Jener Streit ist also für uns nicht präjudiziell. Und er ist auch nicht praktisch bedeutsam für die Lösung der uns interessierenden Probleme: Er ist nicht relevant für die Entscheidung der Zuständigkeit; falsch ist es, aus dem polizeilichen Charakter der Maßregel zu schließen, daß der Strafrichter nicht mit ihrer Anordnung befaßt werden dürfe; falsch ferner, daraus zu folgern, der Richter habe bei ihrer Anordnung notwendig ein freieres Ermessen als beim Ausspruch der Strafe; falsch weiter (mit manchen Klassikern), unter Hinweis auf ihre polizeiliche Natur jedes „Vikariieren“ mit der Strafe unbedingt auszuschließen; falsch endlich, aus dem (von Anhängern der soziologischen Schule angenommenen) judiziellen Charakter der Maßregel ihre Identität mit der Strafe abzuleiten. Die drei ersten Punkte sind bereits abgetan. Es erübrigt sich der letzte: Das Verhältnis von Sicherungsmittel und Strafe. Und auch hier ist unsere Auffassung schon in den früheren Kapiteln zutage getreten. Es genügt ein Resümee.

Das ganze Streben der Kriminalpolitik zielt auf Verminde-

---

[1]) Vgl. die Belege bei Delaquis Z. 32, 692 ff.

rung der Kriminalität. In diesem Kampf gegen das crimen stehen ihr zwei Waffen zu Gebote. Die eine, die Strafe, richtet ihre Spitze gegen die Allgemeinheit, die andere, die sichernde Maßnahme, richtet sich nicht gegen die Allgemeinheit, sondern gegen jene Einzelpersonen, die den psychischen Einwirkungen der Strafe noch nicht, nicht mehr, oder nicht genügend zugänglich sind; sie will durch eine besondere Behandlung des Individuums die in ihm liegende gesellschaftliche Gefahr bannen. Die Strafe strebt in erster Linie nach Generalprävention, die sichernde Maßnahme nach Spezialprävention. — Freilich ist der Gegensatz nicht so scharf, wie es danach scheinen möchte. Die Strafe, die ja — ebenso wie das Sicherungsmittel — stets in einer Vorkehrung gegen das verbrecherische Individuum besteht, soll auch ihrerseits nach Möglichkeit bessernde Wirkungen auf die Einzelperson ausüben; die sichernde Maßnahme dagegen, die — ebenso wie die Strafe — stets mit einer Rechtsbeschränkung verbunden ist, wird meist auch abschreckende Wirkungen auf die Allgemeinheit ausüben, doch sind dies nur Nebenfunktionen der beiden Maßregeln und können nur unbeschadet des Hauptzieles verfolgt werden; so können wir kurz zusammenfassen:

Die Strafe bezweckt Generalprävention und funktioniert spezialpräventiv, soweit dies im Rahmen des Hauptzweckes möglich ist.

Das Sicherungsmittel bezweckt Spezialprävention und funktioniert generalpräventiv, soweit dies im Rahmen des Hauptzwecks sich von selbst ergibt.

Beide Maßregeln wirken also general- und spezialprävenierend. Doch in dem einen Fall ist jener, im anderen dieser Gesichtspunkt der für Bemessung und Vollzug entscheidende [1]).

---

[1]) Doch wurde in den obigen Sätzen angedeutet, daß das Verhältnis von Haupt- und Nebenfunktion in beiden Fällen nicht dasselbe ist. Bei der Strafe ist die Nebenfunktion zu berücksichtigen, „soweit dies möglich ist", das heißt: Sie soll nach Möglichkeit zu spezialpräventiver Wirksamkeit ausgebaut werden, nur darf ihr Übelsgehalt nicht um dieses Nebenzweckes willen die von der Generalprävention vorgeschriebenen Grenzen des Nötigen (weder nach oben noch nach unten) überschreiten. Beim Sicherungsmittel dagegen ist die Neben-

Worauf es uns hier ankommt, ist: Beide Maßregeln stehen auf gleichem Boden, beide sind Präventivmittel und zwar Präventivmittel gegen Verbrechen; aber der Weg, den sie zur Erreichung dieses Zieles beschreiten, ist verschieden. Die Strafe muß ein Übel sein, sie ist wenigstens stets als Übel gedacht, wenn auch nicht immer als Übel empfunden. Das Sicherungsmittel soll nicht abschrecken, ist daher nie als Übel gedacht, wenn auch oft als Übel empfunden. Die Strafe ist mit einer Mißbilligung für Tat und Täter verbunden; das Sicherungsmittel nicht, es ist ethisch farblos. Die Strafe muß bestimmte rechtliche und moralische Wirkungen für den Betroffenen haben, Rechtsfolgen, von denen im Falle der Sicherung keine Rede sein kann [1]).

Mag also auch der letzte Zweck der gleiche sein, Mittel und Wege sind verschieden: Die beiden Maßregeln können etwa verglichen werden mit zwei Pferden, die an verschiedenen

---

funktion zu berücksichtigen, „soweit dies sich von selbst ergibt"; d. h. der Vollzug soll auf keinerlei abschreckende Wirkungen abgestellt sein; trotzdem hat der Richter bei Anordnung der Maßregel, insbesondere bei der Verbindung von Strafe und Sicherungsmittel auf die ohnedies in jedem Sicherungsmittel enthaltenen Übelsmomente und deren abschreckende Kraft Rücksicht zu nehmen.

[1]) Damit in Zusammenhang steht eine Reihe von Einzelbestimmungen, in welchen die Strafe sich nach der Regelung der Entwürfe von den Sicherungsmitteln unterscheidet (vgl. Köhler, 31. DJT. II, 237 ff.). Hier seien einige besonders hervorstechende erwähnt:

1. Die Schmälerung der bürgerlichen Ehrenrechte ist nur eine Rechtsfolge der Strafe.

2. Rückfallsschärfung tritt nur bei vorangehender Strafe ein.

3. Die bedingte Verurteilung ist nur bei vorangegangener Bestrafung ausgeschlossen.

4. Die Verwahrungsanstalt setzt Vorstrafen voraus.

5. Nur ausländische Strafen werden angerechnet.

6. Die Untersuchungshaft wird nur auf Strafen angerechnet.

7. Nur die Strafbestimmungen des Gesetzes sind nicht rückwirkend (vgl. § 82 ÖE. und Kitzinger, Z. 31, 205).

8. Die Normen über internationales Strafrecht sind bei Sicherungsmittel nicht anwendbar (vgl. dazu Lammasch, Herrenhausbericht über den ÖE S. 62).

9. Die Befreiung der Verwandten von der Zeugenpflicht gilt nur für den Strafprozeß (§ 497 ÖStpE.) usw.

Strängen die gleiche Last in gleicher Richtung fortbewegen. Und sofort ergibt sich der zweifache Irrtum, der bei Feststellung dieses Verhältnisses gemacht zu werden pflegt: Die einen erklären: die beiden Maßregeln gehören verschiedenen Denkrichtungen an und dienen Zwecken, die untereinander nichts gemein haben; es handelt sich, um bei obigem Beispiel zu bleiben, um zwei verschiedene Lasten, die in verschiedener Richtung gezogen werden. Die anderen erklären: die beiden Maßregeln sind eins, ihre Unterscheidung daher unmöglich und auf falschen Voraussetzungen beruhend; es handelt sich nicht um zwei Pferde, die an zwei Strängen dieselbe Last fortbewegen, sondern um ein Pferd und einen Strang.

I. Ursache und Wirkung des ersten der genannten Irrtümer wurden bereits erörtert. Zu jener schroffen Scheidung der beiden umstrittenen Institute gelangt man — da der präventive Charakter der sichernden Maßnahme feststeht — durch falsche Erfassung des Strafzwecks. Wer das Strafrecht nicht in den Dienst der Verbrechensvorbeuge gestellt, die Strafe nicht an dem Schutzzweck orientiert wissen will, kann freilich keine Verwandtschaft zwischen den beiden Maßregeln finden. Unmittelbare praktische Folge dieser Auffassung ist die Ausscheidung der Sicherungsmittel aus der Strafrechtspflege und die Ablehnung jedes Vikariierens: Strafe und Sicherungsmittel haben miteinander nichts zu tun, sie sind unvergleichbare und darum gegenseitig sich nicht ersetzende Größen. Hierher gehören jedoch nur die heute schon recht vereinzelten Vertreter der absoluten Vergeltungstheorie, während die meisten anderen Anhänger der klassischen Schule, die Strafe in den Dienst des Güterschutzes stellen und sie daher zur sichernden Maßnahme in die richtige Beziehung zu setzen imstande sind.

II. Der entgegengesetzte Irrtum, die Verwischung des Unterschiedes zwischen Strafe und Sicherungsmittel entspringt ebenfalls einer unrichtigen Auffassung des Wesens der Strafe, seine praktischen Folgen aber sind weit tiefergehende. — Abermals sind es zwei Wege, die zu diesem Irrtum geführt haben. Man ist zur Gleichsetzung der beiden Institute gekommen: 1. durch die Identifizierung ihrer Zwecke, 2. durch Identifizierung ihrer Voraussetzungen und ihres Inhalts. Soviel ist ja klar: Wenn zwei Maßregeln in ihren Zwecken sich völlig decken, so müssen sie auch sich inhaltlich decken; wenn andererseits zwei Maßregeln, mögen ihre Ziele immerhin verschieden sein, tatsächlich weder in ihrem Inhalte, noch in ihren Voraussetzungen voneinander abweichen, so wäre es sinnlos, sie begrifflich zu trennen.

1. Man erklärt, daß der wahre Zweck der sichernden Maßnahme — die Spezialprävention — auch Zweck der Strafe sei. Das notwendige Ergebnis ist: Strafe und Sicherungsmittel fließen zusammen. Und je nachdem, ob man bei Ausgestaltung dieses einheitlichen Institutes mehr an die überkommene Strafe anknüpfen oder mit der Tradition brechend es auf neuer Grundlage aufbauen will, wird die einheitliche Maßregel „Strafe" oder „sichernde Maßnahme" genannt.

So wird die bisherige Strafe zum Sicherungsmittel: Es gibt nur sichernde Maßnahmen. Dies bei einigen Psychiatern und einigen in ihrem Kielwasser fahrenden Radikalen [1]). Oder die sichernde Maßnahme wird zur Strafe: Es gibt nur Strafen. So bei den italienischen Positivisten [2])

[1]) Als Beispiel diene Aschaffenburg (Arch. f. Rechtsphil. III, 652): „Wenn aber überhaupt eine brauchbare Wirkung (der Strafe) eintritt, so kann sie nur darin bestehen, daß die Strafe eine Änderung der verbrecherischen Persönlichkeit herbeiführt und damit uns vor seinen weiteren Angriffen schützt; oder aber, auch das ist möglich, die erhoffte Wirkung bleibt aus; dann sind wir wenigstens für die Zeit der Strafverbüßung vor dem Rechtsbrecher gesichert ... So wird man auch die Strafe als sichernde Maßnahme auffassen dürfen."

[2]) Vgl. Grispigni, Il nouvo diritto criminale negli avamprogretti (Milano 1911): Die Spezialprävention ist erster Zweck sowohl der Strafe als auch des Sicherungsmittels, welch letzteres ja nur der Eklektiker von der Strafe unterscheidet (p. 81). Dieser Autor meint, daß auch die Entwürfe den gleichen Standpunkt einnehmen. Sie haben die Klasseneinteilung der Verbrecher ebenso den Strafen wie den Sicherungsmitteln zugrunde gelegt. So z. B. haben Todesstrafe und lebenslängliche Zuchthausstrafe den Zweck, den Verbrecher für immer unschädlich zu machen, und diese Strafen korrespondieren „evidentemente" jener Verbrecherklasse, welche die anthropologische Schule unverbesserliche und geborene Verbrecher nennt. Diese Behauptung ist reine Willkür. In Wahrheit ist die Verhängung dieser Strafen keineswegs durch den Nachweis der Unverbesserlichkeit

und mit einem noch zu erörternden Vorbehalte bei v. Liszt[1]), Hafter[2]), Tesar[3]), Delaquis[4]) usw.

Die Widerlegung dieser Auffassung gehört nicht in die Theorie der sichernden Maßnahme, sondern in die Theorie der Strafe. Hier sei nur eine kurze Bemerkung gestattet. Im II. Teil dieser Arbeit wurde versucht, Wesen, Voraussetzungen und Inhalt jener Maßregeln zu erforschen, welche die Gesellschaft vor einer individuell bestimmten gefährlichen Person zu schützen berufen sind. Wir sind zu Ergebnissen gelangt, die in manchen entscheidenden Punkten von den Forderungen der überkommenen Straftheorie abweichen. Und es ist gewiß, daß jeder, der der Strafe in erster Linie spezialpräventive Ziele setzt, diese Ergebnisse als Grundsätze für die Anwendung seiner Strafe annehmen müßte: also Strafe nur bei erwiesener Gefährlichkeit pro futuro, Bemessung ausschließlich nach dem Zustand des Gefährlichen, Vollzug nach Möglichkeit ohne Leiden für den Betroffenen usw. All dies wurde in letzter Zeit oft genug gesagt; allein — und das ist der prinzipielle Mangel der Birkmeyer-Naglerschen kritischen Beiträge — in der Aufzeigung dieser Konsequenzen liegt keine wirkliche Widerlegung des Lisztschen Standpunktes. Denn seinen Anhängern bleibt es unbenommen, wie das ja teilweise in der Tat geschieht, die angeblich absurden Folgerungen anzunehmen und als Grundsätze des neuen Strafrechts auszurufen. Diese Theorie ist vielmehr erst dann widerlegt, wenn es zu zeigen gelingt, daß ein nach den Prinzipien der Spezialprävention gerichtetes Strafrecht einen wirksamen Güterschutz, eine erfolgreiche Verbrechensvorbeuge in Wahrheit gar nicht verbürgt. Diesen Beweis aber konnten die kritischen Beiträge nicht führen, denn sie selbst stehen ja, wenigstens

---

oder verbrecherischer Konstitution bedingt, während dies allerdings bei den Sicherungsmitteln der Fall ist, soweit sie auf absolute Unschädlichmachung des Verbrechers zielen.

[1]) v. Liszt, Aufsätze II, 123, 226 ff.; Arch. f. Rechtsphil. III, 610 ff.; Österr. Z. I, 18 ff.

[2]) Hafter, Schweiz. Z. 17, 230 f.

[3]) Tesar, Gross' Archiv 26, 56 f.

[4]) Delaquis, Z. 32, 671 ff.

in ihrer Mehrzahl, gar nicht auf dem Standpunkt, daß die Erfüllung dieser Aufgabe von dem Strafrecht zu fordern sei.

Doch dieser Beweis läßt sich führen. Was nämlich alle diese Auffassungen in ihren mannigfachen Schattierungen kennzeichnet, und was sie alle gleichermaßen unannehmbar macht, ist die Vernachlässigung der Generalprävention. Mag man die Strafen bewußt in sichernde Maßnahmen auflösen, mag man an der Strafe festhaltend bei Bemessung und Vollzug nur individuelle Zwecke im Auge behalten; unberücksichtigt bleibt doch stets die weit wichtigere Funktion der Strafe, Sanktion der Norm zu sein, vorbeugend auf die Allgemeinheit zu wirken. Die Nutzlosigkeit des heutigen Strafensystems, seine Nutzlosigkeit in spezialpräventiver Hinsicht, war der Ausgangspunkt der modernen Reformbestrebungen. Man will nun diesen Mangel dadurch beseitigen, daß man das Strafensystem ausschließlich an dem Zwecke der Rückfallsverhütung orientiert, und läuft dabei Gefahr, es erst recht zur Nutzlosigkeit, d. h. zur Nutzlosigkeit in generalpräventiver Beziehung, zu verdammen. Die Fehlerhaftigkeit eines derartigen Beginnens wurde schon gezeigt. Der Staat bedarf unter allen Umständen einer wirksamen Sanktion seiner Normen. Auch wenn die Strafe den Verbrecher nicht zu bessern, nicht unschädlich zu machen imstande sein, ja wenn sie ihn sogar sozial verschlechtern sollte, sie bliebe trotzdem eine Staatsnotwendigkeit, eine Notwendigkeit um willen derer, die überhaupt noch nicht „Verbrecher" sind, denn die Verhütung des Erstlingsverbrechens ist noch weit wichtiger als die Verhütung des Rückfalls.

2. Dieser Einwand trifft allerdings nur dann zu, wenn die spezialprävenierende Maßregel wirklich nicht imstande ist, die selben Wirkungen auszuüben, wie die Strafe. Hier nun setzt das zweite Argument ein, das gegen die Trennung von Strafe und Sicherungsmittel erhoben wird.

Die besonnenen Vertreter der modernen Richtung sind nämlich nicht soweit gegangen, Strafe und sichernde Maßnahme schlechtweg gleichzusetzen. Sie sehen, daß zum wirksamen Güterschutze auch Maßregeln eingeführt werden müssen, die nicht als „Strafe" bezeichnet werden können. Sie erkennen also einen Unterschied zwischen den beiden Mitteln der Kriminalpolitik an, doch ziehen sie die Grenze an anderer Stelle. — Neuerdings haben dies v. Liszt und Delaquis scharf betont: Ein Teil unserer sichernden Maßnahmen, insbesondere die gegen Unzurechnungsfähige, sind nicht Strafen, sondern diesen als wahre Sicherungsmittel entgegenzustellen. Jene Vorkehrungen aber, die in die Hand des Strafrichters gelegt sind, und von diesem im Anschluß an ein Verbrechen verhängt werden, wie Arbeitshaus, Trinkerheilanstalt, Verwahrung gewohnheitsmäßiger Verbrecher, Polizeiaufsicht, Ausweisung usw., haben als Strafen zu gelten, weil sie mit den normalen Strafen in bezug auf Inhalt und Voraussetzungen übereinstimmen. Doch dieser Mittelweg ist, wie so oft, wenn die Wissenschaft ihn betritt, ein Holzweg. In Wirklichkeit sind weder Inhalt noch Voraussetzung der beiden Maßregeln identisch.

Was zunächst den Inhalt jener Maßregeln betrifft, behaupten die Vertreter der Einheit, er decke sich tatsächlich mit dem Inhalt der Strafe, denn es sei praktisch unmöglich, empfindbare Unterschiede zwischen ihrem Vollzug und dem Strafvollzug zu machen. Allein auf diese Frage kommt es, was immer übersehen wird, gar nicht in erster Linie an. Zunächst handelt es sich darum, ob eine praktische Unterscheidung angestrebt werden soll, ob es überhaupt wünschenswert ist, daß z. B. die Verwahrung anders vollzogen werde als die Strafe. Das ist die erste Frage. Über ihre Bejahung dürfte — wenn auch die Gegner hierin eine deutliche Stellungnahme vermissen lassen — Einstimmigkeit herrschen. Bejaht man sie aber, so wird jedenfalls die Vollzugsanweisung an den Anstaltsdirektor bei der Verwahrung ganz anders lauten als beim Zuchthaus. Freilich nützt dies nichts, wenn der Unterschied auf dem Papier stehen bleibt; doch sollte dies wirklich unvermeidlich sein, dann ziehe man auch die Konsequenz daraus und schaffe zuerst einmal die Unterscheidung zwischen Zuchthaus, Gefängnis und Haft ab, denn diese Freiheitsentziehungen sind untereinander näher verwandt als Verwahrung und Zuchthaus. Wenn aber Vollzugsvorschriften überhaupt praktische Bedeutung haben, so muß es einen Unterschied machen, ob man in dem einen Fall die Vollstreckung einer Zuchthausstrafe, im anderen Falle die Vollstreckung einer Maßregel anordnet, der „jeder Charakter einer Strafe fehlen muß“ [1]).

So kann also die inhaltliche Gleichheit bei Strafe und Sicherungsmittel nicht zugegeben werden. Allein darauf legen die Gegner gar nicht das Hauptgewicht, können es nicht, denn manche Sicherungsmittel werden gegen den Verbrecher und den Nichtverbrecher in völlig gleicher Weise vollzogen, und dennoch sprechen sie in dem einen Fall von Strafe, im anderen von sichernder Maßnahme. Danach würde der Einteilungsgrund nicht in dem Inhalt der beiden Maßregeln, sondern in ihren Voraussetzungen gelegen sein. So sagen denn in der Tat v. Liszt [2]), Delaquis [3]) u. a.: Jene Sicherungsmittel, die in unsern Entwürfen an ein Verbrechen geknüpft werden, sind in Wahrheit Strafen und nur jene, die das Gericht unabhängig von einer verbrecherischen Handlung anordnet, sichernde Maßnahmen [4]). — Doch es ist verfehlt, zwei Rechtsinstitute nach

---

1) Erläuternde Bemerkungen zum ÖStpE. S. 138.

2) v. Liszt, Arch. f. Rechtsphil. III, 617 ff.

3) Delaquis, Z. 32, 681 ff. Das fehlerhafte Ergebnis bei Delaquis dürfte daraus entspringen, daß er seine Untersuchung über das Wesen der Strafe und sichernden Maßnahme auf einer zu schmalen Unterlage aufgebaut hat. Er schaltet aus seiner Betrachtung alle Maßregeln aus, die nicht ein Verbrechen zur Voraussetzung haben (S. 681). Es ist klar, daß der kleine Kreis der von ihm allein ins Auge gefaßten Sicherungsmittel sehr wesentliche Analogien mit der Strafe aufweist, Analogien, die ihn eben zur Einbeziehung dieser Maßregeln in den erweiterten Strafbegriff veranlaßt haben. Hätte Delaquis alle Sicherungsmittel in Betracht gezogen, so wäre ihm nicht entgangen, daß die Maßregeln, welche nur einen objektiven Verbrechenstatbestand voraussetzen, wesensgleich sind mit jenen, die an den objektiven und subjektiven Tatbestand anknüpfen. Der Inhalt ist oft direkt identisch, wie z. B. die Maßregel der Trinkerheilanstalt oder der Zwangserziehung, die bald ein Verbrechen, bald lediglich eine objektiv rechtswidrige Handlung zum Anlasse hat. Sie einmal „Strafe“, das andere Mal „sichernde Maßnahme“ zu nennen, ist willkürlich.

4) Bemerkenswerterweise ist man von ganz anderer Seite her aus ähnlichen Erwägungen zu gleichen Ergebnissen gelangt. Nach Merkel, Abhandlungen II, 821 ff., zeichnet sich die Strafe unter den Mitteln zur Aufrechterhaltung der Rechtsordnung nicht durch einen besonderen Endzweck aus; Sühne einerseits, Besserung und Unschädlichmachung andererseits sind keine Gegensätze. Die

den Voraussetzungen ihrer Anwendung zu unterscheiden; d. h. da die logische Zulässigkeit einer derartigen Einteilung natürlich nicht bestritten werden kann: Es ist wissenschaftlich unfruchtbar und das Wesen der Sache nicht berührend, die Anwendungsbedingungen zum Einteilungsprinzip zu machen. Einerseits kann dieselbe Maßregel Rechtsfolge verschiedenartiger Tatbestände, andererseits können verschiedene Maßregeln Rechtsfolge eines und desselben Tatbestandes sein. Man denke an ein Verbrechen, das gleichzeitig Strafe, Kostenersatz und Schadenersatzpflicht nach sich zieht. Mit gleichem Rechte wie die Verweisung in die Trinkerheilanstalt könnte man den Schadenersatz Strafe nennen, wenn er vom „Strafrichter im Anschluß an ein Verbrechen dem Schuldigen auferlegt" wird. Dieselben Voraussetzungen — dieselbe Sache. So geht es also nicht. Ganz handgreiflich wird der Irrtum bei der Fürsorgeerziehung. Ob sie im Anschluß an ein Verbrechen oder an eine nur objektiv rechtswidrige Handlung verhängt oder abgesehen von solcher Tat für notwendig erachtet wird, sie bleibt immer dieselbe Für-

Strafe ist nur dadurch gekennzeichnet, daß sie zu einem begangenen Rechtsbruch in Beziehung steht, durch ein begangenes Verbrechen gerechtfertigt wird. Jene sog. Sicherungsmittel nun, für die dies in gleicher Weise zutrifft, wie Arbeitshaus, Verwahrung sind also ebenfalls Strafen. „Solange diese Einweisung ein Delikt zur Voraussetzung hat und in diesem ihre Rechtfertigung sucht, und durch ein Urteil des Strafrichters erfolgt, ist der Charakter der Rechtsstrafe festgehalten" (S. 821). — Allein das kann nicht anerkannt werden. Zunächst liegt eine wirkliche Identität der Voraussetzungen niemals vor. Sie decken sich immer nur teilweise. Die sichernde Maßnahme findet in der Tat allein niemals ihre Rechtfertigung, sondern nur immer in der durch die Tat erwiesenen Gefährlichkeit pro futuro. Und niemand hat schöner und klarer als Merkel und seine Schule in Bekämpfung der modernen Richtung gezeigt, daß eine Kluft besteht zwischen dem Standpunkt der Strafe und dem Standpunkt der Sicherung. Wenn also z. B. Liepmann geneigt ist, den Unterschied zwischen Strafe und sichernder Maßnahme zu verwischen (Mitt. d. IKV. 20, 474, 477), so müssen ihm seine eigenen Worte entgegengehalten werden (Einleitung in das Strafrecht S. 204): „In wirklichem Gegensatz zu der in der Strafe gelegenen... Gegenwirkung gegen das Verbrechen würde eine Behandlung der Verbrecher stehen, die sich nicht nach Maßgabe ihrer Taten, sondern allein nach der sozialen Gefährlichkeit der Täter bestimmte." Ist dies richtig, so muß doch auch die Strafe „in wirklichem Gegensatz" zu den Sicherungsmitteln stehen, die ja in der Tat nichts anderes sind als Behandlung nach Maßgabe der sozialen Gefährlichkeit.

sorgeerziehung, nach gleichen Prinzipien bemessen und vollzogen. Man kann nur entweder das ganze Institut unter Erweiterung des Strafbegriffs der Strafe oder — richtig — das ganze Institut der sichernden Maßnahme zuteilen.

Es ist jedoch nicht völlig verständlich, daß gerade die radikalere Richtung unserer Strafrechtsreformer sich der Trennung von Strafe und Sicherungsmittel entgegenstellt. Denn näher besehen, ist diese Trennung nichts als die notwendige Folge ihrer eigenen kriminalpolitischen Forderungen.

v. Liszt war es, der vor drei Dezennien jene Trias der Verbrechergruppen und die entsprechende Trias der Bekämpfungsmethoden aufgestellt hat. Sein Grundsatz lautete: Differenzierende Behandlung je nach der Verschiedenheit der Verbrecher. Der Augenblicksverbrecher soll von einer Abschreckungsstrafe getroffen, der Zustandsverbrecher soll anders behandelt werden, die Gesellschaft ist für die Dauer seiner Gefährlichkeit vor ihm zu schützen. So die Forderung v. Liszts und genau so auch die Forderung aller Anhänger einer Scheidung von Strafen und Sicherungsmittel. Unser Gegensatz zu v. Liszt besteht nun darin, daß wir einen tiefergehenden Unterschied zwischen der Behandlung des Zustands- und Augenblicksverbrechers machen. Wir haben erkannt, daß der Inhalt der Maßregel hier und dort entsprechend der Verschiedenheit im Zweck und Objekt ein wesentlich verschiedener ist, daß Voraussetzungen sowie Bemessung und Vollzug wesentlich auseinandergehen müssen. Wir setzen darum neben das Strafensystem ein System von Sicherungsmitteln; aber das alles ist doch nichts anderes als Ausbau des Lisztschen Gedankens: differente Behandlung differenter Verbrechergruppen. Und die Parallelität geht noch weiter: v. Liszt will innerhalb der Zustandsverbrecher zwischen Verbesserlichen und Unverbesserlichen und innerhalb ihrer Behandlung zwischen Adaption und Elimination unterscheiden. Auch diese Idee kehrt hier in der Zweiteilung der sichernden Maßnahmen in Besserungsmittel und Schutzmittel wieder. Nur das genaue gegenseitige Entsprechen jener beiden Personengruppen und dieser beiden Sicherungsarten, wie v. Liszt sie fordert, muß abgelehnt werden, da es unter Umständen richtig und tunlich ist, auch Besserungsfähige durch Schutzmittel bestimmter Art zu treffen [1]). v. Liszt hat dies übersehen, weil er nur die Hauptfälle berücksichtigt, und für diese darf in der Tat seine Forderung Geltung beanspruchen. Jedenfalls zeigt sich, daß es gerade die Grundsätze der Lisztschen Kriminalpolitik sind, die zur Trennung von Strafe und Sicherungsmittel führen. Gibt man all diesen Bekämpfungsmethoden den gleichen Namen, so trägt das zwar nicht zur Klärung der Begriffe bei, ändert aber nichts an der Tatsache, daß es eben doch verschiedene Behandlungsweisen sind, die unter einen Hut gebracht werden, und daß es nur der Name ist, der sie alle verbindet.

Daraus geht nun auch hervor, daß der Gedanke der sichernden Maßnahme und seine Verwirklichung in unseren Entwürfen geeignet ist, dem Streit der Strafrechtsschulen — soweit das überhaupt möglich ist — ein Ende zu setzen.

Der Verlauf dieses Streites während der letzten zehn Jahre bietet ein interessantes Bild. Er hatte kurz vor dem Erscheinen des österreichischen und deutschen Entwurfes seinen Höhepunkt erreicht: Was die einen mit aller Energie vom Gesetzgeber forderten, das erklärten die anderen für ein „nationales Unglück", beiderseits wurden die Waffen geschärft, um den Gesetzentwurf zu vernichten, falls er den Wünschen des Gegners entsprechen sollte... Da erschienen die Entwürfe und ein merkwürdiges Schauspiel entspann sich. Der Kampfruf verstummte und ein Loblied erklang, ein Loblied, in das alle harmonisch einstimmten. Die Modernen erklärten ihre wichtigsten Forderungen für erfüllt und den Entwurf für modern; die Klassiker sahen sich im wesentlichen nicht minder befriedigt und nannten mit Genugtuung den Entwurf einen klassischen; und endlich erhob sich noch die Mittelpartei und bezeichnete ihn als den Entwurf der „dritten Schule". Der Kampf also, der durch den Gesetzgeber entschieden werden sollte, endete mit einem Siege aller.

[1]) Vgl. oben S. 90.

Die Ursache dieser merkwürdigen Erscheinung liegt in der Einführung der Sicherungsmittel. Der Schulenstreit war solange notwendig und berechtigt, als er sich um das einzige Objekt der Strafe drehte, als er ein Streit der Strafrechtstheorien war. Die Entwürfe zeigten nun, daß die Kriminalpolitik die Forderungen der modernen Richtung erfüllen kann, ohne die Strafe mit den neuen Aufgaben zu belasten und brachten so eine Lösung, die beiden Teilen genehm war. Die klassische Schule fand die Strafe im wesentlichen unangetastet, die moderne Schule sah ihre „Zweckstrafe" in den neueingeführten Maßregeln der Sache nach verwirklicht. — Wenn man also absieht von jenen zur Rechten, die noch immer jedes Präventivmittel im Strafgesetzbuch mit scheelen Augen anblicken, und von jenen zur Linken, die noch immer alle Präventivzwecke einzig und allein der Strafe aufbürden wollen, — wenn man von diesen wenigen Unentwegten absieht, dann ist, was den Hauptpunkt betrifft, kein Raum mehr zum Streite.

So geht die neuere Kriminalpolitik der Erfüllung des modernen Programmes entgegen. Ihre Zwecke sind die Zwecke dieses Programmes, ihre Mittel freilich sind nicht Strafen, wie man zuerst gefordert, sondern sichernde Maßnahmen, wie der Schweizer Entwurf sie gebracht hat. v. Liszt hat ihr das Ziel, Stooß den Weg gewiesen.

Druck von Georg Reimer, Berlin W 10.